VERANKERT IM ZENTRUM VON ZÜRICH
100 Jahre Glockenhof Zürich

TVZ

Verankert im Zentrum von Zürich

100 Jahre Glockenhof Zürich

Herausgegeben von Carole N. Klopfenstein, Hansjürg Büchi und Karl Walder im Auftrag der Stiftung zum Glockenhaus

TVZ
Theologischer Verlag Zürich

Als Auftragsforschung durch die Hochschule für Technik und Wirtschaft Chur ausgeführt.

Hochschule für Technik und Wirtschaft
University of Applied Sciences

Bibliografische Information der Deutschen Nationalbibliothek
Die Deutsche Nationalbibliothek verzeichnet diese Publikation in der Deutschen Nationalbibliografie; detaillierte bibliografische Daten sind im Internet über http://dnb.d-nb.de abrufbar.

Umschlaggestaltung: Mario Moths, Marl, unter Verwendung einer Fotografie von
Fabienne Morgenegg, Fällanden

Satz und Layout: Mario Moths, Marl

Bildredaktion: Carole N. Klopfenstein

Druck: AZ Druck und Datentechnik, Kempten

ISBN 978-3-290-17585-6
© 2011 Theologischer Verlag Zürich
www.tvz-verlag.ch

Alle Rechte, auch die des auszugsweisen Nachdrucks, der fotografischen und audiovisuellen Wiedergabe, der elektronischen Erfassung sowie der Übersetzung, bleiben vorbehalten.

INHALT

GELEITWORT DES STIFTUNGSPRÄSIDENTEN *(Peter Schäppi)* 7

EINSTIEG:
DER GLOCKENHOF UND SEINE GESCHICHTE *(Hansjürg Büchi)* 12

EIN BLICK AUF DIE VORGESCHICHTE *(Verena E. Müller)* 18

DER CVJM BAUT *(Daniel A. Walser)* 30
   Der Glockenhof als städtisches Raumkunstwerk 30
   Ein Bauensemble als Spiegelbild einer Stadt im Aufbruch 55

DIE ERSTEN JAHRZEHNTE IM GLOCKENHOF *(Verena E. Müller)* 72
   «Im Wellenschlag der Zeit» – der Erste Weltkrieg 1914–1918
   und die Zwischenkriegszeit 72
   Zweiter Weltkrieg im Glockenhof 94

DER CVJM – EINE ZWEITE HEIMAT? *(Verena E. Müller)* 102

JUGENDARBEIT IM GLOCKENHOF *(Andréa Kaufmann)* 122
   Cevi Zürich – Jugendarbeit damals und heute 122
   Der Gloggi im Gloggi – Das Pfadfinderkorps Glockenhof
   und der Cevi Zürich 157
   Der Glockenhof macht Ferien – Von Ferienheimen,
   Lagerhäusern und Spielwiesen 173

DIE NICHT GRAUEN EMINENZEN *(Andréa Kaufmann)* 179
   Von der Genossenschaft zur Stiftung zum Glockenhaus 179
   Hausmütter, Hauswarte und Hausburschen 184

HOTEL GLOCKENHOF IM WANDEL DER ZEIT *(Aurelia Kogler)* 189

EVANGELISCHE SPIRITUALITÄT UND
LAIENTHEOLOGIE *(Wilhelm Schlatter)* 214

ANHANG 264

1 Schlüsselübergabe Eröffnungsfeier, Sonntag, 3. September 1911. Von links nach rechts: Präsident des CVJM Fritz Burckhardt, Architekt Robert Bischoff (Bischoff & Weideli), Marie Sofie und David Georg Mousson (Tochter/ Sohn des ersten Hoteldirektors), Präsident der Centralen-Bau-Kommission Jacob Muggli und Sekretär Karl Egli. Archiv Glockenhof

GELEITWORT DES
STIFTUNGSPRÄSIDENTEN

Seit 1911 prägt der Glockenhof den öffentlichen Raum im Gebiet Sihlstrasse / St. Annagasse in der Zürcher Innenstadt. Seit 2010 steht er unter Denkmalschutz. Zu seinem 100. Geburtstag 2011 erhält er nun auch noch ein Buch, das seine Geschichte und die mit ihm in Verbindung stehende Geschichte seiner Stadt nachzeichnet.

Dieses Buch halten Sie jetzt in Händen und fragen sich wohl, was Sie beim weiteren Blättern erwartet. Ist es überhaupt sinnvoll, ein dickes Buch über ein 100-jähriges Gebäude zu schreiben – und es dann auch noch zu lesen? So viel allein über ein Gebäude zu schreiben, würde in der Tat kaum Sinn machen. Der Glockenhof – oder der Gloggi, wie ihn die Zürcher nennen – ist jedoch viel mehr als ein Gebäude. Er ist Zeuge einer Generation im Aufbruch, deren Vision sich als lebensfähig erwiesen hat, er ist vielen Menschen eine Heimat, und schliesslich ist er Gefäss für neue Initiativen.

Das eindrückliche Gebäude des Glockenhofs widerspiegelt zuerst einmal das protestantische Zürich am Anfang des letzten Jahrhunderts.

2 *Eröffnungsfeier Glockenhof, Sonntag, 3. September 1911. Grossandrang vor dem Eingang zum Vereinshaus Glockenhof. Archiv Glockenhof*

Die Stadt hatte eben erst ihre alten Grenzen überwunden und sich von vielerlei Fesseln befreit. In dieser Aufbruchstimmung wollten auch die dem Christlichen Verein Junger Männer (CVJM) Zürich nahestehenden Personen nicht zurückstehen und im Vertrauen auf Gott einen grossen Wurf wagen. Ihre Vision war ein Zentrum, in welchem sich ihre noch junge Bewegung entwickeln und in der wachsenden Stadt wirken konnte. Um dem Werk langfristig den nötigen finanziellen Rückhalt zu sichern, wurde es gleich von Anfang an mit einem Hotel kombiniert, dessen Gewinne das Vereinshaus, wie das Cevi-Zentrum damals genannt wurde, finanziell tragen. Diese Symbiose zwischen gemeinnütziger Vereinstätigkeit und kommerziellem Hotelbetrieb hat sich bis heute als lebensfähig erwiesen. Das Cevi-Zentrum steht dem Cevi Zürich und den Gloggi-Pfadi für ihre Aktivitäten unentgeltlich zur Verfügung. Die Vision und das Geschäftsmodell der Erbauer des Glockenhofs hatten Bestand.

Der Glockenhof ist auch ein Stück Heimat. Das Cevi-Zentrum ist es für Generationen von vornehmlich jungen Menschen, die durch den Cevi oder die Gloggi-Pfadi in vielfältiger Art und Weise mit dem Haus in Berührung kamen. Der Gloggi ist ihr örtliches Zentrum, wo ihnen entsprechend dem Zweckartikel des Cevi Zürich Möglichkeiten geboten werden, einander zu begegnen und dem christlichen Glauben näherzukommen. Der Glockenhof ist aber auch für viele Stammgäste des Hotels ein Stück Heimat, kehren sie doch immer wieder hierher zurück, wenn möglich gar in «ihr» Zimmer.

Im Glockenhof steht die Zeit nicht still. Fassaden und Eingangsbereiche haben sich zwar kaum verändert. Im Innern bietet das Hotel jedoch den absolut zeitgemässen Komfort eines Viertstern-Superior-Betriebes, und im Cevi-Zentrum sind Cevi und Pfadi nicht nur mit den neusten Technologien ausgerüstet, sie versuchen auch, auf die Bedürfnisse der Zeit zu reagieren. So richten sich die Angebote des Cevi Zürich nicht mehr nur an Kinder und Jugendliche, sondern wieder vermehrt auch an Erwachsene. Eine enge Verbindung zwischen dem Cevi Zürich und der Stiftung zum Glockenhaus, der Eigentümerin des Glockenhofs, – der Cevi Zürich wählt 15 der 25 Mitglieder des Stiftungsrates jeweils aus seinen eigenen Reihen – sorgt dafür, dass der Gloggi am Puls der Zeit bleibt.

Dass der Glockenhof nach 100 Jahren viel mehr ist als ein Denkmal für das protestantische Zürich von 1910, verdankt er zuerst dem Segen des lebendigen Gottes. Zum Erfolg beigetragen haben aber auch viele Menschen, die sich für die laufende Anpassung von Gebäude und Betrieb an die Bedürfnisse der Zeit eingesetzt haben. Ein moderner Betrieb in alten Mauern. Lassen Sie sich bei der Lektüre in die Geschichte mitnehmen, wie dies erreicht worden ist. Und lassen Sie sich zusammen mit uns dadurch inspirieren, auch heute wieder Antworten auf die Bedürfnisse der Zukunft zu finden – auf die Bedürfnisse unserer Stadt im zweiten Jahrhundert der Geschichte des Glockenhofs.

Allen, die zum Gelingen dieses anspruchsvollen Buches beigetragen haben, danke ich an dieser Stelle ganz herzlich für ihr Engagement. Und Ihnen, liebe Leserinnen und Leser, wünsche ich eine spannende Lektüre.

Peter Schäppi
Präsident des Stiftungsrates der Stiftung zum Glockenhaus

Zum
Einzug ins neue Vereinshaus.

In diesen Tagen wird der alte Augustinerhof vollständig ausgeräumt und wir stehen dann mit unserem ganzen Vereinsbetrieb drinnen im neuen Haus! Passen wir da hinein? Es ist alles so weit und breit, so hoch und so hell, so sauber und so blank. Das Haus liegt so ganz an der Straße und ist so weithin sichtbar, es beherrscht das ganze Quartier, ja es ist sogar — z. B. vom Uetliberg aus gesehen — eine von den Bauten, welche die ganze Stadt dominieren. Passen wir Mitglieder vom Augustinerhof-Verein wirklich da hinein? Wir sind doch — wenigstens Viele von uns — stille Leute, die nicht viel von sich reden machen, die im geschäftlichen Getriebe der Großstadt ihren bescheidenen Platz ausfüllen, die froh sind, wenn ihre anders gesinnten Kollegen sie tagsüber in Ruhe lassen und die es dankbar entgegennehmen, wenn sie abends ab und zu mit Gleichgesinnten zur Erbauung und Stärkung zusammenkommen können. Zu uns hat doch der alte Augustinerhof mit seiner versteckten, nur auf Umwegen zugänglichen Lage, mit seinem engen Treppenhaus, mit seinen niederen, unansehnlichen Räumen ganz gut gepaßt, wir haben da viel ruhiger und ungestörter unseres altbewährten Glaubens leben können.

Aber sind wir nicht schon im alten Augustinerhof hie und da und in den letzten Jahren immer öfter aufgeschreckt worden durch einige Heißsporne, welche behaupteten, daß wir eine größere, eine weiterreichende Arbeit zu tun hätten, als nur gegenseitig uns zu erbauen und unsere Reihen durch Gleichgesinnte und Gleichgestimmte zu ergänzen, daß wir an alle jungen Männer eine Botschaft zu verkünden hätten, und daß wir darum aus unserer Schüchternheit und Zurückgezogenheit heraustreten müßten? — Haben wir nicht Alle das Wahre an dieser Behauptung eingesehen, haben wir uns nicht sagen müssen, daß wir eine Sache vertreten, die alle jungen Männer angeht, daß das

3 Präs. F. Burckhardt, Zum Einzug, in: Christlicher Verein Junger Männer. Monatsblatt, Nr. 12, Zürich 1911, Titelseite. Archiv Glockenhof

Hansjürg Büchi

EINSTIEG: DER GLOCKENHOF UND SEINE GESCHICHTE

Als der CVJM Zürich vor gut hundert Jahren beschloss, den Glockenhof zu bauen, stand für den Verein die aktuelle Situation mit ihren vielfältigen Bedürfnissen im Vordergrund. Dass sie mit diesem Entschluss den Grundstein für eine inzwischen hundertjährige Erfolgsgeschichte des im Jahr 1911 eingeweihten Glockenhof-Werkes legten, war den damaligen Vereinsverantwortlichen wohl nicht bewusst und hat sie vermutlich auch gar nicht interessiert. Rückblickend lässt sich aber sagen: Ob auf eine hundertjährige Geschichte hin geplant oder nicht, das Glockenhof-Werk zeugt bis heute von einem grossen Weitblick seiner Gründerinnen und Gründer.

Wie aber kam es zum Bau des Glockenhofs? Das Zürich des beginnenden 20. Jahrhunderts war eine schnell wachsende Stadt mit vielen armen Zuwanderern aus den ländlichen Gebieten und dem Ausland und mit sozialen Problemen, die in Vielem denjenigen heutiger Schwellenländer glichen. In diesem Umfeld fand der damalige CVJM ein reiches Betätigungsfeld in der Bildung und der Unterstützung dieser unterprivilegierten Schichten, wie es seinem christlichen Sendungsauftrag entsprach. Eingemietet in eine Liegenschaft im Augustinerquartier wurde ihm jedoch der Platz zur Erfüllung dieser Aufgabe zunehmend zu eng.

Entsprechend suchten die Glockenhof-Gründer und -Gründerinnen eine Lösung, um diesen wachsenden Platzbedarf zu decken. Für die Finanzierung der Arbeit wurde dabei von Anfang an ein angegliedertes Hotel als wirtschaftliches Standbein eingeplant und nicht nur eine lediglich durch wohltätige Spenden und Mitgliedergaben finanzierte «reine Vereinslösung» angestrebt. Vergleicht man den innerhalb des Gebäudes für die Vereinsaktivitäten reservierten Raum mit demjenigen des Hotels, zeigt allein schon das grosse Bauvolumen des Hotels, dass das Werk auf ein langfristiges Funktionieren hin ausgelegt war.

Dass dieses Betriebsmodell gewählt wurde, weist auch auf den Hintergrund der verantwortlichen Männer und Frauen hin: Im protestantisch geprägten Zürich waren Religion und Wirtschaft eng verbunden. Dementsprechend war die direkte Verbindung der christlich-missionarischen Zielsetzung mit einer Finanzquelle – neudeutsch einer «Cash cow» – als Geschäftsmodell weder besonders revolutionär noch aus protestantisch-christlicher Sicht verpönt. Erstaunlich ist allenfalls die gewählte moderne Form des damaligen Projektes: Für den Bau wurde ein zentraler Ort am Rande der Altstadt gewählt, mitten in einem Quartier, das in jener Zeit mit repräsentativen Gebäuden neu überbaut wurde. In diesen städtebaulichen Kontext sollte sich das Werk einbetten, sodass es als gleichwertig wahrgenommen werden konnte. Auch bezüglich der Bautechnik orientierte man sich am Stand der Zeit und plante eines der ersten grossen Gebäude in Skelettbauweise in der Stadt Zürich.

Von Weitblick zeugt der Entscheid der Gründer, den Bereich der sozialen Arbeit und der Mission organisatorisch klar vom Hotel und der Hausverwaltung zu trennen. So konnte sich jede Seite des Werkes auf ihr Kerngeschäft konzentrieren. Gleichzeitig wurde der Hotelbetrieb von Anfang an von der eigentlichen Gebäudeverwaltung entlastet, indem jene einer Dachorganisation übertragen wurde. Dass als

Rechtsform für die Dachorganisation die eher neue Form der Genossenschaft gewählt wurde, ist ein weiterer Hinweis auf das moderne Denken der Gründer. Zudem zeugt die Wahl dieser schwergewichtig im sozialdemokratischen Umfeld verwurzelten Rechtsform von einem Gründergeist, der sich weniger durch Ideologien als durch Visionen leiten liess, stammte doch die grosse Mehrheit der treibenden Kräfte nicht aus linksideologischen Kreisen, sondern aus dem gutsituierten Bürgertum.

So kann man mit gutem Recht sagen, der Glockenhof in seiner Ursprungsform sei ein Spiegel seiner Zeit und des gesellschaftlichen und kulturellen Umbruchs, der das Zürich des beginnenden 20. Jahrhunderts prägte. Dass die Verantwortlichen dabei auch materiell mit einer nicht selbstverständlichen Grosszügigkeit ans Werk gingen, gab dem Glockenhof zudem jene Sicherheitsreserve, die es erlaubte, bei guter Leitung auch kritische Zeiten zu überstehen. Auf diese Art entstand die bis heute funktionierende Triade Verein – Trägerschaft – Hotel, wobei die Trägerschaft zum Schutz der Ursprungsidee in den 1970er-Jahren von der Genossenschaft in eine Stiftung überführt wurde. Dabei wurde dem CVJM (beziehungsweise dem Cevi, wie sich der Verein heute nennt), wie schon zuvor in der Genossenschaft, ein umfassender Einsitz in die Stiftungsgremien zugesprochen und so die enge Verbindung zwischen den drei Teilbereichen aufrechterhalten.

Ein zusätzliches Element dieses kleinen Kosmos bildet das Pfadfinderkorps Glockenhof. Dieses wurde im Jahr 1912 – ein Jahr nach der Fertigstellung des Hauses und lediglich fünf Jahre nach Gründung der ersten Pfadfinderabteilung in England – durch die damaligen CVJM-Verantwortlichen gegründet. Die Übernahme der für die damalige Zeit modernen Idee war nicht nur auf den CVJM Zürich beschränkt. Auch andere alte Pfadfinderabteilungen in der Schweiz wurden ursprünglich von CVJM-Organisationen gegründet. Allerdings kam es in allen anderen Fällen im Laufe der Zeit zur Trennung, einzig im Glockenhof blieb die Pfadi Glockenhof bis heute formell Mitglied des CVJM, auch wenn die Pfadfinder einen autonomen Betrieb führen. So teilen sich bis heute im Vereinstrakt – dem heutigen Cevi-Zentrum

Glockenhof – Cevi, Pfadi und Stiftung als kleine «Nutzer-Triade» die Räume.

Dass dieses Nebeneinander von Cevi, Pfadi, Hotel und Stiftung immer spannungsfrei blieb, lässt sich nicht behaupten. Ein christliches Werk, geleitet von jungen Enthusiasten, und ein kommerziell ausgerichtetes Unternehmen unter einem Dach musste zwangsläufig zu Reibungen führen. Die Geschichte der letzten hundert Jahre ist denn auch reich an solchen meist kleinen Konflikten, etwa wenn sich junge Hausbesucher mit ihrem Wunsch nach Betrieb und «Action» und ruhesuchende Hotelgäste oder kommerzielle Saalmieter in die Quere kamen.Vereinsmitglieder mit ihrer Kritik am «kapitalistischen» Hotelbetrieb oder Hotelverantwortliche, welche den sozialen Zweck des Werkes als Hindernis für die Möglichkeit der Hotelentwicklung wahrnahmen, gehören hier ebenso dazu wie immer wieder auftretende Konkurrenzsituationen zwischen dem christlichen Cevi und der säkular ausgerichteten Pfadi.

Bemerkenswert ist in diesem Zusammenhang aber, dass die Konflikte dem Gesamtwerk über die Zeit hinweg eher genützt als geschadet haben. Die wiederkehrende Notwendigkeit zur Suche nach der gemeinsamen Basis und nach tragfähigen Kompromissen der Zusammenarbeit war einer der Gründe für die stete Selbsterneuerung des Werkes und seiner Strukturen. Zwischen Cevi, Pfadi und Stiftung kam es auch immer wieder zu einem personellen Austausch und zum Austausch von Ideen. Auf diese Art entstand ein sich gegenseitig befruchtendes Nebeneinander, das sich bis heute durch eine Atmosphäre ausgeprägter gegenseitiger Toleranz auszeichnet.

So ist das Glockenhof-Werk trotz seines Alters stets eine moderne Organisation mit einem auf die Bedürfnisse der Gegenwart ausgerichteten Charakter geblieben. Entsprechend ist die Geschichte der steten Erneuerung des Werkes auch ein Spiegel der Geschichte seiner Nutzer, ihrer Heimatstadt sowie – über das international ausgerichtete Hotel – der Weltgeschichte. Eine geschichtliche Betrachtung der 100 Jahre Glockenhof ist damit gleichzeitig ein Prisma, durch das hindurch man die allgemeine Zeitgeschichte aufscheinen sieht. In diesem Sinne ist zu wünschen, dass das hier vorliegende Buch auch neue und überraschende Blicke auf die letzten hundert Jahre Zürich ermöglicht.

Der Glockenhof war aber nie ein Ort, an dem sich christliche Arbeit oder Gästebewirtung nur abstrakt und getrieben von der grossen Geschichte ereignete. Der Glockenhof war und ist immer und vor allem ein Ort des gemeinschaftlichen Lebens, ein Ort, wo man sich traf und trifft, bei Speis und Trank im Hofgarten, beim Spiel in der Turnhalle und bei kulturellen Anlässen oder bei all den «Nebenaktivitäten», die jedem Vereinsleben eigen sind. Er war und ist ein Ort zum gemeinsamen Entdecken und Teilen der grossen Gefühle der Pubertät, ein Eheanbahnungs-Institut, ein Ort der abendfüllenden Diskussionen über die Grundfesten der Welt und ein Ort der kleinen, absurden Geschichten, wie sie nur das Leben schreiben kann.

So konnte es vorkommen, dass kurz nach dem Sechstagekrieg die Weltgeschichte in Person eines aufgebrachten Israeli vor dem Schalter des Hausverwalters stand, dem ebenjener Hausverwalter (notabene mein Vater) kurz zuvor aus Versehen ein Bett in einem Zweierzimmer zugeteilt hatte, in dem schon ein Palästinenser schlief. Das Fahrrad-Chaos auf dem Trottoir bei Jugendanlässen und die Pfadfinder, welche eine Viertelstunde vor Beginn des Elternabends noch einen Saal mieten wollten, gehörten ebenso ins Haus wie der Hilfshauswart, der mit Blitzlicht den Mond fotografierte, oder das ewig herumkeifende alte Ehepaar, das jahrelang im Café Glockenhof anzutreffen war. Und wenn ehemalige Cevi-Leiter von ihrem Aufbegehren gegenüber der Hausverwaltung im Umfeld der 1968er Unruhen erzählen, ist dies keine Geschichtslektion, sondern eine Story zum Schmunzeln. So war und ist das von seinen Nutzern – Cevi-Mitgliedern, Pfadfindern oder einfach Hausgästen – liebevoll «Gloggi» genannte Haus vor allem eines: ein Stück ihrer Heimat und ein Teil ihrer ganz persönlichen Geschichte.

Diese Geschichte aufzuschreiben, würde freilich eine Bibliothek füllen. Es ist aber zu hoffen, dass auch dieser Aspekt der letzten hundert Jahre in den nachfolgenden Beiträgen da und dort aufscheint und das historische Glockenhof-Werk zum lebendigen «Gloggi» werden lässt. Dass das Werk diese hundert Jahre so erfolgreich überstanden hat, ist nur möglich, weil es immer auch ein Ort des Lebens geblieben ist und eine Heimat für die Menschen, die es nutzten, ihm eine Seele gaben und so das Werk letztendlich durch die Zeit tragen halfen. So war und ist der Glockenhof ein Ort des Gebens und Nehmens, ein Abbild des Lebens, das manchmal prall und manchmal trocken, manchmal glücklich und manchmal traurig ist, und als dieser Ort möge er noch manchen Generationen erhalten bleiben.

4 *Garten(-Restaurant), Innenhof Glockenhofareal, 1937. Baugeschichtliches Archiv Zürich*

Verena E. Müller

EIN BLICK AUF DIE VORGESCHICHTE

Als der Zürcher CVJM 1911 im Glockenhof einzog, hatte er bereits eine längere Geschichte mit zahlreichen Hochs und Tiefs an drei verschiedenen Standorten hinter sich. Indirekt lassen sich die Wurzeln gar bis in die 1830er-Jahre zurückverfolgen, als sich mancher Zürcher Christ mit der liberal-radikalen Strömung der Epoche schwertat. Die Evangelische Gesellschaft (gegründet 1835) und der Christliche Verein (entstanden 1839) widersetzten sich jener Entwicklung in Zürich, die 1839 mit der Berufung des deutschen Theologen David Friedrich Strauss (1808–1874) einen vorläufigen Höhepunkt erreicht hatte.

Vor diesem Hintergrund schlossen sich um die Mitte des 19. Jahrhunderts vereinzelte Gruppen junger Männer zusammen, um ihr Christentum gemeinsam zu leben. Erfolgreich war etwa der Kreis um den Kunstmaler David Kölliker (1807–1875), der «Christliche Jünglingsverein», der schliesslich 1900 mit dem CVJM verschmolz.[1] Kölliker gab

---

1 Egli, Karl: 75 Jahre Jugendarbeit, 1925, S. 12

ab 1858 sogar eine eigene Zeitung, den «Schweizerischen Jünglingsboten» heraus.[2] «Die Pfarrer der Landeskirche, auch die positiven, hatten kein Interesse daran, ihre Jugend einer Organisation zuzuhalten, die [...] den Anspruch machte, Kirche zu sein. So fehlte es eben vielfach am Zuzug von Jugendlichen, und es gab nach und nach manche Jünglingsvereine, die nur noch aus älteren Männern bestanden»[3], urteilte Jakob Stutz («Sango») 1937 kritisch, während Sekretär Karl Egli der Gruppierung in seinen Schriften eher wohlwollendes Verständnis entgegenbrachte.

Offensichtlich fehlte damals ein Angebot für den christlichen jungen Mann, das nicht nur seine religiösen, sondern auch die geselligen Bedürfnisse abdeckte. Der CVJM mit seinen angelsächsischen Wurzeln füllte diese Lücke, denn er «passte sich dem jungen Manne an, um ihn eben da zu nehmen, wo er in Wirklichkeit zu nehmen ist: er turnte, trieb Sport, führte Unterrichtskurse durch; Vortragswochen und Evangelisationen wurden durchgeführt»[4].

Ohne den tatkräftigen Einsatz überzeugter Persönlichkeiten hätte sich der CVJM in Zürich nicht so rasch entwickelt. Hermann Eidenbenz (1835–1907), ein erfolgreicher, aus Württemberg eingewanderter Kaufmann, pflegte seit 1878 Kontakte mit dem Weltkomitee des CVJM, wo er «die Schweiz vertrat»[5]. 1884 nahm er am zehnten Weltkongress in Berlin teil. Anlässlich dieses Treffens anerbot sich der amerikanische Minister des Postwesens, John Wanamaker aus Philadelphia, falls die Zürcher einen CVJM gründen würden, während zwei Jahren das Salär eines Sekretärs zu finanzieren.

Ermutigt rief Hermann Eidenbenz am 23. Januar 1886 zunächst den «Verein christlicher Kaufleute» ins Leben: «Der Verein christlicher Kaufleute ist eine Verbindung solcher Jünglinge und Männer, die in irgendeiner kaufmännischen Branche tätig sind, das 16. Altersjahr zurückgelegt haben und das Wort Gottes zur Richtschnur ihres ganzen Handelns zu machen bestrebt sind.»[6] Die 22 Mitglieder bildeten die

---

2 Egli, Karl: 75 Jahre Jugendarbeit, 1925, S. 66
3 Stutz, Jakob, in: Egli, Edwin / Egli, Walter / Stutz, Jakob: Jubiläumsbericht 50 Jahre CVJM, 1937, S. 7
4 Stutz, Jakob, in: Egli, Edwin / Egli, Walter / Stutz, Jakob: Jubiläumsbericht 50 Jahre CVJM, 1937, S. 8
5 Egli, Karl: 75 Jahre Jugendarbeit, 1925, S. 14
6 Egli, Karl: 75 Jahre Jugendarbeit, 1925, S. 15

Kerngruppe des künftigen CVJM, der am 4. Dezember 1887 gegründet wurde. Das Präsidium übernahm eher widerstrebend Edmund Fröhlich, Pfarrer an der St.-Anna-Kapelle, Hermann Eidenbenz amtete als Vize-Präsident. Als Sekretär berief der Vorstand den jungen Theologen Ernst Hofer, eine überaus glückliche Wahl. (Später wurde er Theologieprofessor in den USA.)

Schon im ersten Jahr zählte der CVJM 381 Mitglieder.[7] «Eine kräftige Propaganda für das neue Werk setzte ein, das sich rasch die Sympathie eines zahlreichen Gönnerkreises erwarb.»[8] In diesen ersten Monaten gelang es den Verantwortlichen demnach bereits, Aussenstehende – auch finanziell – für das Werk zu gewinnen. Ohne deren Unterstützung hätte der Verein die folgenden Jahrzehnte nur mit Mühe überlebt.

Der CVJM nahm seine Arbeit an der Rämistrasse 31 auf. Schwerpunkt des vielfältigen Programms waren die Bibelabende, doch kurz nach der Gründung bildete sich 1888 die Turnsektion. «Die Dringlichkeit, auch den Leib zu pflegen, ist den führenden Männern im CVJM schon von Anfang an bewusst gewesen.»[9] Bald herrschte lebhafter Betrieb, Freundschaften fürs Leben wurden beim Sport geknüpft, Turnfahrten brachten Abwechslung in den beruflichen Alltag. Kurz nach der Gründung hatten sich innerhalb des CVJM Interessengruppen mit unterschiedlichsten Bedürfnissen gebildet. Neben der bereits erwähnten Turnsektion entstand eine Gesangssektion, die kaufmännische blieb bestehen, es gab eine Handwerker- sowie eine Bäcker-Abteilung. Ein spezielles Angebot richtete sich an unter 18-Jährige.

1890 kaufte der Verein seine erste eigene Liegenschaft mit Garten und – selbstverständlich – Turnplatz an der Glärnischstrasse 22. Das Haus lag in der damals noch eigenständigen Gemeinde Enge. Das Erdgeschoss war für Vereinsaktivitäten reserviert, der vermietete erste Stock brachte einen «ansehnlichen Mietzins»[10]. Die Idee, mit Fremd-

---

7   Egli, Walter: 50 Jahre Glockenhaus, 1961, S. 16
8   Egli, Walter: 50 Jahre Glockenhaus, 1961, S. 17
9   Jubiläumsbericht 75 Jahre CVJM, 1962, 1, S. 1
10 Werbebroschüre CVJM / Freies Gymnasium: St. Anna-Areal, 1907, S. 4

5 Rämistrasse (87/90) CVJM-Vereinshaus, Fotografie, undatiert, vor 1900. Archiv Glockenhof
6 Glärnischstrasse CVJM-Vereinshaus, undatiert, vor 1900. Archiv Glockenhof
7 Augustinerhof CVJM-Vereinshaus, Zeichnung, undatiert, vor 1900. Archiv Glockenhof

vermietung von Räumen den Verein zu finanzieren, war geboren. Beim Glockenhof sollte später das Hotel diese Rolle übernehmen.

Bald war das Haus zu klein. Nach dessen Verkauf erhielt der CVJM 1900 Gastrecht bei der Evangelischen Gesellschaft im Augustinerhof 2. Die Herberge genügte allerdings nur zum Teil den beachtlichen Ansprüchen. Die Suche nach einer eigenen, besser geeigneten Liegenschaft blieb aktuell. – Der Verein baute seine Dienstleistungen aus; so hatten die jungen Leute Gelegenheit, sich im Augustinerhof zu verpflegen, Weiterbildungskurse wurden auswärts in Schulzimmern erteilt, Turnstunden im Schanzengrabenschulhaus.

Im Laufe seiner Geschichte konnte der CVJM bekanntlich auf die Unterstützung von Persönlichkeiten zählen, die dem Werk oftmals über Jahrzehnte die Treue hielten. Der Verein, dem Hermann Eidenbenz 1891–1904 vorstand, hatte dagegen vorerst Mühe, die notwenigen Freiwilligen zu rekrutieren. Ein gewisser Otto Brändli trat am 29. Januar 1892 aus dem Vorstand aus, in den er gegen seinen Willen gewählt wurde.[11] Auch Heinrich von Muralt fand sich ins Präsidium der Unterrichtskommission gedrängt: «Wie ich vernehme, ist Ihre Wahl als Präsident der Unterrichts-Commission nun endlich nach langem langem Zuwarten auf mich gefallen. [...] Ich werde, wenn nötig, mein Amt als <u>interimistischer</u> Präsident der Unterrichts-Commission bis zu angegebenem Termin nach bestem Vermögen verwalten, bitte Sie aber dringend, baldmöglichst eine geeignete Persönlichkeit beiziehen zu wollen.»[12] Die ehrenamtlich tätigen Männer erledigten ihre Arbeit in spezialisierten Kommissionen. Das Beispiel der gut dokumentierten Unterrichtskommission zeigt, was Freiwillige über lange Jahre an Einsatz erbrachten, um die vielfältigen Angebote des CVJM sicherzustellen.

Weiterbildung und Unterrichtskommission

Kurz nach seiner Gründung führte der CVJM kaufmännische Weiterbildungskurse für junge Männer ein, die er erst nach über dreissig Jahren

---
11 Classeur 1887–1899
12 Classeur 1887–1899, Heinrich von Muralt, 19. November 1890, Hervorhebung im Original

1923 wieder vom Programm strich. Die Unterrichtskommission organisierte Kurse in den Fremdsprachen Französisch, Englisch und Italienisch, in Buchhaltung, Schönschreiben und Stenographie, stellte Lehrer an, sicherte durch regelmässige Schulbesuche einen qualitativ hochstehenden Unterricht und kümmerte sich um die Werbung. Die Bedürfnisse der Wirtschaft kannten die Herren aus eigener Anschauung, entsprechend anspruchsvoll waren sie bei der Beurteilung von Lehrern und Schülern («etwas wie Privatfleiss der Schüler gibt es nicht»[13]).

Die Unterrichtskommission verfolgte ein doppeltes Ziel: Berufliche Förderung der jungen Männer und Anwerbung neuer Mitglieder für den CVJM. Die Strategie ging immer wieder auf. So kam der spätere Hoteldirektor Georg Mousson (1872–1922) über den Kursbesuch zum CVJM.[14] 1958 erinnerte sich Sekretär Walter Egli (1891–1962): «Im Winkelried- und Lutherzimmer besuchte ich Sprachkurse mit gutem Gewinn. Neben mir sass der junge Buchhändler Hans Beer.»[15]

In der Kommission wirkten erfahrene Kaufleute wie die Banquiers Louis Rahn-Bärlocher (1835–1915) oder später sein Sohn Victor Conrad Rahn (1874–1962). Ihre Vorfahren hatten übrigens im «Straussenhandel» 1839 eine führende Rolle gespielt. Junge Männer erhielten Gelegenheit, in diesem Kreis erste Erfahrungen in der CVJM-Arbeit zu sammeln, um später in führende Positionen aufzurücken. Die Kommission war also auch eine Art Kaderschmiede. Georg Mousson war langjähriges Mitglied[16], ebenso der künftige Redaktor der «Glocke» (Redaktion: 1909–1916), Rudolf Pestalozzi (1882–1961), oder Jakob Wespi (1871–1945), der 1911 seine Kommissionsarbeit aufnahm und von 1920 bis 1936 den CVJM präsidierte.

Weiterbildungsmöglichkeiten in der Stadt Zürich waren damals rar und der CVJM schloss vorerst eine eigentliche Lücke: «169 Teilnehmer verteilen sich auf 18 Klassen. Schulbücher werden zu ermässigten Prei-

---

13 Protokoll 24. Mai 1892
14 Protokoll 16. Juli 1891: Herr Georg Mousson hilft bei der Einschreibung.
15 Egli, Walter: 40 Jahre CVJM-Arbeit, 1958, S. 8. Die Peterhofstatt 10, in der sich die Buchhandlung Beer befindet, war der erste Standort des Freien Gymnasiums.
16 Protokoll 2. Juni 1896: Anwesend: «Rahn, Hirzel, Weber, Eidenbenz, G. Mousson (neu), J. Bachmann (neu, KV) und Keller.»

sen ausgeteilt.»[17] Bald jedoch traten andere Anbieter auf den Plan: «Gegen die Handelsschule des Kaufmännischen Vereins und gegen den unentgeltlichen Unterricht der Gewerbeschule aufzukommen, hält schwer, aber wenn unsere Veranstaltung in bisherigem Sinn und Geist fortgeführt wird, ist sie doch nicht überflüssig, sondern begegnet einem Bedürfnis. Der Unterrichtszweig und der Verein greifen ineinander, unterstützen sich gegenseitig.»[18]

Im 19. Jahrhundert beendete jeweils ein feierlicher Anlass die Sprachkurse: Programm Geselliger Abend vom 21. November 1896
1. Mit dem Herrn fing alles an: Gesangssektion
2. Rede des Herrn Rahn
3. Es ist so still geworden: Gesangssektion
4. Italienischer Vortrag: Hagnauer
5. Rede des Herrn Zwicky
6. Duett: L'Elisire d'Amor: Herzel und Dürr
7. Französische Deklamation: Ernst
8. Italienischer Vortrag: Schnurrenberger
9. Zeichenspiel: Marti
10. Gedicht von Victor Hugo. Marti
11. In dem hohen Reich der Sterne: Gesangssektion
12. Abendandacht über Offenbarung 3.20: Sekretär Fröhlich

Über den Englischlehrer Zwicky urteilte die Kommission: «Seinen Unterricht anzuhören ist ein Vergnügen.» (17.12.1891)

Die Kurse strapazierten die Finanzen des CVJM. Durfte die Kommission trotz erheblicher Verluste weiterfahren? Anfang 1892 war das Gesamtdefizit auf 468 Fr.[19] gestiegen – im selben Jahr bezog der neue

---

17 Protokoll 21. März 1890
18 Protokoll 12. Juni 1894
19 Protokoll 30. Januar 1892

Sekretär Edmund Fröhlich ein Monatsgehalt von 125 Fr.[20] Wieder einmal bauten die Kommissionsmitglieder auf ihr Beziehungsnetz. Auf Anfrage zeigten sich einzelne Firmen bereit, freiwillige Beiträge zu leisten. Dennoch blieb die Finanzlage über Jahre hinweg angespannt.

Ihre Rolle als Kontrollorgan nahm die Kommission ernst. Von den Lehrern erwartete sie fachliche Kompetenz, aber ebenso Identifikation mit den Vereinszielen. Gewissen Männern fehlte die religiöse Zuverlässigkeit. Der Französischlehrer, Professor Morel, vernachlässigte diesen Teil seiner Pflichten: «Dass er geflissentlich die Abendandacht umgeht, ist keine Empfehlung.»[21] Anlässlich eines Treffens am 10. Januar 1891 hielt der Kommissionsvorsitzende, Heinrich von Muralt, eine Ansprache, «in welcher er besonders die Lehrer auf den Vereinszweck, die Gewinnung junger Leute für das Reich Gottes, aufmerksam macht und sie einlädt, der Commission bei ihrer Arbeit behilflich zu sein»[22].

Von Muralts Nachfolger Louis Rahn-Bärlocher nahm denn auch enttäuscht zur Kenntnis, dass zahlreiche Kursteilnehmer in erster Linie Bildung suchten: «Es legt sich uns die Frage nahe, wie dafür zu sorgen wäre, dass die Lernenden nach Feierabend sich nicht entfernen, ohne der Hausandacht beigewohnt zu haben. Die Kommission wird die Sache im Auge behalten.»[23] Die Kommission fragte sich, ob dem Stenographielehrer der Auftrag zu entziehen sei, weil er «dadurch Anstoss gegeben habe, dass er seine Schüler vom Vereine abgelenkt und in den Züricher Stenographen-Verein gezogen habe»[24].

Die Unterrichtskommission setzte sich auch mit technischen Neuerungen auseinander: «Waltisbühl anerbietet Remington-Schreibmaschinen für 20.– Fr. und für je 4 Schüler Gratisunterricht.»[25] Keiner der jungen Kursteilnehmer nahm die Chance wahr, der Fachmann blieb hartnäckig. Ein geselliger Abend beschloss jeweils das Kurssemester: «Bei diesem Anlasse soll auch die Schreibmaschine gezeigt werden, obschon

---

20 Classeur 1887–1899, Vertrag mit Sekretär E. Fröhlich, 12. September 1892
21 Protokoll 17. Dezember 1891
22 Protokoll Lehrerversammlung 10. Januar 1891 und Kommissionssitzung
23 Protokoll 30. Oktober 1891
24 Protokoll 22. August 1890
25 Protokoll 21. Oktober 1896

sich Herr Hofmeister [ein Kommissionsmitglied] vom Unterricht auf diesem Instrument nicht viel verspricht.»[26]

Dieser gesellige Abend «mit Thee» stiess gelegentlich auf Widerstand. Beim Jahresschlussanlass 1909/10 kam es gar zur offenen Revolte der «Engländer». «Dieselben hatten eine Petition um Dispensierung eingereicht, mit der Begründung, dass sie die Studien zu ihrem eigenen Nutzen trieben und kein öffentliches ‹Examen› abzuhalten wünschen.» In einem Gespräch mit dem Kommissionspräsidenten Victor Conrad Rahn blieben die jungen Männer bei ihrer Meinung: «Ein Zwang kann selbstredend, speziell gegenüber älteren Leuten, nicht ausgeübt werden», konstatierte der Präsident resigniert.[27]

Im Hinblick auf den Umzug in den Glockenhof wurde die Anzahl der Kurse etwas gekürzt, um die Vereinskasse zu entlasten. Am 16. September 1911 traf man sich erstmals im neuen Vereinshaus. Die Werbung für das Geschäftsjahr 1911/12 versprach: «Die Unterrichtsstunden werden von tüchtigen Lehrkräften erteilt und finden statt an den Abenden von 7 ¼–9 ¼ Uhr; sie werden mit einem Unterhaltungs-Abend abgeschlossen werden.» Noch richteten sich die Kurse an «Jünglinge und Männer jeden Standes».[28]

Mit dem Ausbruch des Ersten Weltkrieges 1914 sank die Nachfrage jedoch nochmals drastisch, die deutschen Teilnehmer fehlten, viele Schweizer leisteten Grenzdienst. Versuchsweise wurden nun – erfolgreich – Teilnehmerinnen eingeladen: «Zum ersten Mal waren zu den Kursen weibliche Teilnehmer zugelassen und zwar auf vorherige Rundfrage bei den Lehrern, die sich absolut nicht abgeneigt zeigten. Es sind keine schlechten Erfahrungen gemacht worden und die dadurch vereinnahmten Kursgelder halfen zur Erleichterung des Betriebs-Budgets.»[29] Auch ein Jahr später waren Teilnehmerinnen willkommen: «Das weibliche Element, das, wie letztes Jahr, in beschränktem Masse zu den Kursen zugelassen worden war, dürfte im Ganzen wieder einen stimu-

---

26 Protokoll 6. März 1897
27 2. Protokollbuch Unterrichtskommission, Circular o. D.
28 Inserat Tagblatt vom 9. Oktober 1911
29 Sitzung 6. Oktober 1914

lierenden Einfluss auf die Leistungen gehabt haben.»[30] Für Frauen galten allerdings gewisse Einschränkungen, wie das Inserat für das Wintersemester 1915/16 klarstellte: «Klassen mit weniger als 6 Teilnehmern werden nicht abgehalten. Damen werden, soweit der Raum vorhanden ist, ebenfalls zugelassen. Klassen für Damen allein können jedoch nicht eingerichtet werden.»[31]

Es war der Anfang vom Ende. Die Schüler fehlten, in der «Glocke» beklagte sich ein Lehrer in einem längeren Artikel über die Teilnehmer. «Es sind ja Kleinigkeiten; aber sie verraten doch einen Mangel in der Selbsterziehung. Da werden zum Teil die allerersten Anstandregeln verletzt: 1. Man kommt ohne Entschuldigung öfters zu spät. 2. Man schreibt seine Aufgaben mit Bleistift. 3. Man löst die Hausaufgaben nicht. Zu diesem Mangel an Anstand kommen kleinere Charakterfehler: die Vergesslichkeit, die Nachlässigkeit, die Unordentlichkeit. […] Es kommt dem Lehrer manchmal unfassbar vor, dass sich Leute anmelden, die gar keine Selbstkritik besitzen und ohne jegliche Vorbedingen glauben mitmachen zu können. Über den gründlichen Besitz von dreijähriger Sekundarschulbildung sollte ein jeder verfügen, der in unsern Kursen nachkommen will, sonst versauert er dem Kursleiter die Arbeit und für sich kommt er zu keiner rechten Freude. Das darf doch aber an diesen Unterrichtsabenden nie und nimmer geschehen, dass man sich gegenseitig das Leben sauer macht.»[32] Eine neue Zeit war angebrochen, die Kurse hatten sich überlebt. 1923 strich der CVJM das Angebot. In der Vorstandssitzung vom 27. März 1925 kam das Thema letztmals zur Sprache; angesichts der Möglichkeiten anderswo beschloss der Vorstand den endgültigen Verzicht.

---

30 Glocke, Nr. 8, 1915, S. 51
31 Glocke, Nr. 2, 1916, S. 9
32 Glocke, Nr. 12, 1920, S. 128

Die Kaufmännische Sektion des CVJM

Der Zusammenschluss der Kaufleute war der ursprüngliche Kern des CVJM gewesen. Während langen Jahren trafen sich die Kaufleute regelmässig zu intellektuellem Austausch: «Die kaufmännische Sektion hat den Zweck, junge Leute, welche dem Kaufmannstande angehören, durch Vorträge und gegenseitige belehrende Unterhaltung in den in ihr Fach einschlagenden Kenntnisse zu fördern.»[33] Die genauen Protokolle der Sitzungen im 19. Jahrhundert sind eine geistesgeschichtliche Fundgrube.

Junge Mitglieder hatten Gelegenheit, sich mit erfahrenen Kaufleuten auszutauschen. Gemeinsam lasen die Männer neue Wirtschaftspublikationen, gelegentlich referierte ein Gastredner wie Dr. von Schultherr-Rechberg z. B. über das Obligationenrecht. Die behandelten Themen spiegeln die Interessen der Mitglieder: «Ebbe und Flut»[34], «Das kaufmännische Hülfspersonal»[35] oder «Das Recht auf Arbeit»[36].

Die erstarkte Sozialdemokratie löste Besorgnis aus: «Herr Pfister spricht sich über Arbeit, Grosskapital aus, bedauert, dass durch das immerwährende Hetzen, das Zutrauen und damit auch die Liebe zwischen Arbeitgeber und Arbeiter gewichen ist. Auch werde ungerechterweise die Arbeitersache immer mit der Sozialdemokratie auf gleiche Linie gestellt.»[37] Selbst die Ausländerfrage beschäftigte gelegentlich die Anwesenden: «Herr Eidenbenz, Sohn, Kaufmann, sieht den Grund, dass die ausländischen Arbeiter den einheimischen meistens überlegen seien, darin, dass nur die bessern fremden Arbeiter, die sich aufschwingen wollen, auswandern.»[38]

Am 26. November 1896 erörterten die Kaufleute die Rolle des Missionskaufmanns. «Obschon es nicht Hauptaufgabe der Mission ist, Handelsbeziehungen mit den Heiden anzuknüpfen, ist doch die Missions-

---

33 Protokoll 11. Oktober 1894
34 Protokoll 18. Januar 1894
35 Protokoll 15. Februar 1894
36 Protokoll 5. April 1894
37 Protokoll 22. Februar 1894
38 Protokoll 5. April 1894

handlung sehr wichtig, da sie den unzivilisierten Völkern die Vorteile der zivilisierten Welt verschafft, die schädlichen Einflüsse wie Branntwein etc. jedoch zu vermeiden sucht.» Nach lebhafter Debatte relativierte ein Anwesender gewisse Vorurteile: «Herr Pfister rettet die Ehre des Negers, indem er bemerkt, die Trägheit desselben sei gar nicht so gross wie wir sie so oft schildern. An den Hafenplätzen könne man staunenswerte Leistungen der Neger beobachten. Die afrikanische Hitze wirke eben auch auf den Neger erschlaffend.»[39]

Am ehesten lässt sich die Tätigkeit der Kaufmännischen Sektion mit einem modernen Männerclub vergleichen. Der CVJM bot auf christlicher Grundlage einen geschützten Rahmen für den anregenden Austausch unter Gleichgesinnten.

---

39 Protokoll 26. November 1896

Daniel A. Walser

DER CVJM BAUT

DER GLOCKENHOF ALS STÄDTISCHES RAUMKUNSTWERK

Der Glockenhof ist in Zürich ein zentrales Bauensemble aus der Zeit vor dem Ersten Weltkrieg. Die Architekten Robert Bischoff und Heinrich Weideli konnten 1907 den auf Einladung des CVJM und des Freien Gymnasiums durchgeführten Architekturwettbewerb für sich entscheiden. Im Jahr 1911 wurde der Baukomplex in Etappen seiner Bestimmung übergeben und am Sonntag, 3. September, desselben Jahres definitiv feierlich eröffnet.

Der engagierte Redaktor der damaligen Schweizer Architekturzeitschrift «Die Schweizerische Baukunst», Albert Bauer, betont 1913 in seinem Schlusskommentar[1] über den neu errichteten Glockenhof-Komplex die «treffliche Einheitlichkeit des Eindrucks» des Glockenhofes. Beim Durchschreiten der so verschiedenartig gestalteten Teile des Bauwerks eröffne sich dem Besucher «eine solche Fülle an Erfindung, an Differenzierung der Stimmung durch die Mittel der Farbe und Material». Er freut sich, «dass bei aller Objek-

---

1 Bauer, Albert: Der Glockenhof in Zürich, in: Die Schweizerische Baukunst, Heft V, 1913, S. 82

8 *Isometrie des Vorprojektes des Glockenhof-Komplexes anlässlich der Geldsammelaktion 1907. In: Die projektierte Überbauung des St. Anna-Areals, 1907. Archiv Glockenhof*

tivität und Zweckmässigkeit sich doch so viel persönliche Kunst darin ausdrücken kann». Wegen seiner strengen Gliederung und klaren inneren Organisation der verschiedensten, voneinander unabhängigen Funktionen von Vereinshaus des Christlichen Vereins Junger Männer CVJM, gehobenem Hotel, christlichem Hospiz, Freiem Gymnasium und der St.-Anna-Kapelle wurde der Gebäudekomplex Glockenhof als kunstvoller, zeitgenössischer Gesamtkomplex mit christlich(-evangelischer) Prägung wahrgenommen.

Die Architekten Bischoff & Weideli konnten bereits vor dem Wettbewerb des Glockenhofes in der Schweiz einige wichtige Architekturwettbewerbe für sich entscheiden. In ihrem Gesamtwerk fällt auf, dass sie in Zürich in wenigen Jahren einige der zentralen, innerstädtischen grossen Baukomplexe wie den Kohlenhof (1909), den Kramhof (1908–1909), den Usterhof mit dem Café Odéon (1909–1911) oder das Vereinshaus Zur Kaufleuten (1. Etappe 1909–1915) errichten konnten. Die beiden Architekten waren auch für zeitgenössische evangelische Kirchenbauten bekannt. Mit dem Gewinn der Wettbewerbe für die reformierte Kirche mit Pfarrhaus in Spiez (1905–1907), die reformierte Kirche in Wallisellen (1907–1908) und einen Idealplan für eine Schweizerische Bergkirche (um 1908)[2] waren sie Vorreiter eines modernen, zeitgenössischen Kirchenbaus. Mit Werken wie dem sogenannten Wohlfahrtshaus Zum Goliath in St. Gallen (1908) oder der genossenschaftlichen Wohnkolonie Bertastrasse in Zürich (1908–1910) und etwas später auch jener an der Zurlindenstrasse ebenfalls in Zürich (1917–1919) bauten sie für soziale Einrichtungen. Zudem konnten die Architekten in Zürich das Riedtlischulhaus (1906–1908) und das Privatschulhaus Institut Minerva mit Internatstrakt (1909) errichten. Schulen waren jedoch vor allem eine Domäne von Heinrich Weideli, der mit seinen beiden Zweigbüros etliche Schulhäuser in Kreuzlingen, Arbon, Wädenswil und Amriswil errichtete.[3] Die Architekten waren somit mit allen Teilaufgaben des Bauprogramms, ausser dem Hotel, bereits vor dem Wettbewerb bestens vertraut und hatten reichlich Erfahrung in der Projektierung und im Umgang mit kirchlichen und sozialen Einrichtungen.

Ein Bollwerk gegen den zunehmenden Katholizismus in Zürich

Im Gegensatz zum CVJM konnte der katholische Gesellenverein bereits 1896 eine eigene Liegenschaft käuflich erwerben. Das Kasino Aussersihl wurde von diesem für Versammlungen und grössere Feiern benutzt. Mit einer klaren Stellungnahme machte der Vorstand des CVJM in der Folge darauf aufmerksam, dass den Katholiken bereits zwei stattliche Liegenschaften zur Verfügung standen, während der CVJM aus allen Nähten zu platzen drohte.[4] Die Frage nach einem grösseren Vereinshaus wurde dringlich.

---

2   Baer, Casimir Heinrich: Eine Schweizerische Bergkirche, in: Die Schweizerische Baukunst, 1909, S. 109
3   Baer, Casimir Heinrich (Pseudonym: «G.»): Zu den Arbeiten der Architekten (B. S. A.) Bischoff & Weideli, Zürich, in: Die Schweizerische Baukunst. Zeitschrift für Architektur, Baugewerbe, Bildende Kunst und Kunsthandwerk, Heft XXV, 1913, S. 357–371
4   Egli, Karl, in: Egli, Edwin / Egli, Walter / Stutz, Jakob: 50 Jahre Christlicher Verein Junger Männer Zürich, 1. Jubiläumsbericht 1887–1937, 1937, S. 19

Ein nicht zu unterschätzender Auslöser für den Bau des Glockenhofkomplexes war nebst der Platznot der beiden Institutionen CVJM und Freies Gymnasium auch die zunehmende Präsenz von Katholiken in der protestantischen Zwinglistadt Zürich. In einem Brief 1905 an die Mitglieder des Vereins Christlicher Junger Männer mokiert sich der Vorstand, dass «mancher Protestant fragende Blicke nach Hottingen gerichtet» habe, «wo am Wolfbach ein gewaltiger Bau errichtet wurde, um ein Asyl zu werden für die katholische Jungmannschaft der Stadt». Gerichtet war diese Spitze gegen den Bau der katholischen Kirche St. Anton der Architekten Curjel & Moser (Wettbewerb 1905, Bau 1907–1908). Offensichtlich schürten die Zunahme von Katholiken und der katholische Kirchenneubau Ängste: «Es ist eine Burg des Katholizismus mehr in der Stadt Zwingli's.»[5] Diese Entwicklung führte definitiv zur konkreten Suche nach Möglichkeiten für ein grösseres Vereinshaus.

Der damalige Zürcher Stadtbaumeister und Architekt des Landesmuseums (1892–1898) Gustav Gull prüfte 1897 für den CVJM einen Um- und Anbau an der Glärnischstrasse, wo der CVJM damals beheimatet war. Das Projekt wurde jedoch aus Kostengründen fallengelassen. Ab 1898 beriet Jacob Muggli die Baukommission und riet schon damals zu einem kompletten Neubau. 1899 wurde ein Baufonds eingerichtet und im selben Jahr auch eine «Central-Bau-Kommission» ins Leben gerufen, welche die Umbaufrage prüfen und gegebenenfalls auch einen anderen, geeigneteren Bauplatz finden sollte. Ebenfalls in diesem Jahr kontaktierte das «befreundete» Freie Gymnasium den CVJM mit der Anfrage, ob die beiden Institutionen nicht an der Glärnischstrasse gemeinsam ein Projekt erarbeiten könnten. Der CVJM hatte bereits vorgängig dazu den Architekten Robert Zollinger, einen der vielbeschäftigtsten Architekten Zürichs, beauftragt, ein weiteres Umbauprojekt an der Glärnischstrasse zu prüfen. So wurde auch der neue Vorschlag untersucht. Beide Varianten erwiesen sich jedoch als wenig geeignet. Ein Neubau schien sinnvoller und weniger kostspielig.[6]

---

5   Brief des Vorstandes des Vereins Christlicher junger Männer an seine Mitglieder: undatiert, ca. 1905
6   Egli, Karl: Das Glockenhaus. Sein Werden und sein Dienst 1911–1936. Eine Denkschrift, Typoskript, 1936, S. 2–3

Die «Baufrage» wurde innerhalb des CVJM über Jahre ausgiebig diskutiert. Am 20. Dezember 1900 ging ein weiteres Schreiben vom Vorstand an alle Mitglieder mit der Bitte um einen monatlichen Beitrag in einen Baufonds zur Finanzierung eines zukünftigen Bauwerks. Zudem wurde jedes einzelne Mitglied aufgefordert, Fürbitte zur Überwindung der anstehenden Schwierigkeiten zu leisten.[7] Auf der Suche nach einem neuen Gelände konnte der CVJM 1900 als Zwischenlösung in den hinteren Augustinerhof ziehen und von der Evangelischen Gesellschaft Räume mieten. Der Bau an der Glärnischstrasse wurde verkauft. Doch verzehrten nun Miete, Reparaturen und Umbauten den Erlös aus dem Verkauf der Glärnischstrasse. Die 1901 erweitere Baukommission prüfte weiterhin über 24 verschiedene Projektmöglichkeiten. Beratend stand der Baukommission als Mitglied unter anderem Gustav Kruck, der spätere Baumeister des Glockenhofes, und als aussenstehender fachlicher Berater der Architekt Robert Zollinger zur Verfügung.[8]

Die Diskussionen über einen Neubau wurden immer intensiver. 1903 wurde definitiv beschlossen, dass nur ein eigenes Gebäude auf Dauer eine «gesegnete Entwicklung» bringen konnte.[9] Verschiedene Bauorte wurden untersucht, so auch an der Gotthardstrasse in Zürich. Die Architekten Kuder & Müller[10] erarbeiteten im Mai 1905 einen volumetrischen Projektvorschlag mit einer groben Einteilung der Nutzungen. Robert Zollinger prüfte zur selben Zeit ein Vorprojekt am Zeltweg 29.[11] Laufend wurden Geldsammlungen durchgeführt, damit im Baufonds auch die benötigten Mittel zur Verfügung gestellt werden konnten.[12]

Karl Egli, der langjährige Sekretär des CVJM und Verfasser unzähliger Jubiläumsschriften zum Glockenhof und dem CVJM, nennt Jacob Muggli 1904 als Urheber der Idee einer Überbauung auf dem Gelände

---

7   Brief des Vereins Christlicher junger Männer Zürich: 20. Dezember 1900
8   Egli, Karl: Das Glockenhaus. Sein Werden und sein Dienst 1911–1936. Eine Denkschrift, Typoskript. 1936: S. 3–4
9   Brief des Vereins Christlicher junger Männer Zürich an seine Aktivmitglieder und Eingeschriebenen Mitglieder des Vereins, Ende März 1903
10 Der aus Stuttgart stammende Richard Kuder war später Partner von Alexander von Senger, einem der konservativsten Schweizer Architekten, der später polemisch gegen die Moderne argumentierte.
11 Pläne im Archiv CVJM, Glockenhof, Zürich
12 Egli, Karl: Glockenhaus, 1936, S. 3–4

des St.-Anna-Areals. Die Mathilde Escher Stiftung, die damalige Besitzerin des St.-Anna-Areals, suchte einen Teil ihrer Liegenschaften an der Sihlstrasse zu verkaufen, um sich finanzielle Mittel für eine Erweiterung zu beschaffen. Weil sich der grosse Garten hinter der St.-Anna-Kapelle als Bauland für CVJM und Freies Gymnasium anbot, nahm eine gemeinsame provisorische Kommission des CVJM und des Freien Gymnasiums 1905 Verhandlungen mit der Mathilde Escher Stiftung auf.[13] Als Vermittler agierte Louis Rahn-Bärlocher, Direktor des Bankhauses Escher & Rahn und Mitglied des Kuratoriums der Mathilde Escher Stiftung.

Noch vor der Ausschreibung des Glockenhof-Projektwettbewerbs legte der Architekt Emil Usteri Anfang Dezember 1905 ein «Projekt der Überbauung des St. Anna-Areals mit Anpassungen an die bestehende Kapelle» vor. Er war der Erbauer des ersten in Zürich aus Eisen errichteten, modernen Kaufhauses Jelmoli (1899) und des Corsotheaters am Bellevue (1900). Die Parzelle war dieselbe wie im späteren Architekturwettbewerb. Die bestehende St.-Anna-Kapelle sollte bestehen bleiben und an einigen Stellen den neuen Bedürfnissen entsprechend angepasst werden. Das Projekt lehnte sich an die neugotische Architektur der Kapelle an und gebärdete sich etwas ungelenk. Der Bau hätte die etwas nach hinten versetzte St.-Anna-Kapelle umschlungen. Allerdings war der Entwurf analog disponiert wie der später umgesetzte Bau: Hinten lag das Gymnasium, vorne an der Sihlstrasse das Hospiz und die Vereinsräume. Von der St. Annagasse wäre das Gymnasium mit Turnhalle und von der Sihlstrasse das Vereinsgebäude des CVJM erschlossen worden.

Die wenig dichte Überbauung in diesem Entwurf führte zu einer schlechten Kosten-Nutzen-Bilanz und das Hotel war noch nicht Teil der Gesamtdisposition.[14] Doch wurde aufgrund dieses Vorschlags klar, dass man die bestehenden Gebäude radikal abreissen und das Strassenniveau anpassen musste und dass der bestehende Moränenhügel abzutragen war, um Platz zu schaffen für ein neues, grosszügiges Bauensemble.[15] Auch

---

13   Egli, Karl: Glockenhaus, 1936, S. 4
14   Die Pläne befinden sich im Archiv des CVJM im Glockenhof, Zürich.
15   Egli, Karl: Glockenhaus, 1936, S. 5

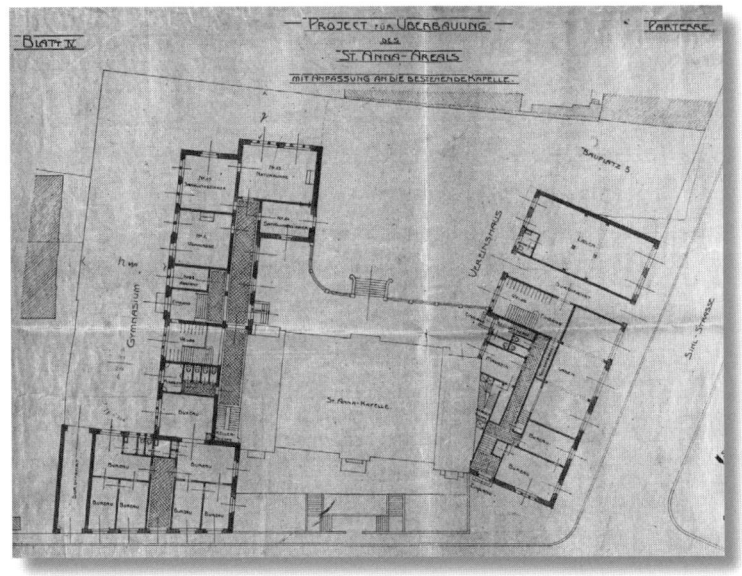

9 Ansicht und 10 Grundriss der Projektstudie des Zürcher Architekten Emil Usteri, wobei er die ehemalige St.-Anna-Kapelle stehen liess und in den neunen Komplex einbezog. Dezember 1905. Archiv Glockenhof

wurde wohl aufgrund dieser Studie der Bau des Hotels integraler Bestandteil des Projekts: um dem Betrieb des CVJM langfristig eine solide finanzielle Grundlage zu geben, sodass der neue Gebäudekomplex ein «Sammelpunkt Christlichen Wirkens» werden konnte.[16] Die Escher-Stiftung entschloss sich, das Grundstück unter der Bedingung zu verkaufen, dass innerhalb des Häuserblocks eine neue St.-Anna-Kapelle errichtet wurde.[17] Doch der effektive Verkauf konnte erst nach der konstituierenden Sitzung des CVJM am 22. Oktober 1908 abgewickelt werden, und nachdem alle Probleme und Einsprachen ausgeräumt waren.[18]

Vorgeschichte des St.-Anna-Areals

Auf einer Anhöhe, die mit dem Bau des Glockenhofes abgetragen wurde, stand einst die St.-Stefans-Kapelle. Sie war vermutlich die erste Pfarrkirche Zürichs, wie der Chronist Heinrich Berennwals im 15. Jahrhundert schrieb, und entstand wohl zum Zeitpunkt der Christianisierung Zürichs im 4. Jahrhundert. St. Stefan gehörte wahrscheinlich zusammen mit St. Peter als frühmittelalterliche Begräbniskirche zum Kastell auf dem Lindenhof. Nachdem St. Stefan durch den Bau der Stadtmauer in der Mitte des 13. Jahrhunderts von der Stadt «abgeschnitten» wurde, verlor die Kirche an Bedeutung und wurde mit der Fraumünsterabtei vereinigt. Dies führte dazu, dass sie nicht mehr Leut- und Pfarrkirche war. Seit 1293 war sie nur noch Kapelle. Im Laufe der Reformation wurde St. Stefan 1525 geschlossen. 1528 beschloss der Rat von Zürich, die Kapelle abzubrechen. Der Turm wurde geschleift. Die Reste des Schiffes wurden von einem Bürger erworben, der die Kapelle um ein Stockwerk erhöhte und sie in ein Wohnhaus umwandelte. Spärliche Überreste von St. Stefan wurden 1909 beim Abbruch eines zum «Goldenen Winkel» gehörenden Hauses gefunden: unter anderem Fresken der drei Stadtheiligen Exuperantius, Felix und Regula (um 1520).[19] Die

---

16   H., P.: Um St. Stephan, in: Zürcher Wochen-Chronik: 13. März 1909, Beilage zu Nr. 11, S. 105–108
17   Egli, Walter: 50 Jahre Glockenhaus, 1961, S. 10
18   Egli, Walter: 50 Jahre Glockenhaus, 1961, S. 1
19   Sonderegger, Christina / Feric, Stanislav: Der Glockenhof, in: Zürcher Denkmalpflege. Stadt Zürich, Bericht 1989/90, S. 51

11 *Die alte St.-Anna-Kapelle an der Kreuzung Sihlstrasse / St. Annagasse. Baugeschichtliches Archiv Zürich*

12 *Reste der ursprünglichen Kirche St. Stefan wurden im 1909 abgebrochenen Haus zum «Goldenen Winkel» gefunden. Unter anderem wurden Fresken (um 1520) der drei Stadtheiligen Exuperantius, Felix und Regula gefunden, die heute im Landesmuseum aufbewahrt werden. Baugeschichtliches Archiv Zürich*

13 *Die Sihlstrasse kurz vor der Errichtung des Glockenhofes 1908. Ganz links ist der Garten der ursprünglichen St.-Anna-Kapelle. Baugeschichtliches Archiv Zürich*

Fresken wurden als eines der schönsten Werke Hans Leu des Jüngeren (um 1490–1531, bedeutender spätgotischer Maler Zürichs) eingestuft, von der Wand abgelöst und ins Landesmuseum gegeben. Der Rektor des Freien Gymnasiums, Pfarrer Bernhard Beck, hat den Fund in einer wissenschaftlichen Publikation gewürdigt.[20]

Das heutige Areal des Glockenhofes erhielt seinen Namen von der Glockengiesserei Füssli, die sich über mehrere Jahrhunderte an dieser Stelle befunden hatte. Die bedeutende Glocken- und Geschützgiesserei wurde Ende des 15. Jahrhunderts gegründet und expandierte vom Rennweg an diesen für eine Giesserei idealen Ort vor der Stadt. Das Giessereiareal war ein grosser Komplex mit Glockenhaus und mehreren umliegenden Bauten. Die Giesserei musste 1843 wegen schwindender Nachfrage schliessen. Das «Glockenhaus», der zentrale Bau des Füssli-Areals, wurde jedoch erst 1909 abgebrochen. 1856 wurde der gesamte Komplex an Hans Caspar Escher verkauft, der die Maschinenfabrik Escher Wyss & Co. gründete. Er wohnte im angrenzenden «Felsenhof». Nach seinem Tod erbte seine Tochter Mathilde Escher das gesamte Areal zwischen Sihl- und Pelikanstrasse. Sie wiederum brachte ihr Vermögen in die Mathilde Escher Stiftung «für krüppelhafte, bildungsfähige Mädchen» ein. Kernstück dieser Stiftung bildete die ehemalige St.-Anna-Kapelle.[21]

Die Ursprünge der St.-Anna-Kapelle sind nicht bekannt. 1385 ist sie erstmals urkundlich erwähnt. Allerdings stand sie noch auf der anderen Seite der St. Annagasse auf dem heutigen Areal des St. Annahofes. Der Bereich nördlich der Kapelle wurde seit der Pest im 16. Jahrhundert als Friedhof genutzt und die Kapelle diente als Beerdigungskapelle. 1881 wurde schliesslich beschlossen, den Friedhof aufzulösen und auf das Geländeniveau von Pelikan- und Sihlstrasse abzugraben. Die Kapelle musste 1912 dem Bau des St. Annahofes der Gebrüder Pfister weichen. Die zweite, 1864 auf der anderen Strassenseite errichtete St.-Anna-Kapelle, stand neben dem Elternhaus von Mathilde Escher. Sie beherbergte einen Kapellraum und das

---

20 Freies Gymnasium in Zürich (Hrsg.): Achter Bericht 1909/11. 21–23. Schuljahr, Eigenverlag: September 1911, S. 4–5
21 Sonderegger, Christina / Feric, Stanislav: Glockenhof, in: Denkmalpflege, 1989/90, S. 51f.

Kinderheim der Mathilde Escher Stiftung. Mathilde Escher übertrug ihr Vermögen der Stiftung, welche den Fortbestand des St.-Anna-Asyls für arme, körperbehinderte Mädchen zu sichern hatte. Die St.-Anna-Kapelle und das St.-Anna-Asyl waren Mathilde Eschers Lebenswerk. In ihrem Testament schrieb sie fest, dass auf dem Areal immer eine Kapelle zu stehen habe. Als die Stiftung um die Jahrhundertwende einen Käufer für das Areal suchte, erwies sich diese Klausel als Hindernis für einen schnellen Landverkauf. Mit dem CVJM und dem Freien Gymnasium hatte die Stiftung aber Käufer gefunden, denen die Kapelle ebenfalls wichtig war. Die Stiftung konnte 1911 an die Lenggstrasse umziehen, wo die Architekten Pfleghard & Haefeli ihr einen Neubau errichtet hatten.[22] Die neue Kapelle des Glockenhofkomplexes ging nach der Eröffnung an die Evangelische Gesellschaft über.

Wettbewerbsorganisation

Zur Findung des passenden Entwurfes wurde vom CVJM und dem Freien Gymnasium eine Central-Bau-Kommission gewählt und im Herbst 1906 bis Januar 1907 ein Architekturwettbewerb durchgeführt. Mitglieder der Baukommission waren: als Präsident Jacob Muggli; vom Gymnasium: Rektor Bernhard Beck, P. Pestalozzi-Sautter, Dr. D. Schindler-Stockar, Dr. R. Spoendlin-Escher, H. W. Syz-Günther, Pfarrer des Grossmünsters, H. Walder; vom CVJM: Fritz R. Burckhardt (erster Präsident und Teilhaber der Firma Pestalozzi), Karl Egli (späterer Sekretär des CVJM), Georg Konrad Mousson (späterer erster Hoteldirektor des Glockenhofs), Kantonsrat Friedrich Otto Pestalozzi, Victor Rahn (Sohn von Louis Rahn, dem Vermittler des Bauplatzes), Oberst Usteri-Pestalozzi (war lange im Beirat des CVJM). Letzterer war gleichzeitig auch Vertreter der Evangelischen Gesellschaft, welche nach deren Fertigstellung den Betrieb der St.-Anna-Kapelle übernahm. Das Gremium wurde nach dem Architekturwettbewerb wiederum

---

22 Sonderegger, Christina / Feric, Stanislav: Glockenhof, in: Denkmalpflege, 1989/90, S. 52f.

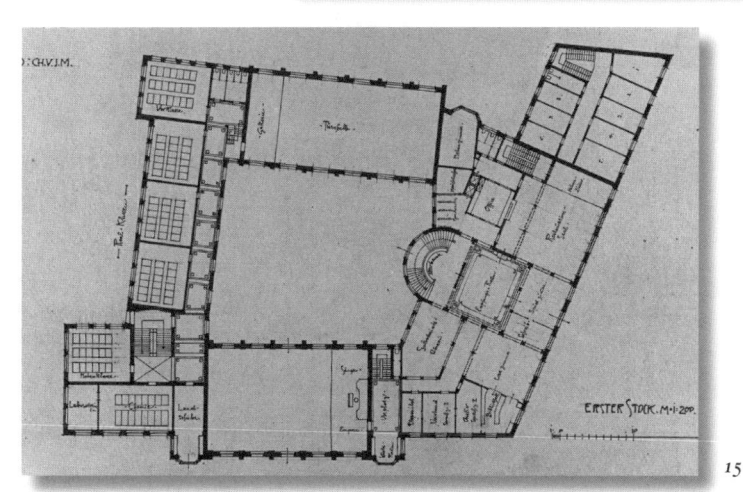

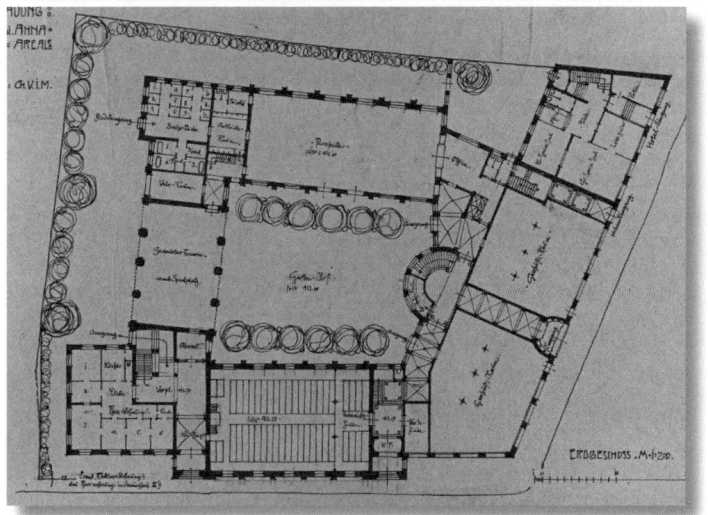

14 *Hauptperspektive*, 15 *Grundriss des 1. Obergeschosses und* 16 *Grundriss des Erdgeschosses des Gewinnerprojekts «CH.V.J. M.» der Architekten Bischoff & Weideli, Architekturwettbewerb Glockenhofareal 1906/07. Archiv Glockenhof*

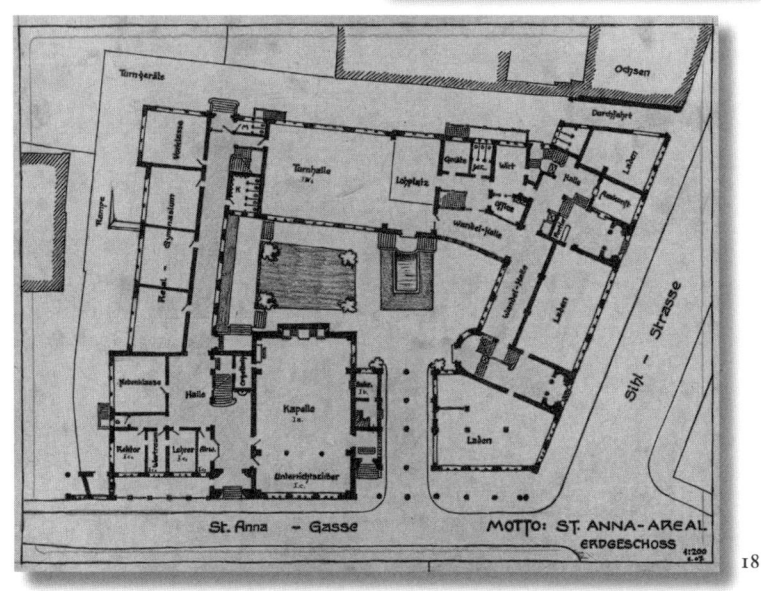

17 Frontperspektive mit der St.-Anna-Kapelle links, dem Hotel in der Mitte und dem Vereinshaus rechts sowie 18 Erdgeschossgrundriss des drittrangierten Projektes «St. Anna-Areal» der Architekten Pfleghard & Haefeli, Architekturwettbewerb Glockenhofareal 1906/07. Archiv Glockenhof

vom Architekten Robert Zollinger fachlich beraten.[23] Die beschränkte Konkurrenz unter sieben eingeladenen Architekturbüros wurde von Professor Gustav Gull, Professor Friedrich Bluntschli, Kantonsbaumeister Hermann Fietz, Friedrich Otto Pestalozzi (sein Bruder war Pfarrer im Grossmünster) und Dr. R. Gspendlin beurteilt. Diese sehr gut besetzte Fachjury war mit den eingegangenen Resultaten nicht ganz zufrieden. «Obschon keine der vorliegenden Lösungen nach allen gestellten Gesichtspunkten hin entspricht, konnten doch einige Projekte als sehr gut bezeichnet werden.»[24]

23 Egli, Walter: 50 Jahre Glockenhaus, 1961, S. 11
24 Brief des Vereins Christlicher junger Männer und des Freien Gymnasiums Zürich an seine Mitglieder, Mitte Januar 1908

Das Wettbewerbsprogramm des neuen Vereinshauses beinhaltete einen grossen Saal für 1500 bis 2000 Personen, nutzbar für Vorträge, Mitgliederversammlungen, Familienabende, und kleinere Räume: ein geräumiges helles Zimmer, ein freundliches Unterhaltungszimmer, ein Bibliothekszimmer, 4–5 Unterrichtszimmer, ein Empfangszimmer oder Sekretariat sowie Turnlokalitäten. All diese Räume wurden als unabweisbare Bedürfnisse ausgewiesen. Es wurde aber auch betont, dass je mehr einzelne Zimmer zur Verfügung stünden, sich das Vereinsleben auch desto mannigfaltiger gestalten könne. Ebenfalls Teil des Raumprogramms war ein christliches Hospiz für 50 junge Männer, Schulräume des Freien Gymnasiums, eine Rektorenwohnung und ein Pausenplatz für die Schüler.

Gewinner des Architekturwettbewerbs waren die Architekten Robert Bischoff und Heinrich Weideli mit den Mottos «CH. V. J. M.» und «Centralgarten». Für den Beitrag «CH. V. J. M.» erhielten sie den 1. Preis mit 2000.– Franken, für ihr zweites Projekt «Centralgarten» den 2. Preis mit 1500.– Franken Preisgeld.[25] Die beiden Architekten vermochten die Jury vor allem durch ihre «ansprechende» architektonische Haltung und «vorzügliche innere Raumordnung» des Baukörpers zu überzeugen. Doch die Anordnung und die Durchbildung der Kapelle war für die Jury zu dürftig ausgefallen und «dürfte etwas reizvoller durchgearbeitet werden». Vor allem aber die moderaten Kosten von 1'330'000.– Franken und die gelungene Organisation des Baus überzeugten die Jury.[26] Der CVJM und das Hospiz waren im Kopfbau untergebracht, das Hotel im hinteren, etwas weniger prominenten Teil, wo heute der CVJM ist. Diese Disposition wurde von der Jury ausdrücklich gelobt, da der CVJM so einfachen Zugang zur Kapelle hat. Das zweite Projekt, «Centralgarten», unterschied sich kaum vom Gewinnerprojekt, ausser in der Orientierung der Kapelle, was die Jury als weniger sinnvoll erachtete.[27]

---

25 Burckhardt-Pfisterer, Fritz: Zur Baufrage, in: Monatsblatt Christlicher Verein Junger Männer, XV. Jahrgang, Nr. 6, März 1907, S. 30
26 Gull, Gustav, u. a.: Jurybericht Architekturwettbewerb, 1907, S. 4–5
27 Gull, Gustav, u. a.: Jurybericht Architekturwettbewerb, 1907, S. 5

Das Projekt «St. Anna-Areal» der erfolgreichen Zürcher Architekten Otto Pfleghard und Max Haefeli wurde mit 1000.– Franken mit dem 3. Preis prämiert. Ihr Entwurf überzeugte auf den ersten Blick sehr, vermochte dann bei genauerer Betrachtung in der Organisation des Hotels jedoch überhaupt nicht zu überzeugen. Die weiteren am Wettbewerb beteiligten Architekten waren: Hans Heinrich Conrad von Muralt, der sein Architekturbüro in der angrenzenden südöstlichen Parzelle Sihlstrasse 37 hatte; Richard Kuder und Rudolf Goedeke, wobei Kuder bereits eine Studie an einem andern Bauplatz ausgearbeitet hatte; Emil Usteri, der den Bauplatz für den Glockenhof und die Aufgabe durch seine Vorstudie wohl am besten kannte; Robert Zollinger, der den CVJM in Baufragen beriet, und die noch jungen Streif & Schindler, welche kurz vorher den Architekturwettbewerb für das Volkshaus (1907–10) in Zürich für sich entscheiden konnten.

Nachdem die Ergebnisse des Glockenhof-Wettbewerbs Ende Februar 1907 in einer Ausstellung einer breiten Öffentlichkeit präsentiert worden waren, mussten die finanziellen Mittel für den Neubau gesammelt werden. Für die Spendensammlung des Gymnasiums und des Vereinshauses wurde eine gemeinsame Informationsbroschüre herausgegeben, in welcher sich die beteiligten Institutionen vorstellten und die Mitglieder aufgefordert wurden, sich an den Baukosten zu beteiligen.[28] Bis zum Januar 1909 brachte die Sammelaktion dem CVJM 424'000.– Franken ein, sodass nur noch 8'000.– fehlten, womit die definitive Ausführung in Angriff genommen werden konnte.[29] Spenden gingen aber erstaunlicherweise bis Ende 1916 auf dem Baukonto des CVJM ein, lange nach der Fertigstellung des Neubaus von 1911.[30]

---

28 Christlicher Verein Junger Männer und Freies Gymnasium (Hrsg.): Die projektierte Überbauung des St. Anna-Areals in Zürich, Werbebroschüre, September 1907
29 Brief der Centralen-Bau-Kommission f. d., 26. Juni 1908, Archiv Freies Gymnasium, Zürich
30 Egli, Walter: 50 Jahre Glockenhaus, 1961, S. 2

Architekturwettbewerb Glockenhof – die nicht realisierten Projekte[31]

Die eingereichten Projekte des Architekturwettbewerbs interpretierten die Aufgabenstellung formal und organisatorisch stark unterschiedlich. Dies hatte vor allem auf die Kosten direkten Einfluss. Da der Bau sparsam und rational organisiert sein musste, entfielen etliche Entwürfe aus organisatorischen bzw. Kostengründen. Anbei einige Anmerkungen aus dem Jurybericht:

Das Projekt «St. Anna-Areal» der renommierten Zürcher Architekten Otto Pfleghard und Max Haefeli wurde mit 1000.– Franken mit dem 3. Preis ausgezeichnet. Ihr Entwurf überzeugte die Jury sehr, vermochte dann jedoch bei genauerer Betrachtung in der Organisation des Hotels überhaupt nicht zu überzeugen. Das Hotel konnte in der präsentierten Form nicht wirtschaftlich betrieben werden, da es zu versteckt im hinteren Teil der Parzelle angesiedelt war. Die Disposition mochte für das Vereinshaus des CVJM interessant sein, doch litt dadurch die angestrebte Querfinanzierung zu stark.

Unter dem Motto «Dreiklang» hatte Hans Heinrich Conrad von Muralt, ein vielbeschäftigter Villenarchitekt Zürichs und Besitzer des benachbarten Grundstücks Sihlstrasse 37, einen Projektvorschlag abgegeben. Die Jury befand, dass die «als zweckmässig zu bezeichnende Anordnung der Haupträume» nicht dem äusseren Aufbau entsprach und die Abstände zu den Nachbargrundstücken zu klein waren. Zudem war sein Projektvorschlag mit veranschlagten Kosten von 1'700'000.– Franken einer der teuersten. Interessanterweise reichte von Muralt bei der ersten Baueingabe wegen des Grenzabstands zu seinem eigenen benachbarten Grundstück gegen das Projekt von Bischoff & Weideli Rekurs ein.

Emil Usteri, der den Bauplatz und die Aufgabe durch seine Vorstudie von 1906 wohl am besten kannte, legte den neobarocken Entwurf «Zum goldenen Winkel» vor. Die Schulräume lagen laut der Jury zu nahe an der Gebäudegrenze und deren Verteilung auf viereinhalb Etagen wurde beanstandet. Auch war «die Gruppierung der Gesellschafts- und der Restaurationsräume nicht günstig». Die

---

31 Gull, Gustav / Bluntschli, Friedrich / Fietz, Hermann / Pestalozzi, Friedrich Otto / Gspendlin, R.: Jurybericht. Abschliessendes Urteilsprotokoll zum Architekturwettbewerb der Überbauung des St. Anna-Areals, 1907, Archiv Freies Gymnasium, Zürich

Jury fasste ihre Kritik so zusammen: «Die Architektur entbehrt der nötigen Harmonie.»

Der Entwurf «Licht und Luft» des Architektenteams Richard Kuder (der bereits eine Vorstudie für den CVJM an einem andern Ort erarbeitet hatte) und Rudolf Goedeke vermochte die Jury wenig zu überzeugen: Der Innenhof war viel zu klein, die «Architektur wenig befriedigend» und «die Kapelle erscheint zu eingezwängt».

Robert Zollinger, der den CVJM in baulichen Fragen beriet, präsentierte den Entwurf «St. Anna Heim», zu dem die Jury eine vernichtende Kritik gab. «Die Verteilung der Schulräume auf 5 Etagen ist unannehmbar und die Dachwohnung im 6. Geschoss gesetzlich unzulässig.» Das Hotel wurde als zu klein beurteilt und der vorgeschlagene Turm als unverständlich.

Unter dem Motto «Freundschaft!» präsentierten sich Streif & Schindler, zwei jüngere Architekten, die 1903 mit einem Entwurf für die evangelische Kirche in Bruggen einen ersten Erfolg feiern konnten und auch das Volkshaus in Zürich (1907–1910) errichteten. Sie reichten zwei Projektvarianten ein, wobei in beiden Fällen das «Schulhaus zu nahe an der Südgrenze» lag. Beide Varianten vermochten die Entwürfe «weder im Grundriss noch im Aufbau zu befriedigen».

Planung und Anpassungen

Während der intensiven Weiterbearbeitung wurde der gesamte Bau neu strukturiert und die inneren Abläufe stetig weiter vereinfacht. Mit dem Glockenhof verstanden es die Architekten Bischoff & Weideli, einen hochkomplexen, städtischen Bau zu errichten. Dabei hatten sie es mit zwei verschiedenen Bauherrschaften und einer zusätzlichen späteren Trägerschaft für die St.-Anna-Kapelle zu tun. Zudem mussten sie ein heterogenes und sich teilweise in seinen Anforderungen widersprechendes Bauprogramm im Komplex vereinigen. An den Bausitzungen nahm für gewöhnlich Robert Bischoff teil.

Ein wichtiger Meilenstein war der Projektstand vom 1. August 1907. Aufgrund dessen wurde im September die Informationsbroschüre herausgegeben und man erarbeitete die Pläne für die erste Baubewilligung. Gegenüber dem Wettbewerb fällt auf, dass die Räume nun viel differenzierter organisiert wurden. Im Erdgeschoss waren Läden, ein Vestibül, Lese- und Schreibzimmer, Büros und Nebenräume geplant. Das Hotel beziehungsweise der CVJM zusammen mit dem Hospiz besassen je einen eigenen, eher schlauchartigen, rückwärtigen Durchgang zum Treppenhaus. Ausser einem kleinen, neu in das Erdgeschoss verlegten Hotelrestaurant waren alle eigentlichen Funktionen für den Betrieb des Hauses in die oberen Stockwerke verlegt worden. Offensichtlich wurde davon ausgegangen, dass durch die Läden im Erdgeschoss zusätzliche Einnahmen erzielt werden konnten. Der Kapellraum blieb in seiner Dimension erhalten, wurde nun jedoch in seiner Ausrichtung und Erschliessung auf die Breitseite gedreht. Die etwas umständliche rückseitige Erschliessung des Hotelvolumens wurde zwischen Kapelle und Hotel durch einen Platz sparenden, direkten Durchgang zum Hof ersetzt.

Die Baubewilligung wurde am 22. August 1908 abgelehnt.[32] Der Architekt Hans Heinrich von Muralt, der Besitzer der Nachbarparzelle, rekurrierte gegen das Neubauprojekt des Glockenhofes. Jacob Muggli machte darauf aufmerksam, dass «Herr von Muralt bereits im Mai ein Begehren zur Einleitung des Quartierplanverfahrens im St. Anna-Quartier eingereicht hat und gegen unser Bauprojekt inhibiert und verlangt, dass auf dem St. Anna-Areal kein Bauprojekt genehmigt werde, bevor nicht der Quartierplan festgesetzt sei»[33]. Über einen Quartierplan mit gesetzlich festgelegten Grenzabständen und Regelungen für Dach- bzw. Fassadenvorsprünge suchte von Muralt zu sorgen, dass der Wert seines Grundstückes erhalten blieb. Der Konflikt endete in einem Vergleich und führte zum Rückzug der Klage. Die Servitutenvereinbarung beinhaltete zugunsten und zulasten der beiderseitigen Grundstücke einen Grenzabstand von 7,2 m.[34]

Ein weiteres Problem entstand aus der rasanten Entwicklung der Zürcher Innenstadt. Aufgrund des Verkehrs beschloss die Stadt Zürich eine Korrektion der St. Annagasse und die Umwandlung der Füssli-

---

32 Schrödter, Susanne: Bischoff & Weideli, Architekten in Zürich 1905–1920, Lizentiatsarbeit Universität Zürich, Kunstgeschichtliche Fakultät, 1994, Bd. 2, S. 121
33 Brief der Centralen-Bau-Kommission f. d., 26. Juni 1908, Archiv Freies Gymnasium, Zürich
34 Ablehnungsentscheid, 22. August 1908, Gerichtsakten im Archiv Glockenhof

strasse in eine öffentliche Strasse. Da durch bauliche Massnahmen Kosten entstanden, welche die Stadt auf die Hausbesitzer zu überwälzen suchte, kam es zu einem Konflikt. Schliesslich reduzierte die Stadt die Kosten für die angrenzenden Liegenschaften.[35]

Zu guter Letzt kam es auch noch zu finanziellen Engpässen. Die Baukommissionen mussten für etliche Kostensteigerungen geradestehen, die hauptsächlich auf Steigerung der Löhne und Rohmaterialpreise zurückzuführen waren. Die Bau- und Einrichtungskosten beliefen sich beim Abschluss 1912 auf 2'347'359.56 Franken inklusive Landkauf.[36] Gegenüber den 1907 geplanten totalen Erstellungskosten von 2'003'000 Franken ist dies eine merkliche Kostensteigerung.[37] Einschneidend war, dass die Geldsammlung des Freien Gymnasiums weniger gut lief als jene des CVJM, was jedoch durch konzeptionelle Änderungen am Bauprojekt kompensiert werden konnte: Das Gymnasium besass bis anhin keine eigene Aula, wodurch es zur Anfrage an den CVJM kam, ob die Aula mitbenutzt werden könnte. Zusätzlich wurde die Turnhalle nicht mehr vom Gymnasium, sondern vom CVJM errichtet, der dadurch die Halle abends nicht mehr mieten musste, diese tagsüber aber dem Freien Gymnasium zur Verfügung stellte. Da eine Vermietung der Turnhalle dem Verein mehr Einnahmen bescherte, war dieser Vorschlag für den CVJM durchaus interessant.[38] Zudem wurde bestimmt, dass der Hofraum gemeinsam benutzt werden konnte.[39]

---

35 Entscheid der Kantonalen Schätzungskommission des I. Kreises für Abtretung von Privatrechten (F. Zuppinger-Spitzer, Rob. Baumann und H. Albrecht) in Sachen Mehrwertsbeiträge für die Korrektur der St. Annagasse und die Umwandlung der Füsslistrasse in eine öffentliche Strasse, 18. August 1914, Archiv Freies Gymnasium, Zürich

36 Egli, Walter: 50 Jahre Glockenhaus, 1961, S. 1

37 Werbebroschüre CVJM / Freies Gymnasium: St. Anna-Areal, 1907, S. 16

38 Brief des Vereins Christlicher junger Männer und des Freien Gymnasiums, Zürich, an seine Mitglieder, Mitte Januar 1909

39 Servitutenvereinbarung, 1908, Archiv CVJM, Glockenhof, Zürich

Bauablauf

Die definitive Baubewilligung wurde am 11. Dezember 1908 erteilt.[40] Mit dem Abbruch der bestehenden Liegenschaften konnte begonnen werden. Auf den Plänen, welche die Architekten am 1. Juni 1910 abgeliefert hatten, war die endgültige Disposition des Baues gefunden. Erst jetzt rückte das Hotel an die Kreuzung St. Annagasse und Sihlstrasse und erhielt seinen prominenten Standort. Diese innere Umlagerung lag darin begründet, dass das Hotel in der nun angestrebten Kategorie besser betrieben werden konnte und dem CVJM die Turnhalle als Versammlungsraum auch wirklich zur Verfügung stand. Die direkte Verbindung der St.-Anna-Kapelle mit dem Gebäudeteil des CVJM wurde getrennt. Diese Disposition wurde von der Wettbewerbsjury als weniger geeignet bewertet, erwies sich aber in der Folge als zweckmässiger Entscheid. Ökonomische, aber auch funktionale Überlegungen in Bezug auf die Nutzung der Turnhalle als Versammlungssaal für den CVJM, aber auch des Gymnasiums waren die treibenden Kräfte für die umfangreichen Umdisponierungen.[41]

In der Ausrichtung der Architektur von Robert Bischoff und Hermann Weideli wird generell die «klare Lösung der Grundrisse» und der «geordnete Aufbau der Baumassen» von Albert Bauer, dem Redaktor der Schweizerischen Baukunst, gelobt.[42] Gerade der geordnete strukturelle Aufbau ihrer Grundrisse war eine Folge der kontinuierlichen Weiterentwicklung des Projekts und seiner funktionalen Abläufe, was sich direkt auch in einer gesteigerten Rentabilität widerspiegelte.

Auf Vorschlag der entwerfenden Architekten konnte der junge Zürcher Architekt Oskar Walz die örtliche Bauleitung übernehmen. Dass diese Aufgabe nicht leicht zu bewältigen war, illustriert wohl am besten die Tatsache, dass während der Bauzeit 10 Streiks durch-

---

40 Burckhardt-Pfisterer, Fritz: Neubau des Vereinshauses, in: Monatsblatt Christlicher Verein Junger Männer, Zürich, März 1909, Nr. 4, S. 24
41 Pläne im Archiv CVJM, Glockenhof, Zürich
42 Bauer, Albert: Der Glockenhof in Zürich, in: Die Schweizerische Baukunst, Heft V, 1913, S. 69–82

*19 Das Hotel Glockenhof während der Bauphase, undatiert, ca. Ende 1910 / Anfang 1911.
Archiv Glockenhof*

geführt wurden, welche der Bauleiter zu entschärfen hatte. Der CVJM war derart zufrieden mit seiner Arbeit, dass er für die nächsten 25 Jahre den Verein in baulichen Fragen beraten konnte. Die Baumeisterarbeiten konnten von Gustav Kruck ausgeführt werden.[43] Dieser wurde wohl auch aufgrund seiner tatkräftigen Mithilfe bei der Suche nach einem neuen Standort für den CVJM mit der Aufgabe betreut. Der Bauablauf wurde von der Öffentlichkeit und der lokalen Presse rege mitverfolgt. Die Kühnheit, einen ganzen Moränenhügel abzutragen, und die Komplikationen, die der Fund von riesigen erratischen Findlingen und von im lehmigen Boden gestautem Wasser mit sich brachte, führten zu einigen kleineren Verzögerungen im Bauablauf.[44]

Der Glockenhof als komplexes, städtisches Raumkunstwerk

Die Architekten Bischoff & Weideli suchten nach einer neuen, zeitgenössischen Ausdrucksweise der Architektur. Sie interessierten sich nicht

---

43 Egli, Karl: Glockenhaus, 1936, S. 9
44 H., P.: Um St. Stephan, in: Zürcher Wochen-Chronik: 13. März 1909, Beilage zu Nr. 11, S. 105–108; Geschichtskalender: Im St. Annaquartier, in: Zürcher Wochen-Chronik, S. 490–491; Lokales, St. Anna Areal, in: Neue Zürcher Zeitung, Nr. 331, zweites Morgenblatt, 29. Nov. 1909, S. 1–2

dafür, historische Formen zu kopieren oder weiterzuentwickeln. Dass sie beim Glockenhof beinahe ideale Bauherren gefunden hatten, zeigt sich in den überaus lobenden Worten des Architekten Robert Bischoff für die Baukommission anlässlich der Eröffnung des Glockenhofs. Die Kommission liess den Architekten «in der künstlerischer Hinsicht völlig freie Hand». Die Architekten hatten formal, aber auch technisch die Möglichkeit, neuartige Lösungen zu verfolgen. Die betonierten Rippendecken waren eine bis dahin wenig erprobte Konstruktionsweise, und die Tragstruktur wurde so gewählt, dass die Grundrisse für den Ausbau frei einteilbar blieben.

In einer internen Publikation zum Glockenhof beschreibt der langjährige Sekretär des CVJM Karl Egli, wie die Architekten immer wieder gefragt wurden, nach welchem Stile sie überhaupt bauten. Ihre Antwort war immer abwehrend. In erster Linie erachteten sie es als nötig, «dass die Kunst wieder wie in früheren Jahrhunderten Allgemeingut werde». Weil die alte, volkstümliche Baukunst vom 19. Jahrhundert «gründlich aufgeräumt» wurde und eine neue Baukunst noch nicht geboren war, sahen sich die Architekten in einer baustilistischen Übergangsphase. Damit ein neuer Stil überhaupt entstehen könne, meint Robert Bischoff: «Jeder einzelne wäre dazu erst wieder zu erziehen.» Bischoff argumentiert hier in Bezug auf die Suche nach künstlerischen Werten, Erziehung eines jeden zu künstlerischen Werten und die Bezüge zur traditionellen Volkskunst auf ähnliche Weise wie die Schweizerische Vereinigung für Heimatschutz.[45]

Aus heutiger Sicht erstaunlich ist auch die Aufgabe, die der Architekt Bischoff bei der Eröffnung des Glockenhofs der Architektur zuschreibt. Diese Haltung war aber im damals neu gegründeten Bund Schweizer Architekten BSA durchaus die übliche unter den führenden Schweizer Architekten.[46] Für Bischoff war es zentral, dass die Architektur «ohne Schwindel» auskommen kann. Das heisst, dass beispielsweise nicht mehr edle Hölzer und Marmor durch Übermalen von gewöhnlichem Holz vorgetäuscht werden, sondern echtes Material für die zu erzie-

---

45 Burnat-Provins, M.: Les Quais, in: Heimatschutz, Heft 1,1906, S. 1–2
46 Baer, Casimir Heinrich: Zur Einführung, in: Die Schweizerische Baukunst, Heft 1, 1909, S. 1–2

lende Raumwirkung eingesetzt wird. «Die echte und reine Kunst ist vor allen Dingen wahr und kann nur auf echten Empfindungen beruhen», wie Robert Bischoff unterstreicht. Bischoff & Weideli gehören somit zu den progressiven Reformarchitekten der Schweiz.

Der Sinn der Raumkunst liegt nach Ansicht von Robert Bischoff nicht in den einzelnen architektonischen Formen, sondern in einer echten und wahren Architektur, die sich als Kunst versteht und moralische Fragestellungen miteinbezieht. Der Glockenhofkomplex wurde im CVJM auch so wahrgenommen und mit seinen einfachen, aber auch wahren architektonischen Mitteln als ästhetisch und künstlerisch vorbildlich angesehen.[47] Der CVJM arbeitete für eine neue evangelisch geprägte Gesellschaftsordnung, die auf moralischen Überlegungen und Erziehung der Menschen fusste. Die Architekten suchten zur selben Zeit nach einem neuen Stil in der Architektur. Die moralischen und konstruktiven Überlegungen, welche sich Architekten und CVJM machten, liegen in ihrer grundsätzlichen Auffassung über eine bessere Zukunft nahe beieinander. Ein Bau von Ehrlichkeit und direkter, unkaschierter Art entsprach auch der Haltung des CVJM.

Dass der Gesamtkomplex von Zeitgenossen immer wieder mit dem Begriff «Raumkunst» in Verbindung gebracht wurde, deutet darauf hin, dass die Architekten ihre Arbeit als Kunst verstanden. Das Ziel von Bischoff & Weideli war, ein einheitliches Gebäude mit einem zusammenhängenden Raumgefüge ohne Einzelfragmente zu schaffen. Der zentrale Verfechter für eine Reform der Architektur und treibende Kraft im späteren Deutschen Werkbund, Hermann Muthesius, betonte bereits 1902 die notwendige Einheit von Kunstgewerbe und Architektur, um gegenüber dem vorhergehenden Jahrhundert einen neuen architektonischen Stil zu schaffen. Dieser könne aber nur entstehen, wenn die Architekten sich auf das Wesentliche der neuen Kunst einlassen und sich gegen die «anspruchslosen Formen der reinen Sachlichkeit» wie Maschinen stellen.[48] Robert Bischoff und Hermann

---

47 Egli, Karl: Glockenhaus, 1936, S. 13
48 Muthesius, Hermann: Stilarchitektur und Baukunst. Wanderausstellung der Architektur im XIX. Jahrhundert und ihr heutiger Standpunkt, 1902, S. 64–67, zitiert nach: Moravánszky, Ákos (Hrsg.): Architekturtheorie im 20. Jahrhundert, eine kritische Anthologie, 2003, S. 50ff.

Weideli haben die Entwicklungen in Deutschland mit Sicherheit rege mitverfolgt und kannten die Bauwerke und Personen.

«Bischoff & Weideli hatten eine Architekturauffassung, die ganz von der Vorstellung geprägt war, dass Architektur Kunst sei»[49], wie die Kunsthistorikerin Susanne Schrödter schreibt. Die Architekten verstanden es, komplexe Bauaufgaben in eine für die damalige Zeit progressive Architektursprache umzusetzen. Albert Baur lobte den Bau des Glockenhofs mit den folgenden Worten: «Und wie sich in allen Teilen bis ins kleinste die persönliche Handschrift der Architekten ausspricht, die das Ganze zu trefflicher Einheitlichkeit des Eindrucks verbindet, zeigt sich überall eine solche Fülle an Erfindung, an Differenzierung der Stimmung durch die Mittel von Farbe und Material, dass man mit wachsendem Vergnügen durch die lange Flucht der so verschiedenartig gestalteten Räume schreitet und sich freut, dass bei aller Objektivität und Zweckmässigkeit sich doch soviel persönliche Kunst darin ausdrücken kann.»[50]

Bauliche Veränderungen bis heute

Bauliche Veränderungen in Form von Umbauten und Sanierungen wurden in der Folge laufend vorgenommen. Zu vermuten ist, dass aufgrund des frühen Tods von Robert Bischoff das Architekturbüro Bischoff & Weideli nicht mehr mit Aufgaben betreut wurde. Der Zürcher Architekt Oskar Walz, der während des Baus die örtliche Bauleitung gemacht hatte, nahm bereits in den 1920er-Jahren kleinere erste Erneuerungen vor. So wurden beispielsweise 1926 Armaturen mit fliessendem Wasser in den Hotelzimmern eingebaut sowie eine Pergola im Hof errichtet und 1929 die Eingangshalle erneuert. Im Laufe der Jahre arbeiteten verschiedene Architekten am Haus. Der Architekt Ernst Burckhardt, Sohn des ersten Präsidenten des CVJM Fritz Burckhardt-Pfisterer, kümmerte sich zum Beispiel ab den 1930er- bis Anfang der 1950er-Jahre um den Glockenhof. Er plante unter anderem das

---

49 Schrödter, Susanne: Bischoff & Weideli, 1994, Bd. 1, S. 85
50 Bauer, Albert: Der Glockenhof in Zürich, in: Die Schweizerische Baukunst, Heft V, 1913, S. 82

heute noch vorhandene Vordach am Hoteleingang, grössere Hotelzimmer sowie Heizungsumbauten. Bemerkenswert sind die Studien, die der Zürcher Architekt E. Rüthi 1974 für einen Snack Corner gemacht hat: ein radikaler Eingriff, der die bestehende Bausubstanz radikal der Zeit entsprechend ummodelliert hätte. Diese Veränderung wurde nicht ausgeführt. Doch wurde in den 1980er-Jahren im Kopfbau ein zweites, einfacheres Restaurant eingerichtet, das bis heute besteht.

Für das Bauensemble entscheidender waren die Veränderungen am Bau des Freien Gymnasiums. Nachdem die Zahl der Schüler stark angestiegen war, wurde 1956 vom Architekten W. Niehus ein Projekt mit erhöhter Ausnützung des Bauvolumens und der Schaffung einer Dachterrasse erarbeitet. Dies wurde aber nicht ausgeführt. Darauf folgte 1968 ein weiterer Vorschlag für einen Totalausbau des gesamten Volumens. 1974 richtete das Freie Gymnasium zudem ein Baugesuch für die teilweise Einrichtung eines Bankbetriebs in den Räumen der Schule ein. Bereits 1978 folgte der Versuch mit einem kompletten Neubau, der aber von den Ämtern nicht genehmigt wurde. 1985 wurde eine Baueingabe für einen Totalumbau zu einem Bankbetrieb für den Bankverein (heute UBS) eingereicht.[51] Der darauf vorgenommene Umbau veränderte die Bausubstanz massiv. Die vorhandenen Klassenzimmer wurden alle komplett umgebaut und in ihrer inneren Bausubstanz umorganisiert. Ein Wert wurde nur in der äusseren Hülle gesehen. Die Gänge wurden nicht mehr seitlich zu den Klassenzimmern angelegt, sondern teilen fortan den Grundriss in einen Büro- und einen Teil für Nebennutzungen auf der anderen Seite. Der bestehende Hofdurchgang wurde gar durch zusätzliche Büroräume geschlossen. Das ursprüngliche, wenn auch zurückhaltende Raumkunstwerk des ehemaligen Gymnasiums ging im Inneren, ausser bei den Treppenhäusern, weitgehend verloren.

---

51 Sonderegger, Christina / Feric, Stanislav: Glockenhof, in: Denkmalpflege, 1989/90, S. 61

EIN BAUENSEMBLE ALS SPIEGELBILD EINER STADT IM AUFBRUCH

Zu Beginn des 20. Jahrhunderts hat sich Zürich stark verändert. Bis heute stammt ein markanter Teil der Bausubstanz aus dieser Zeit. Noch jetzt illustrieren augenfällige Beispiele, wie dynamisch sich das Umfeld des Glockenhofs damals veränderte: das Wohn- und Geschäftshaus Zur Trülle (1897), der Münzhof (1914, heute UBS), das ehemalige Warenhaus Brann (1917, heute Manor) alle von Pfleghard & Haefeli, der St. Annahof (1911) bzw. der Peterhof (1912) der damals noch jungen Gebrüder Pfister oder der Kohlenhof (1909) von Bischoff & Weideli. Die Innenstadt Zürichs war damals eine riesige Baustelle. Dass in einer derartigen Situation des Umbaus und Abbruchs historischer Bausubstanz gesellschaftliche Fragen zur eigenen Geschichte und Identität gestellt werden, ist wenig verwunderlich. Diese Fragen waren aber nicht nur Erörterungen, welche unter den Architekten diskutiert wurden, sondern von allgemein gesellschaftlicher Aktualität. So hatte die Heimatschutzbewegung, welche 1905 aus Deutschland in die Schweiz gekommen war, quer durch das gesamte Bürgertum Anhänger. Der Schweizer Heimatschutz wurde im

April 1905 gegründet, die Zürcher Sektion im darauffolgenden August.[52]

In der Heimatschutzbewegung bündelte sich im Bereich der Architektur zu Beginn eine sehr fortschrittliche und progressive Bewegung. Es wurden teilweise architektonisch spielerisch die Grenzen des Heimatlichen erkundet und die neuen Schranken ausgelotet. So experimentierten Pfleghard & Haefeli beim später errichteten Arzthaus (1905) des Sanatoriums Schatzalp (1899) mit Fassadentypologien und der Ausformulierung der Eckrisalite des Erkers und dem Mauerfries beim Dachabschluss mit ortstypischen Architekturelementen, welche zwar eher etwas mit Referenzen aus dem Engadin zu tun hatten als mit traditionellen Häusern in Davos. Auch benützten sie Blechabdeckungen für das Dach des Erkers. Einige Jahre später wäre vor allem letzteres Detail im Sinne des Heimatstils nicht mehr möglich gewesen. Diese freien Interpretationen, was ein Ort bedeutet, aber auch wie sich dieser entwickeln könnte, war architektonisch nur ganz kurze Zeit in dieser Freiheit möglich. Über die Zeitschrift «Heimatschutz» suchte die Vereinigung der breiten Masse der Bevölkerung mit Texten und Gegenüberstellungen von «guten» und «schlechten» Beispielen zu zeigen, was angemessen und was seelenlos war und nichts mit dem Ort zu tun hatte. Daraus entwickelte sich schnell ein Klima, in welchem formale Experimente nur noch in einem sehr beschränkten Mass möglich waren. Der Glockenhof ist bereits in einer viel strengeren Zeit entstanden, was innere Bezüge, Oberflächen und Formen angeht.

Die Schweizer Reformarchitekten gründeten 1908 den Bund Schweizer Architekten BSA. Hermann Weideli war eines der ersten Mitglieder. Spätestens 1916 trat auch Robert Bischoff bei.[53] Der BSA war neben dem Heimatschutz die neue reformorientierte Bewegung. Ziel war ein engerer Zusammenschluss aller selbständigen Architekten in der Schweiz, die ihren Beruf als Künstler ausüben, zum Schutze ihrer Arbeit und damit zur Hebung des Standesansehens.[54] Auch suchten sie eine Verbesserung der Architektur namentlich unter Berücksichtigung von künstlerisch-ästhetischen Aspekten.

---

52 INSA. Inventar neuerer Schweizer Architektur: Winterthur, Zürich, Zug, Gesellschaft schweizerischer Kunstgeschichte (Hrsg.), Bd. 10, 1992, S. 207
53 Schrödter, Susanne: Bischoff & Weideli, 1994, Bd. 2, S. 43
54 INSA, Bd. 10, 1992, S. 207

Robert Bischoff (1876 Stuttgart – 1920 Zürich)

Da seine Eltern verstorben waren, arbeitete Robert Bischoff, Sohn eines kleinen Beamten, bereits mit 12 Jahren im Ingenieurbüro seines Onkels in Stuttgart. Danach besuchte er vier Semester lang die Baugewerkschule in Stuttgart (eine handwerklich orientierte Bauschule) und arbeitete anschliessend als junger Architekt während zwei Jahren bei Baurat Heinrich Dolmetsch in Stuttgart. Mit 19 Jahren trat er in das Architekturbüro Curjel & Moser in Karlsruhe ein, wo er 10 Jahre blieb und bis zum Bürochef aufstieg. Bereits während dieser Anstellung beteiligte er sich privat an Architekturwettbewerben und gewann beispielsweise den Wettbewerb für die Höhere Töchterschule in Esslingen, den er auch ausführen konnte. Aufgrund des Architekturwettbewerbserfolgs bei der Börse in Basel (1904–1908) gründete er 1905 zusammen mit Hermann Weideli, den er bei Curjel & Moser kennen gelernt hatte, sein eigenes Architekturbüro in Zürich. Die Architekten entwickelten in kurzer Zeit eine rege Bautätigkeit mit Bauten wie der Kaffeehalle der Hülfsgesellschaft und dem Haus Zum Goliath in St. Gallen (1908) oder dem Wettbewerbsgewinn für die reformierte Kirche mit Pfarrhaus in Spiez (1905–1907). Das Team errichtete etliche der zentralen, städtischen Gebäudekomplexe in Zürich, unter anderem die Geschäftshäuser Zum Kohlenhof (1909), Kramhof (1908–1909), Glockenhof (1908–1911), Usterhof mit dem Café Odéon (1909–1911) und das Vereinshaus zur Kaufleuten (1. Etappe 1909–1915). Im Wohnungsbau sind die genossenschaftlichen Wohnkolonien Bertastrasse (1908–1910) und Zurlindenstrasse (1917–1919) bemerkenswert.

Die Architekten des BSA lösten sich von der akademischen Architektur und suchten nach neuen, zeitgemässen Ansätzen für einen «neuen Stil». Das beinhaltete auch eine Offenheit gegenüber neuen Techniken und Konstruktionsweisen. Die Verbindungen zwischen der Vereinigung für Schweizerischen Heimatschutz und dem BSA dürfen anfänglich als sehr nahe bezeichnet werden. So engagierte sich beispielsweise Casimir Heinrich Baer sowohl im gesamtschweizerischen Vorstand der Vereinigung für Schweizerischen Heimatschutz, war aber auch Redaktor der vom Bund Schweizer Architekten BSA herausgegebenen Zeitschrift «Die Schweizerische Baukunst». Casimir Heinrich Baer hat auch 1912 in der Deutschen Architekturzeitschrift «Moderne Bauformen» die wichtigste und sehr lobende Werkpräsentation zu den Arbeiten des Architekturbüros Bischoff & Weideli verfasst.[55] Hier beschreibt Baer die Situation der Architektur in der Schweiz vor der Gründung der Schweizerischen Vereinigung für Heimatschutz und des Bundes Schweizer Architekten. Seiner Meinung nach hatte sich «eine geradezu trostlose baukünstlerische Impotenz breit gemacht»[56]. Radikaler ist wohl kaum mehr auszudrücken, für wie verfahren er die damalige Architekturproduktion hielt. Erst die neuen Ansätze brachten seines Erachtens nach Besserung. Als Mitglieder der Schweizerischen Vereinigung für Heimatschutz und des BSA fühlten sich die Architekten den Zielen zur Wahrung der schweizerischen Architektur und Kultur verpflichtet, was gerade in einer Zeit des Umbruchs nicht einfach war. Baer attestiert Bischoff & Weideli, dass sie «mit Fleiss und Gewandtheit alle Widersprüche zu überwinden wussten»[57].

Hermann Weideli (1877 Oberhofen TG – 1964 Zollikon ZH)

Hermann Weideli war Sohn eines Zimmermanns und sollte ursprünglich in den väterlichen Betrieb eintreten. Doch er machte eine Bauzeichnerlehre bei Gustav Gull in Zürich, arbeitete beim Architekten Jakob Rehfuss und anschliessend am Zürcher Hochbauamt. Dann war er je zwei Mal bei Pfleghard & Haefeli und in Hongkong tätig und arbeitete 1904 ein Jahr in Mannheim bei Hermann Billing. Nach Wettbewerbsgewinnen erfolgte 1905 die Eröffnung des gemeinsamen Architekturbüros mit Robert Bischoff und die Übersiedlung nach Zürich (Werke siehe Robert Bischoff). Seit 1905 besass Hermann Weideli zudem zwei Zweig-

---

55 Baer, Casimir Heinrich: Zu den Arbeiten der Architekten (B. S. A.) Bischoff & Weideli in Zürich, in: Moderne Bauformen, Heft 11, 1912, S. 493–524
56 Baer, Casimir Heinrich: Bischoff & Weideli, in: Moderne Bauformen, Heft 11, 1912, S. 493
57 Baer, Casimir Heinrich: Bischoff & Weideli, in: Moderne Bauformen, Heft 11, 1912, S. 493–524

büros in Kreuzlingen: Weideli & Kressibuch und Weideli & Eberli. Hier konnte er viele Schulhäuser in der Region errichteten. Hermann Weideli zählt zu den ersten Mitgliedern des Bundes Schweizer Architekten B. S. A. (1908).

Nach dem frühen Tod von Robert Bischoff übernahm Hermann Weideli das gemeinsame Architekturbüro (1921–1943), wobei er sich später mit seinem Sohn Hans Weideli zusammenschloss (1943–1951). Nebst vielen Schulen, Geschäftshäusern und Privathäusern, welche er mit seinem Büro erstellte, war Hermann Weideli zusammen mit Haefeli Moser Steiger am prestigeträchtigen Bau des Zürcher Kantonsspitals (1943–1945) beteiligt. Hans Weideli konnte 1951 das Büro von seinem Vater übernehmen.

Wie nahe die Architekten Bischoff & Weideli in ihrer Architekturauffassung beim Schweizer Heimatschutz waren, zeigt sich im Studienauftrag für einen Idealplan einer Schweizerischen Bergkirche, welchen die Vereinigung für Schweizer Heimatschutz den Architekten 1907/08 erteilt hatte. «Anlässlich der Erbauung einer kleinen katholischen Bergkirche in einem abgelegenen Tale der Schweiz» war der Heimatschutz für ein Gutachten angefragt worden. Die Architekten sollten einen Vorschlag erarbeiten, da davon ausgegangen wurde, «durch bildliche Darstellung eindringlicher als mit Worten das klar machen zu können, was sie auszusprechen für nötig hielt». Bischoff & Weideli entwarfen einen Baukörper, mit dem «durch die einfachste Aussengestaltung, durch grosse ruhige Dachflächen und die energische Silhouette ein harmonischer Einklang mit der ernsten Monumentalität der Natur erzielt wurde [und] der vorbildlich sein dürfte», wie Casimir Heinrich Baer betonte.[58] Das entworfene Bauwerk ist nahe verwandt mit den reformierten Kirchen in Spiez (1905–1907) und Wallisellen (1907–1908), welche Bischoff & Weideli kurz vorher errichten konnten. Offensichtlich entsprachen diese Bauwerke den Zielen des Heimatschutzes.

---

58 Baer, Casimir Heinrich: Eine Schweizerische Bergkirche, in: Die Schweizerische Baukunst, Heft 11, 1909, S. 109; Zeitschrift der Schweizerischen Vereinigung für Heimatschutz, Farbtafel, Kunstbeilage II, 1908, S. 88

Auf den zweiten Blick modern

Die Bauwerke von Bischoff & Weideli waren im Innern der Zeit entsprechend hoch modern und mit den neusten Techniken errichtet, im Äussern suchten sie über Material, Oberflächen, Formen und Proportion einen Bezug zum Ort herzustellen. In der Zeitschrift Schweizerische Baukunst wurde das folgendermassen beschrieben: «Es ist das Bestreben der Architekten Bischoff & Weideli, für alle Baugattungen die erforderlichen Wesenseigenschaften herauszufinden und dieselben für das architektonische Bild ihrer engern Umgebung zu verwerten.»[59]

Doch nicht nur die Architekten Robert Bischoff und Hermann Weideli standen den Gedanken des Heimatschutzes nahe. Emil Usteri, der eine der Vorstudien zum Glockenhofkomplex erarbeitet hatte und am Wettbewerb teilnahm, war 1907–1927 Obmann der Zürcher Vereinigung für Heimatschutz und Mitglied der kantonalen Heimatschutz-Kommission. In seiner Vorstudie hat Emil Usteri den bestehenden Bau der ursprünglichen St.-Anna-Kapelle nicht abgebrochen. Der markante Bau des bestehenden Ensembles blieb erhalten und wurde funktional mit Neubauten ergänzt. Die Entwürfe Usteris bedienten sich vielfach einer historisierenden Architektursprache mit fliessender, geschwungener Volumetrie. Die Vorstudie ist noch eher unentschlossen und situiert sich zwischen einer neuen Formensprache und einer neogotischen Rücksichtnahme auf den bestehenden, neogotischen Mittetrakt der alten St.-Anna-Kapelle. Auch bei vielen Bauwerken von Bischoff & Weideli sind derartige Anlehnungen zu finden. Ihr gekonntes Spiel mit «fliessenden» Baumassen, geschlossenen, volumetrischen Baukörpern und das Zusammenfassen von architektonischen Einzelelementen mittels derselben Materialisierung verleiht den Bauwerken eine starke körperliche Präsenz im Strassenraum. Unterstützt wird dieser Ausdruck durch das weit heruntergezogene Ziegeldach. Gut zu beobachten ist dieser Umgang mit der Volumetrie bei Bischoff & Weideli sowohl in der Zusammenfassung der einzelnen Gebäudevolumen des Glocken-

---

59 Baer, Casimir Heinrich (Pseudonym: «G.»): Zu den Arbeiten der Architekten (B. S. A.) Bischoff & Weideli, Zürich, in: Die Schweizerische Baukunst, Heft XXV, 1913, S. 357–371, 357

hofs, aber auch im «Haus zum Goliath» in St. Gallen (1908)[60], wo sich die Fassade zu einem Erker nach aussen wölbt, volumetrisch aber der Baukörper weiterhin als ein Volumen wahrgenommen wird; oder beim Kohlenhof (1909) in Zürich, wo über das Verwenden desselben Baumaterials die einzelnen Fassadenelemente zu einem einheitlichen System zusammengefasst werden und der Baukörper trotz seiner eher bescheidenen Grösse eine starke Präsenz im Strassenraum erhält. Die Heimatschutzbewegung definierte zunehmend eine klar definierte Gestaltformel, unter welcher sich die einzelnen Beteiligten einzuordnen hatten. Dies beinhaltete geschlossenen Baukörper, voluminös barockisierende Kubatur, breit gelagerte und weit herabgezogene Walm- und Giebeldächer, ausladende Erker und Türmchen, die Rhythmisierung der Fassaden durch Fenster mit Fensterläden und die starke Betonung des Baumaterials.

Der Kritiker Gustav Ebe stellt 1911 in seiner Charakterisierung der neuen Ausrichtung der damaligen Architektur fest, dass «von allen historisch hergebrachten Stilarten das Barock der Moderne am nächsten steht». Er attestiert der damaligen modernen Architektur, dass sie «mit dem Anspruch, etwas durchaus Neues schaffen zu wollen» auch in ihren besten Bauwerken, den Profanbauten, noch immer «eine Fortsetzung des Barockstils in abgeänderter Auffassung und ohne die früheren phantastischen Ausschreitungen» sei. Für ihn pendeln viele der Bauten zwischen den Polen «althergebrachter Heimatkunst» und «den das Traditionelle möglichst entschieden abweisenden Neuerungen». Ebe ortet hierin unvereinbare Gegensätze. Er ist der Ansicht, dass durch zielbewusste Einfachheit und durch Vermeidung des dekorativen Prunks ein Gesamtbild entsteht, das die innere Funktion des Bauwerks in seiner äusseren Gestaltung erlernen lässt. Gerade für Bischoff & Weideli gilt aber auch das Resultat Ebes, dass das Neue unabhängig von seinem Stil zweckmässig errichtet werden muss.[61] Formal deuten beispielsweise ihre Bruchsteineinfassungen der Fenster auf barocke Vorbilder hin.

---
60 Kirchgraber, Jost: St. Gallen 1900–1914. Der St. Galler Jugendstil in seinem kulturhistorischen Zusammenhang, 1979, S. 78
61 Ebe, Gustav: Die Moderne und das neue Barock, 1911, S. 169–170. Zitiert nach Schrödter, Susanne: Bischoff & Weideli, Bd. 1, 1994, S. 50

Der in Karlsruhe praktizierende Architekt Hermann Billing darf als eine zentrale Referenz für die Architekten Bischoff & Weideli angesehen werden. Hermann Weideli hat 1904, vor der Gründung des eigenen Architekturbüros mit Robert Bischof, dort gearbeitet. Gerade im Anfangsstadium des Architekturbüros wie beim ersten Projekt des neugegründeten Architekturbüros der Börse in Basel (1904–1908) fällt ein analoger Umgang in der Vereinheitlichung der Baumassen auf. Bei Projekten vor dem Ersten Weltkrieg zeigt sich, dass sie den Baukörper als einheitliches, zusammenhängendes Volumen behandeln, wodurch ihre Gebäude eine monumentale Wirkung erzielen. Ein derartiger Umgang mit den Baumassen betreibt auch Hermann Billing. Er errichtete 1905–1907 die Kunsthalle Mannheim. Dieser einfach gehaltene Bau verfährt in der Proportionierung und Materialisierung ähnlich wie später die Architekten in Zürich. Die barockisierende Fassadengestaltung hatte somit mehrdeutige Bezüge und war Teil einer Gestaltungsauffassung, die den eigentlichen Ort wieder ins Zentrum ihrer Aufgabenstellung rückte.[62]

Vorbildbauten

Über die enge nationale und internationale Vernetzung war die Führung des Zürcher CVJM informiert, wo überall Vereinshäuser zu finden waren und wann diese neu errichtet wurden. An erster Stelle werden in der Broschüre für die Geldsammelaktion 1907 Schweizer Bauten in Basel, La Chaux-de-Fonds, Genf, Lausanne, Neuchâtel und Vevey aufgelistet und das Vereinshaus und Hospiz zum Eidgenössischen Kreuz in Bern noch besonders hervorgehoben. Doch der Blick richtet sich in die Vereinigten Staaten von Amerika. Voller Bewunderung werden als Vorbilder «unsere Brudervereine in Amerika» genannt. Diese hätten das Bedürfnis nach stolzen Vereinshäusern erkannt. Da in den USA die «Vergnügungseinrichtungen von sehr zweifelhaftem Wert» bereits jetzt schon in «Bau und Einrichtung» so prachtvoll eingerichtet seien, um

---

62 Nerdinger, Winfried: Monumentalarchitektur und «neudeutsche Moderne» vor 1914, in: Hermann Billing. Architektur zwischen Historismus, Jugendstil und Neuem Bauen, Ausstellungskatalog, Städtische Galerie Karlsruhe im Prinz Max Palais, 1997, S. 49–70

Leute anzuziehen, sei es nötig, hier mitzuziehen. Rhetorisch wird die Frage gestellt, ob man nicht auch in Zürich solche prachtvollen Gebäude errichten sollte, um die jungen Leute von schlechter Gesellschaft fernzuhalten.[63] Daraus folgend wurde festgestellt: «Ein christliches Vereinshaus ist in der werdenden Grossstadt Zürich» dringendes Bedürfnis.[64] Der Anspruch nach einem repräsentativen Bauwerk war positioniert.

Das neue Vereinshaus des CVJM in Stuttgart (1902–1903) des bedeutenden Stuttgarter Kirchenbauers Heinrich Dolmetsch[65] war eines der modernsten Gebäudekomplexe der Vereinigung im deutschsprachigen Raum. Der Bau muss als eine zentrale Referenz der Architekten für den Zürcher Bau angesehen werden. Das Stuttgarter Beispiel wurde immer wieder in der Öffentlichkeit als Vergleichsbau präsentiert und die Architekten haben sich die Pläne beschafft. Da Robert Bischoff während seiner Ausbildungszeit für zwei Jahre (1894–95) im Büro von Heinrich Dolmetsch arbeitete, war der Kontakt einfach herstellbar. Dolmetsch hat in seinem Stuttgarter Bau gerade auch in technischen Belangen von Heizung, Belüftung und dem Einsatz von Beton neue Wege beschritten.[66] Bischoff & Weideli konsultierten aber auch Ingenieure, um mehr über technische Details, beispielsweise über die Heizung zu erfahren. In einem Brief erklärt der Stuttgarter Ingenieur Theodor Zimmermann, dass «ein Kessel mit 50qm Heizfläche für unser Haus, d. h. wenn die Hausheizung auch noch an demselben gehängt wird, bei starker Kälte nicht genügt, sonst wird derselbe den Ansprüchen voll & ganz gerecht». Die Hausheizung beheizte nur das Parterre, den 1. Stock und den Festsaal. Die Erklärungen gingen bis zum Accumulatorenraum, der zu schmal sei und – auf zwei Stockwerke verteilt – unpraktisch.[67] Bischoff & Weideli konnten auf Erfahrungen aufbauen.

---

63 Brief des Vorstandes des Vereins Christlicher junger Männer an seine Mitglieder, undatiert, ca. 1907, Zentralbibliothek Zürich
64 Werbebroschüre CVJM / Freies Gymnasium: St. Anna-Areal, 1907, S. 3
65 Oberbaurat Heinrich Dolmetsch (Stuttgart, 24. Januar 1846 bis 25. Juli 1908). Dolmetsch war ein technisch experimentierfreudiger, formal aber eher konservativer Kirchenbauer
66 CVJM, Stuttgart (Hrsg.): Unter Jugend und Männerwelt einer Grossstadt. Festschrift über 50jähriges Wirken des Christlichen Vereins Junger Männer Stuttgart, 1911, S. 85–114
67 Zimmermann, Theodor, Dipl. Ingenieur, Rotebühlstrasse 57, Stuttgart, Brief vom 13. Februar 1909 an die Herren Bischoff & Weideli

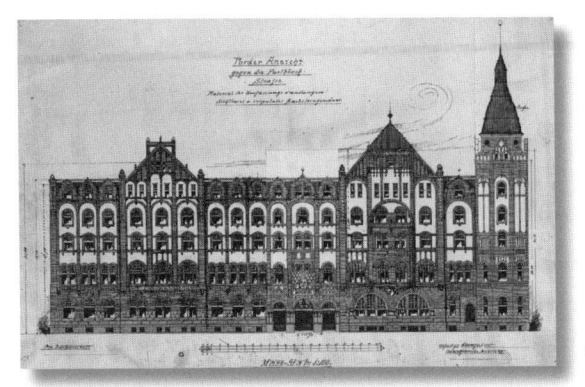

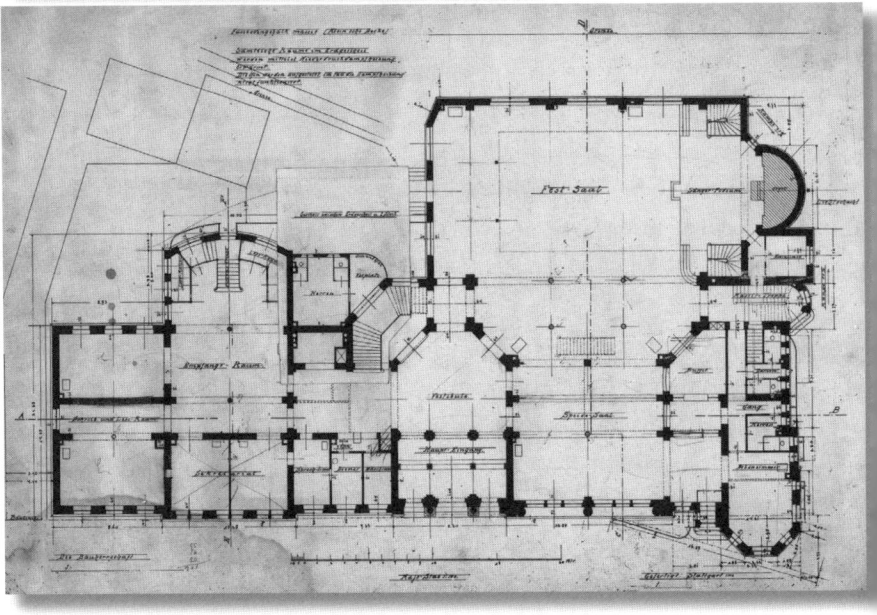

20 *Hauptfassade und* 21 *Erdgeschossgrundriss des CVJM in Stuttgart von Oberbaurat Heinrich Dolmetsch 1902/03. Dieser Bau diente sowohl den Architekten Bischoff & Weideli wie auch dem CVJM in Zürich als Vorbild für ihren Neubau. Archiv Glockenhof*

Der zentrale Aspekt der Korrespondenz liegt in der Auseinandersetzung mit den neusten technischen Entwicklungen. Dass in Stuttgart sogar ein Raum für einen eigenen Stromgenerator eingerichtet wurde und sich die Zürcher Architekten gerade für die Bewältigung dieser Fragestellungen interessierten, zeigt auch die Offenheit von Robert Bischoff und Heinrich Weideli. Die Bewältigung dieser technischen

Fragestellungen war integraler Bestandteil des Entwurfs- und Entwicklungsprozesses. Aus finanziellen Überlegungen wurde beispielsweise ein eigener Stromgenerator eingebaut, der Elektrizität billiger erzeugen konnte, als es den städtischen Werken möglich war.[68]

Der Glockenhof: formal ideologisch durchgestaltet und modern konstruiert

Die gesamte Bauwirtschaft unterlag in dieser Zeit einem enormen technischen Entwicklungsschub, der sich auch direkt auf den Bau des Glockenhofs auswirkte. Bischoff & Weideli errichteten den Glockenhof mit den neusten Technologien. Die Baustruktur im Inneren ist mehrheitlich frei. Das meiste Gewicht wird an der Fassade von tragenden Wänden aufgenommen. Das Fortschrittliche dabei war, dass die Raumaufteilung frei von der Tragstruktur gehalten wurde. Da Arbeit noch wenig kostete und dafür das Baumaterial teuer war, wurden materialsparende Konstruktionsweisen eingesetzt. Die Deckenplatte ist eine betonierte Rippendecke mit Bodenrippen von ca. 6 cm Durchmesser. Dies war eine damals neuartige, effektive Konstruktionsweise, in der die im Vergleich zu heute sehr dünnen Decken aus einzelnen umgedrehten, u-förmigen Elementen konstruiert wurden.

Der Glockenhofkomplex kann aber noch nicht im Sinne des 1913 gegründeten Schweizer Werkbundes SWB gelesen werden. Der Baukomplex integrierte zwar die verschiedenen technischen Neuerungen, war aber weder eine Zusammenarbeit von Künstlern, Handwerkern und Industriellen noch wurde der technische Fortschritt formal auch gegen Aussen gezeigt.[69] Dieser weitere Fortschritt war zu modernistisch und industriell orientiert, wogegen sowohl der CVJM wie auch das Freie Gymnasium Vorbehalte haben mussten. Eine auch formal expressive moderne Architektur begann erst kurz vor dem Ersten Weltkrieg in der Schweiz Fuss zu fassen.

---

68   Egli, Karl: Glockenhaus, 1936, S. 7
69   Zur Einführung, in: Das Werk, Heft 1, 1914, S. 1–7. Siehe aber auch: Burckhardt, Lucius: Der Werkbund in Deutschland, Österreich und der Schweiz. Form ohne Ornament, 1978

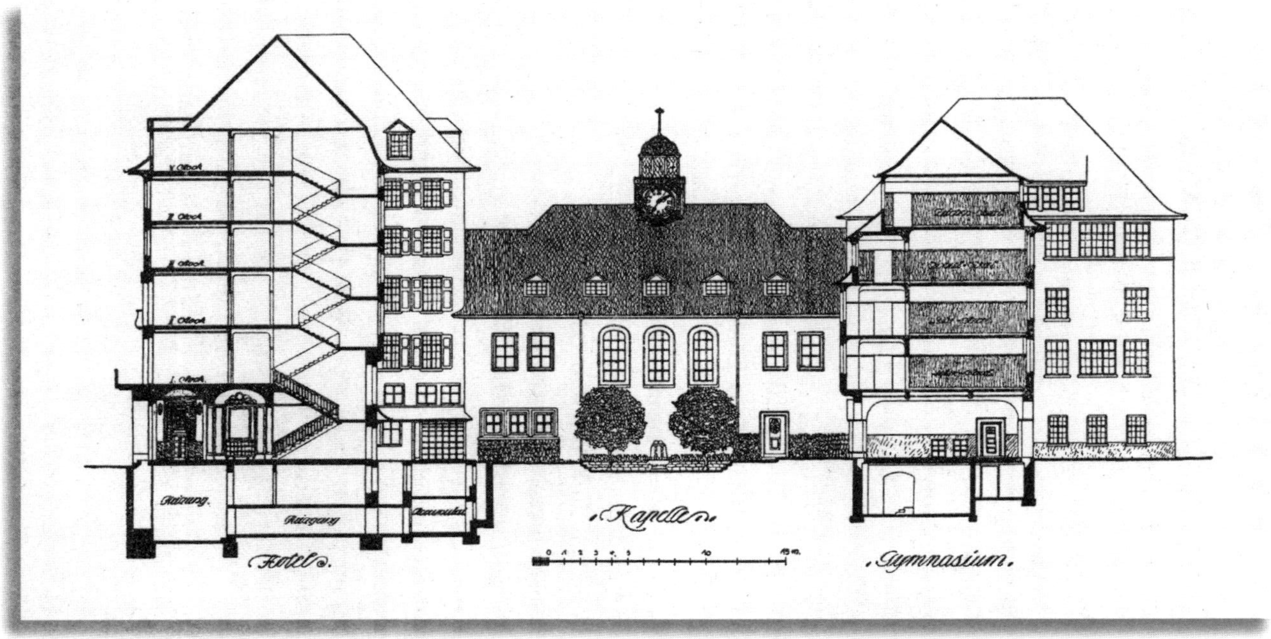

22 Schnitt über den Hof durch den Glockenhofkomplex mit Blick auf die St.-Anna-Kapelle. Zustand nach der Fertigstellung des Komplexes 1911. In: Bauer, Albert, in: Die Schweizerische Baukunst, 1913, S. 76

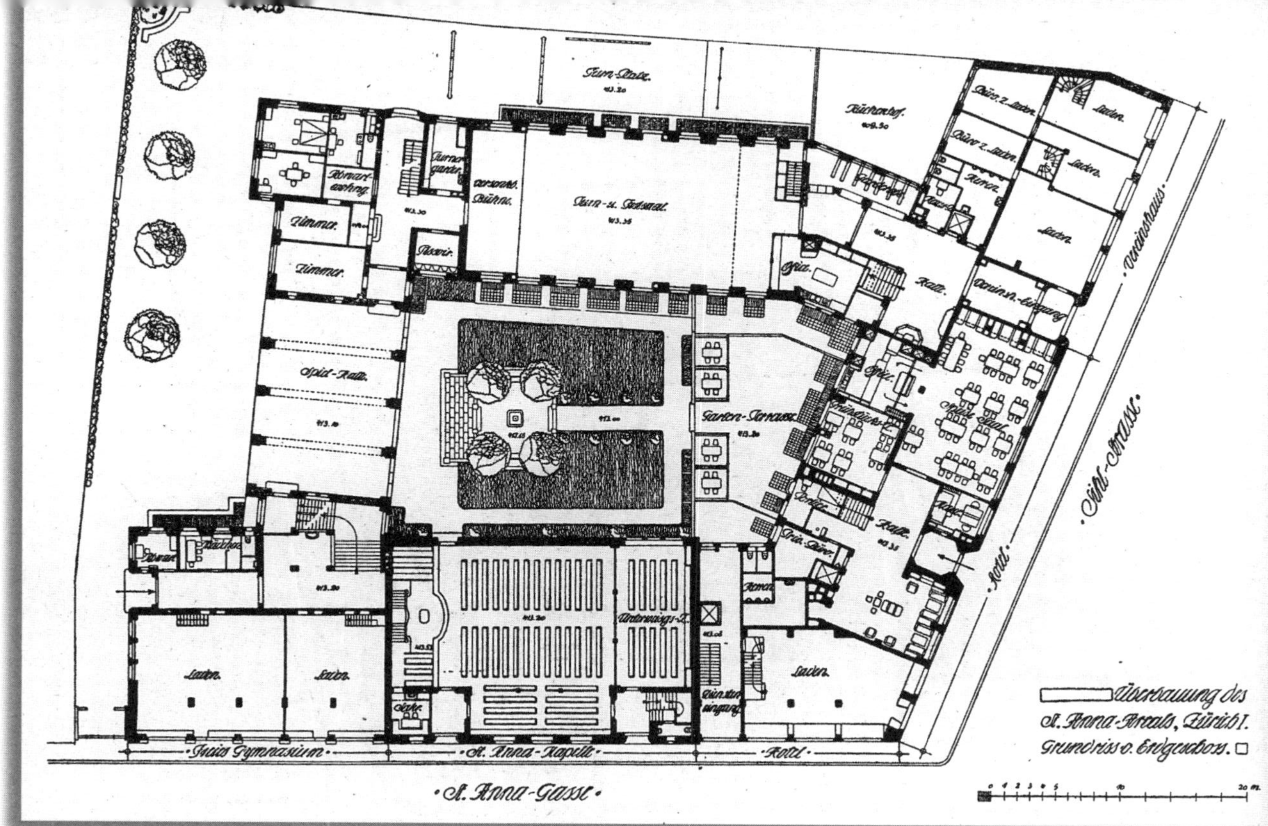

23 Erdgeschoss, Glockenhof, Zürich. Zustand nach der Fertigstellung des Komplexes 1911. In: Bauer, Albert, in: Die Schweizerische Baukunst, 1913, S. 72

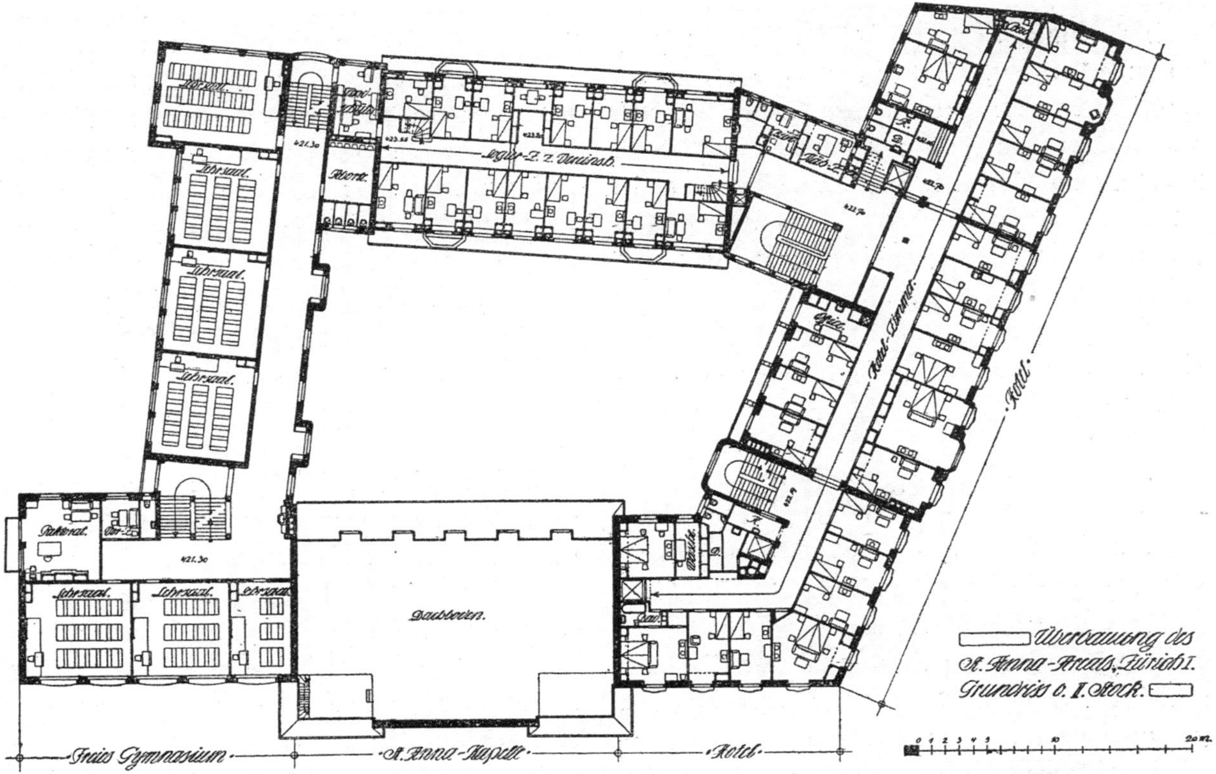

24 2. Obergeschoss, Glockenhof, Zürich. Zustand nach der Fertigstellung des Komplexes 1911. In: Bauer, Albert, in: Die Schweizerische Baukunst.

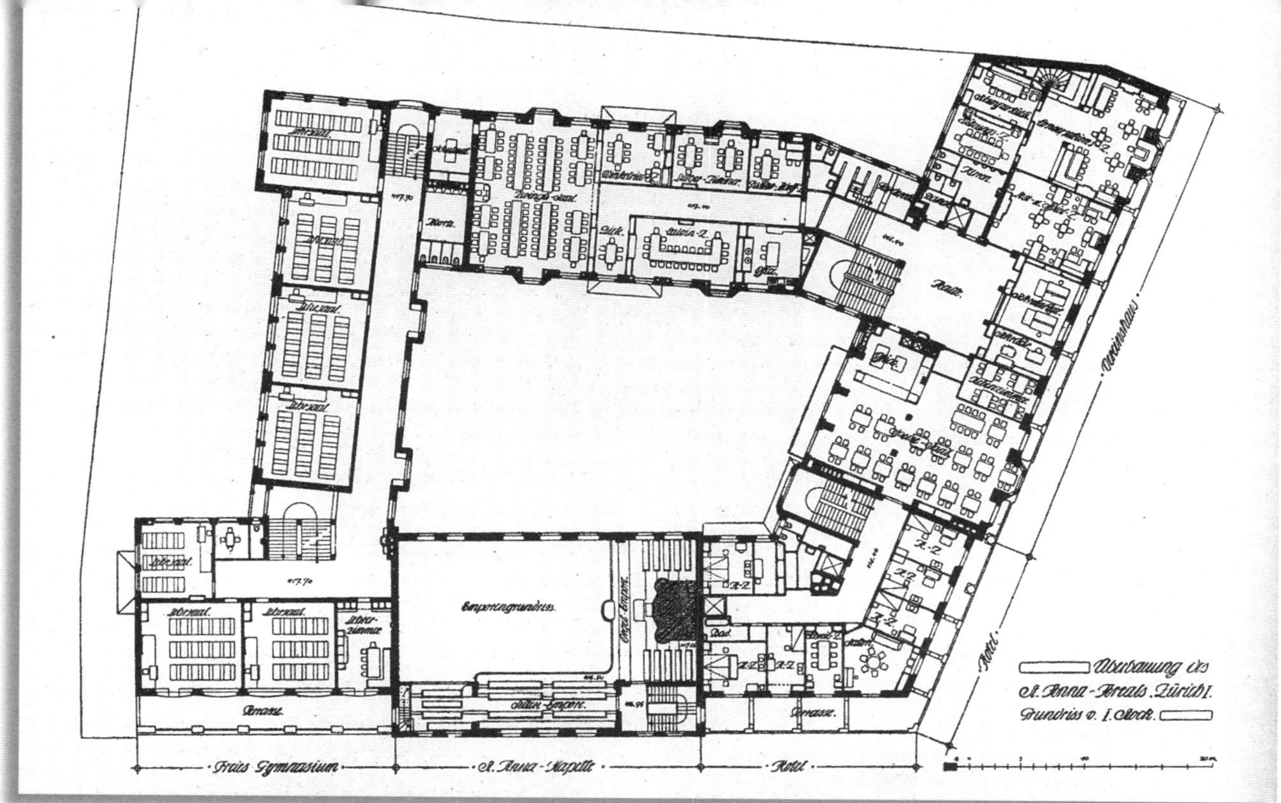

25 1. *Obergeschoss, Glockenhof, Zürich. Zustand nach der Fertigstellung des Komplexes 1911.* In: Bauer, Albert, in: Die Schweizerische Baukunst, 1913, S. 72

DER CVJM BAUT

26 Frontansicht Glockenhof nach Eröffnung 1911. Archiv Glockenhof
27 Eingang zum Hotel Glockenhof, ursprünglicher Zustand mit Glocke und noch ohne Vordach.
In: Bauer, Albert, in: Die Schweizerische Baukunst, 1913, S. 75
28 Festsaal und Turnhalle des CVJM und des Freien Gymnasiums, ursprünglicher Zustand.
In: Bauer, Albert, in: Die Schweizerische Baukunst, 1913, S. 76
29 Schweizerstübli (Besprechungszimmer im Vereinshaus des CVJM), ursprünglicher Zustand.
In: Bauer, Albert, in: Die Schweizerische Baukunst, 1913, S. 80
30 Neue St.-Anna-Kapelle, Innenansicht im ursprünglichen Zustand.
Baugeschichtliches Archiv Zürich

31 Der Komplex Glockenhof mit Freiem Gymnasium, St.-Anna-Kapelle und Hotel Glockenhof (von links nach rechts) 1912. Baugeschichtliches Archiv Zürich
32 Schulzimmer für «untere Klassen» im Freien Gymnasium Zürich, 1911.
In: Freies Gymnasium, Achter Bericht, 1911: S. 18. Archiv Freies Gymnasium Zürich
33 Schulzimmer für «obere Klassen» im Freien Gymnasium Zürich, 1911.
In: Freies Gymnasium, Achter Bericht, 1911: S. 19. Archiv Freies Gymnasium Zürich
34 Unterricht im Physikzimmer im Freien Gymnasium 1938. Baugeschichtliches Archiv Zürich

Verena E. Müller

DIE ERSTEN JAHRZEHNTE IM GLOCKENHOF

«IM WELLENSCHLAG DER ZEIT» – DER ERSTE WELTKRIEG 1914–1918 UND DIE ZWISCHENKRIEGSZEIT

Wenige Jahre nach der Eröffnung des Glockenhofs durchkreuzte die europäische Geschichte die hochfliegenden Pläne der Erbauer. Der Ausbruch des Ersten Weltkriegs im Sommer 1914 hatte dramatische Folgen. «Das Vereinshaus macht in starkem Masse den Wellenschlag der Zeit mit»[1], konstatierte Sekretär Walter Egli. Dies gilt besonders für die Zeit zwischen 1914 und 1918 und die unmittelbare Nachkriegszeit. Mitarbeitende wurden in den Aktivdienst abkommandiert, junge Deutsche mussten an die Front, das Hotel erlitt schwere Einbussen, die Logierzimmer im Vereinshaus blieben leer, das Essen wurde eintönig und teuer. Über dem Vereinsleben lag zeitweise gar ein «Gifthauch»[2], der Redaktor der «Glocke» verabschiedete sich im Streit, eine Jugendrevolte stellte überkommene Werte infrage.

Vor Kriegsausbruch hatte die deutsche Einwanderung in Zürich ihren Höhepunkt erreicht; damit war nun plötzlich Schluss: «Unsere

---

1   Egli, Walter / Weissenberger, Hans: 50 Jahre Glockenhof, 1961, S. 15
2   «Der Krieg bricht wie ein Gifthauch auch über das Vereinsleben herein», so Walter Egli in: Egli, Edwin / Egli, Walter / Stutz, Jakob: Jubiläumsbericht 50 Jahre CVJM, 1937, S. 26

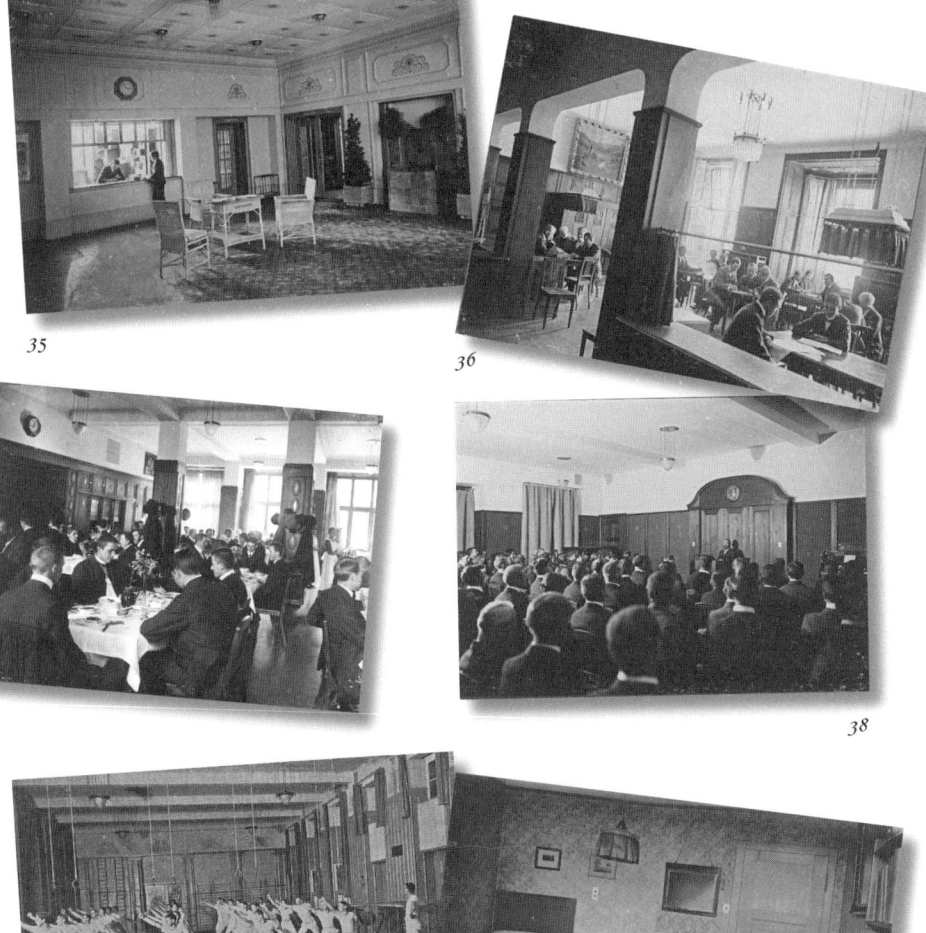

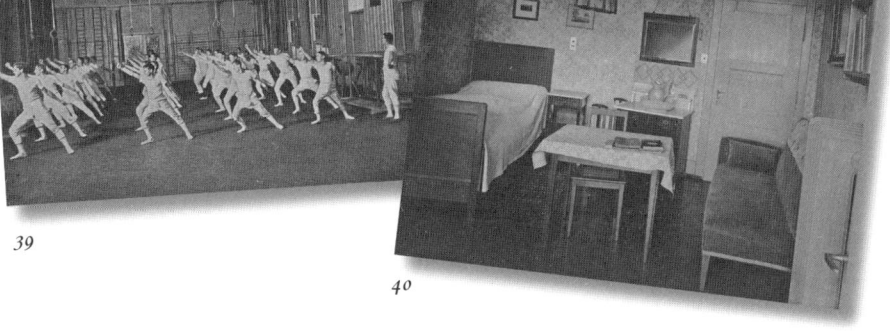

35 Empfangshalle, 1. OG, Vereinszentrum Glockenhof, 1911. Archiv Glockenhof
36 Lesezimmer Vereinszentrum Glockenhof, 1911. Archiv Glockenhof
37 Vereinsrestaurant 1. OG, Vereinszentrum Glockenhof, 1911. Archiv Glockenhof
38 Versammlungszimmer, 1. OG, Vereinszentrum Glockenhof, 1911. Archiv Glockenhof
39 Turnhalle / Festsaal, Vereinszentrum Glockenhof / Evangelische Schule (Postkarte aus Serie), 1911. Archiv Glockenhof
40 Fremdenzimmer, Vereinszentrum Glockenhof, 1911. Archiv Glockenhof

einst so blühende Deutsche Abteilung ist zusammengeschmolzen bis auf einen Getreuen, sie stehen alle im Heere ihres Heimatlandes, einige sind gefallen, mehrere verwundet, die meisten leben noch und wir hoffen, sie wieder zu sehen»[3], schreibt Karl Egli im Bericht über das erste Kriegsjahr, den er in der Ferne als Militär im Jura verfasst hatte. Gleich in den ersten Kriegswochen hatte die «Glocke» die Feldadresse ehemaliger Mitglieder veröffentlicht, bald folgten Todesanzeigen.

Um die Publikation der Zeitung sicherzustellen, sprang Fritz Burckhardt-Pfisterer (1874–1950), Präsident der Genossenschaft, für den mobilisierten Redaktor Rudolf Pestalozzi ein: «Hart war diese Forderung für Manchen, dessen ganzes Wesen sich seit Jahren gegen den Militarismus und den Krieg aufgelehnt hatte, und der bei dem über Nacht in Europa eingetretenen Kriegszustand nun doch in der Einberufung unserer Armee das einzige Mittel erblickte, um unser Land vor der Invasion fremder Heere und all dem damit im Zusammenhang stehenden Elend zu schützen, hart auch für Manchen, der Frau und Kinder verlassen musste, ohne zu wissen, wie sie sich ohne ihn durchbringen, und wie bald sie auf öffentliche Unterstützung angewiesen sein werden.»[4]

1914 kam sogar die 1912 gegründete Pfadfinderabteilung zum Einsatz: «Die Mobilisation unserer Armee bot besonders den Gliedern dieses Vereinszweiges reiche Gelegenheit, ihren Wahlspruch ‹Allzeit bereit› praktisch anzuwenden. Sie wurden vom Platzkommando, von der Bahnhofinspektion, dem Telegrafenamt und von Privaten zu mancherlei Dienstverrichtungen in Anspruch genommen.»[5] – In den ersten Kriegsmonaten kam das übliche Leben im Vereinshaus beinahe zum Stillstand, auswärtige Veranstalter hatten ihre Anlässe gestrichen, die «Glocke» brachte im Oktober 1914 einen Aufruf mit der Bitte, das Vereinsrestaurant zu besuchen, da trotz Sparsamkeit manche Ausgaben unvermeidlich wären.

3   Egli, Karl: 28. Jahresbericht CVJM, 1. Oktober 1914–30. September 1915
4   Glocke, Nr. 12, 1914, S. 85
5   «Eingesandt», Neue Zürcher Zeitung, 24.10.1914

41 1913/14 Soziale Abende für Männer, Werbebroschüre, Titelblatt. Archiv Glockenhof

Materielle Sorgen prägten den Kriegsalltag. Von 1914 bis 1920 stieg der Schweizer Lebenskostenindex von 100 auf 229, die Teuerung bei Lebensmitteln, Heizung und Kleidern war noch grösser, eine immense Herausforderung für Vereinshaus und Hotel. Ab 1916 kostete das Mittagessen im Vereinsrestaurant statt vorher 1.– Fr. neu 1.20 Fr., zudem war Brot nicht mehr inbegriffen – für hungrige junge Männer Grund zu Unzufriedenheit.

Unmittelbar betroffen waren auch die Mitarbeiter. Ohne finanzielle Absicherung hatten Soldaten während des Ersten Weltkriegs im Durchschnitt 500 Tage Dienst zu leisten. Der CVJM reagierte seinerseits: Der mobilisierte Sekretär Karl Egli erhielt im August 1914 sein volles Gehalt, weil dieser Monat in seine Ferien fiel, ab 1. September wurde es auf zwei Drittel gekürzt, womit auch die Arbeitsleistung seiner Frau abgegolten war (Jahresgehalt 4000.– Fr.). Der zweite Sekretär, Ernst Kradolfer, hatte sich gar mit der Hälfte seines Salärs zu begnügen.[6]

---

6 Protokoll Vorstandssitzung, 14. September 1914

Statt wie geplant die Hypotheken abzuzahlen, verschuldete sich der Verein zusehends. Im Februar 1915 waren die finanziellen Reserven beinahe aufgebraucht.[7]

Auf Ende 1917 erwartete der Kassier ein Defizit von 6000.– Fr. (zum Vergleich: Ein Mitglied der jüngeren Abteilung bezahlte einen Monatsbeitrag von 50 Rappen.)[8] Im Laufe des Jahres verschlimmerte sich die Wirtschaftslage. Für 1918 sah das Budget bei einem Defizit von 15'000.– Fr. Gesamtausgaben von 30'000.– Fr. vor. Die Inflation war nun allgegenwärtig: Sekretär Karl Egli erhielt als Teuerungsausgleich eine Pauschale von 275.– Fr., sein Gehalt wurde auf 375.– Fr. im Monat erhöht.[9]

Karl Egli – der «unvergessliche Sekretär»[10] 1875–1936

42 Karl Egli (1875–1936). Archiv Glockenhof

Er lebte für und durch den CVJM: Karl Egli prägte das Zürcher Werk sowohl mit seiner Persönlichkeit als auch aufgrund der langen Dauer seines Engagements. In seiner Hand liefen schliesslich alle Fäden zusammen: Vereinsleitung, Programmgestaltung und Finanzen, ebenso Verwaltung von Vereinshaus und Genossenschaft.

Der spätere Generalsekretär hatte die Freien Evangelischen Schulen in Winterthur und Zürich besucht. Als Jugendlicher schloss er sich dem CVJM an, wo er früh

---

7   Protokoll Vorstandssitzung, 8. Februar 1915
8   Protokoll Vorstandssitzung, 17. April 1917
9   Protokoll Vorstandssitzung, 3. Dezember 1917
10 Wehrli, Edwin: 51. Jahresbericht, S. 14

Freunde fürs Leben fand. Gemeinsam mit Jakob Wespi vertrat der Zwanzigjährige 1895 den im Militärdienst weilenden Sekretär Fröhlich.[11] Nur zwei Jahre später vertraute Präsident Hermann Eidenbenz dem jungen Egli dessen Nachfolge an. Wer hätte geahnt, dass er damit für beinahe vierzig Jahre die Weichen stellen sollte?

Ein kurzer Aufenthalt beim CVJM in Berlin machte Karl Egli mit seiner künftigen Aufgabe vertraut, alles Weitere brachte er sich selbst bei. Die ersten Arbeitsjahre waren geprägt durch die Suche nach einer definitiven Bleibe für den CVJM und den Bau des Glockenhofs. Nach dessen Einweihung bezog er mit seiner Gattin die Dienstwohnung im 4. Stock des Vereinshauses. Sein Arbeitsfeld erweiterte sich nun deutlich. Unter den Bewohnern des Jungmännerheims und den weiblichen Angestellten führte Frau Egli ein «strammes Regiment», wie sich später Walter Egli erinnerte.[12] Im September 1928 zwangen gesundheitliche Probleme das Ehepaar, die Dienstwohnung aufzugeben. Karl Egli blieb jedoch weitere Jahre im Amt.

«Die Pflege reger und guter Beziehungen des Vereins zu den Gönnern unseres Werkes sowie die Gewinnung neuer Freunde für unsere Sache gehören zu seinen besonderen Pflichten.»[13] Diese Anforderung entsprach Karl Eglis Temperament. Der begnadete Organisator verstand es gleichermassen lokale, nationale und internationale Kontakte zu pflegen. Als Schweizer Vertreter besuchte er regelmässig Kongresse im Ausland. Gerne spielte er seine Rolle als Gastgeber prominenter fremder Besucher im Glockenhof. Nie vernachlässigte er dabei die Pflege der lokalen Gönner. In Zeiten finanzieller Engpässe gelang es ihm gelegentlich in letzter Minute – mit Gottes Hilfe, wie er stets betonte –, die notwendigen Mittel aufzutreiben und damit das Werk vor dem finanziellen Kollaps zu bewahren. Dabei halfen ihm seine engen Beziehungen sowohl zu Pfarrherren wie zu alten Zürcher Familien. Zudem konnte er stets auf die treue Unterstützung des Damenkomitees zählen. Es ist kein Zufall, dass Karl Egli, bereits von seiner schweren Krankheit gezeichnet, während des Bazars vom 2./3. Oktober 1936 letztmals den Glockenhof aufsuchte.

Karl Egli war ein tief religiöser Mensch, der sich im Selbststudium umfassendes biblisches Wissen angeeignet hatte und dieses überzeugt weitergab. Jugendarbeit war ihm tiefstes Anliegen. Ihm, dem Feldweibel, lag ferner das spirituelle und gesellige Wohlergehen der Soldaten am Herzen, was er im Ersten Weltkrieg

---

11 Classeur 1887–1899, Regelung Stellvertretung, 19. April 1895
12 Egli, Walter: 50 Jahre Glockenhaus, 1961, S. 18
13 Protokoll Vorstandssitzung, 12. März 1914

mit seinem unermüdlichen Einsatz zugunsten der Soldatenfürsorge oder bei der Gründung der Genossenschaft Soldatenheim Andermatt unter Beweis stellte. Immer wieder bewährte er sich als Mann der Tat. Wie seine Frau pflegte auch Karl Egli einen autoritären Führungsstil. Schwere Konflikte mit Mitarbeitenden und teils mit Vorgesetzten blieben ihm somit nicht erspart. Der Titel eines «Generalsekretärs», den ihm seine Oberen verliehen, zeugt jedoch von ihrer grundsätzlichen Wertschätzung. Selbst Kritiker seines Führungsstils fanden anerkennende Worte für Karl Eglis Leistung: «Ohne Übertreibung darf gesagt werden, dass er die Seele des Werkes war, für das sein Hinschied einen schweren Verlust bedeutete.» [14]

Soldatenfürsorge

Den wohl wichtigsten Dienst an der Gesellschaft erbrachte der CVJM während des Krieges im Bereich der Soldatenfürsorge. «So haben die kriegerischen Zeitläufe ein neues, dankbares Wirkungsfeld unseren Vereinen eröffnet. Eine Arbeit wird geleistet, die gewiss ihre gesegneten Früchte für unser Volk tragen wird, denn es ist unser ernstes Streben und Anliegen, dass vor allem dadurch das Reich unseres Meisters Jesu Christi gemehrt und gebaut werde unter der Männerwelt unseres Vaterlandes.»[15]

Drill und Langeweile kennzeichnete das Soldatenleben an der Grenze, in überfüllten Dörfern ging es am Abend ins Wirtshaus zu Wein, Bier und Schnaps. Bereits vor dem Krieg hatte sich der CVJM mit solchen Missständen befasst. In einer ersten Sitzung am 11. November 1913 formulierte seine Militärkommission der deutschen Schweiz im Glockenhaus Zürich die Grundsätze und plante Kontakte zu verantwortlichen Stellen. Ein erster Einsatz war für die Manöver von 1914 vorgesehen. Im Frühjahr 1914 meldete sich die Kommission beim Chef des Militärdepartements, beim Chef des Generalstabs, Oberstkorpskommandant von Sprecher, sowie beim damaligen Oberstkorpskommandanten und späteren General Ulrich Wille. Der Kontakt hatte «zur

---

14   Egli, Walter: 50 Jahre Glockenhaus, 1961, S. 6
15   Egli, Karl, Glocke, Nr. 8, 1916, S. 64

Folge, dass uns gleich zu Anfang der Grenzbesetzung der Auftrag vom hohen Bundesrat und von der obersten Heeresleitung erteilt wurde, für die Errichtung von Soldatenlesestuben zu sorgen»[16]. Im Oktober 1914 hatte der CVJM an verschiedenen Orte Lesestuben eingerichtet, «deren Existenz aber bei jeder Dislokation gefährdet und deren Heimeligkeit darunter litt, dass niemand darin anwesend war»[17]. In diese Lücke sprang u. a. die Gruppierung um Else Spiller[18], aus der sich der Schweizerische Volksdienst entwickelte [heute: SV-Service], der später auch das Soldatenheim in Andermatt betreute. Verschiedene Frauenorganisationen und das Blaue Kreuz kümmerten sich ihrerseits um die Soldaten.

Nach Aufrufen trafen Spenden zur Weiterleitung ein: Literatur, Bücher, Broschüren und Zeitschriften sowie Schreibmaterial. Werbewirksam appellierte die «Glocke» an das Solidaritätsgefühl der Daheimgebliebenen: «Wer wollte nicht, der in einem guten Bett seiner Ruhe pflegen kann, gerne mitwirken, damit unsere Truppen, deren Nachtquartier, zumal in der kälteren Jahreszeit, an Behaglichkeit wohl so ziemlich alles entbehren lässt, wenigstens ein Lokal finden, wo sie ihre Wäsche verpacken, ihre Korrespondenz und ihre freien Stunden nützlich zubringen können.»[19]

Regelmässig berichtete die «Glocke» über die Entwicklung. «Unserer Centrale ist neben dem Kanton Zürich das Gebiet der Innerschweiz (ohne Luzern) und des Tessin zugewiesen. Drei bis vier Vertrauensmänner reisen, mit den erforderlichen Pässen von den obersten Militärbehörden versehen, allein in diesem Gebiet, um überall da, wo Truppen im Quartier liegen, Lokale zu oben angedeutetem Zwecke ausfindig zu machen und dann von Zürich aus mit dem erforderlichen Material versehen zu lassen.»[20]

---

16 Glocke, Nr. 6, 1915, S. 37
17 Züblin-Spiller, Else: Erinnerungen, 1928, S. 38
18 Else Züblin-Spiller (1881–1948), Sozialpolitikerin und Journalistin, war während des Zweiten Weltkrieges als einzige Frau Mitglied der Eidg. Kommission für Ernährungsfragen. 1941 erhielt sie von der Universität Zürich ein Ehrendoktorat in Medizin.
19 Glocke, Oktober, 1914, S. 2
20 Glocke, Oktober, 1914, S. 2

Manches Mitglied bedauerte, dass die religiöse Seite der Betreuung zu kurz kam. Vor dem Krieg hatte die Soldatenfürsorge einen rein privaten Charakter gehabt. Nun galt es dagegen, die Richtlinien des Armeestabs einzuhalten. «Es ist ohne Weiteres klar, dass unter solchen Umständen auch eine spezifisch protestantisch-religiöse Wirksamkeit aus Achtung vor unsern katholischen Landesbrüdern, die mit derselben Treue dem gemeinsamen Vaterland dienen, nicht weitergeführt werden darf.»[21]

Ein Beispiel illustriert den Umfang der Unterstützung durch den CVJM: Während des Grenzdienstes erhielt die 5. Division zwischen September 1915 und Februar 1916 «in 1041 Sendungen: 102'200 Briefbögli, 76'600 Couverts, 187 Schreibmappen, 473 Fliessblätter, 2143 Federn, 572 Federhalter und 506 Bleistifte; Packmaterial: 405 Rollen = ca. 9000 Bogen Packpapier, 443 Knäuel Packschnüre und 9570 Anhängeadressen; Ausstattungsmaterial: 677 Bilder als Wandschmuck und 14 Petrollampen. Unterhaltungsmaterial: 199 Spiele (Schach, Damenbrett, Domino etc.), 245 Pakete gemischten Lesestoff»[22].

Der CVJM erbrachte eine enorme logistische Leistung. Drei Mitglieder der internen Militärkommission standen selber im Dienst an der Grenze, nicht dienstpflichtige Freunde traten an ihre Stelle. «Die Arbeit nahm eine so grosse Ausdehnung an, dass bis zu 26 Personen täglich vollauf beschäftigt waren, um die grosse Korrespondenz, die Versendungen von Lektüre und die Einrichtung der Lokale zu besorgen.»[23] In Bern schuf die Armeeleitung eine zentrale Stelle, welche die verschiedenen privaten Organisationen koordinierte. An der Seite des Zentralbüros für Soldatenstuben des CVJM hatte auch das Kreisbüro Zürich seinen Sitz im Glockenhof. Zwei vom Armeestab abkommandierte Wehrmänner, beide Mitglieder des CVJM, erschienen als Soldat und Gefreiter stets in Uniform.[24] Zwei weitere Kreisbüros befanden sich in Lausanne und Basel.

---

21 Glocke, April, 1917, S. 32
22 Glocke, Mai, 1916, S. 63
23 Glocke, März, 1915, S. 37
24 Glocke, Mai, 1916, S. 63

Tagblatt, 17. Januar 1918

«Warnung! Da in den letzten Tagen von einem jungen Mann, angeblich in unserem Namen und zu Gunsten der Kriegsnotunterstützung, Gaben gesammelt worden sind, erklären wir hiedurch, dass wir weder für den genannten, noch für irgend einen andern Zweck, Gaben sammeln lassen. Es handelt sich somit um einen Betrüger, der der Polizei zu überweisen ist. Bereits Geschädigte belieben uns zuhanden der Polizei Mitteilung zu machen.»

Im Lutherzimmer «liegen sie oft zu tausenden aufgestappelt unsere religiösen und Schriften allgemeinen Inhalts, die Spiele, die Bücher, die Bilder, die Hunderttausende von Briefbögli und Couverts, die grossen Ballen von Packpapier und harren alle der Versendung an die Truppen. […] Jeden Nachmittag kommt die Feldpost mit einem Wagen, um die oft umfangreichen Sendungen abzuholen.»[25] Ohne die tatkräftige Unterstützung durch Freiwillige wäre die Arbeit nie zu bewältigen gewesen. Am Ende des Krieges durfte sich die Bilanz sehen lassen: Der CVJM hatte zwei eigentliche Soldatenheime geschaffen, wobei Sekretär Karl Egli das massiv aus Steinen gebaute Soldatenheim in Andermatt besonders am Herzen lag. Es kostete 102'000.– Fr. und wurde am 26. Mai 1918 eingeweiht, davon gingen 72'000.– Fr. als Geschenk ein.[26] Vom 1. August 1914 bis Ende 1918 wurden rund 400 Lesestuben beschickt und 6'774'000 Briefbögli, 5'442'000 Umschläge, 32'350 Pakete mit Lesestoff verschickt.[27]

Die letzten Kriegsjahre verliefen auch für den CVJM stürmisch. Im Mai 1916 warf Rudolf Pestalozzi, der Redaktor der «Glocke», das Handtuch.[28] In der Juni-Ausgabe versuchte ein gewisser F. B., die Wogen

---

25 Glocke, Mai, 1916, S. 63
26 Egli, Karl: 75 Jahre Jugendarbeit, 1925, S. 58
27 Glocke, März, 1919, o. S. (S. 3 der Nummer)
28 Die Geschichte dieser Trennung wird später analysiert.

zu glätten: «Wir möchten zur Klarlegung der Situation doch zum Ausdruck bringen, dass auch jetzt noch Vereinsmitglieder und Vereinsfreunde an leitenden Stellen bei uns verblieben sind, welche die Überzeugung haben, dass es nicht genügt, in Bibelstunden von der persönlichen Erlösung und vom inneren Glaubensleben des Einzelnen zu reden, sondern dass wir verpflichtet sind, einen christlichen Geist in unserer Jugend verbreiten zu helfen, der in allen Beziehungen der Menschen zueinander sich fühlbar macht.»[29] Vermutlich verbarg sich hinter den Initialen «F. B.» Fritz Burckhardt, der zusammen mit Pestalozzi Teilhaber einer Metallhandelsfirma auf dem Münsterhof war.

Die folgende Krise erschütterte allerdings den CVJM in seinen Grundfesten. Im August 1917 engagierte der Vorstand für vorerst drei Monate Roland Schweingruber als Jugendsekretär.[30] Im Frühling 1918 war sein Verhältnis zum CVJM hoffnungslos zerrüttet. Jugendsekretär Schweingruber schrieb an Generalsekretär Egli: «Sollte nämlich das Selbstbestimmungsrecht der Jugend auf Grund der Pariserbasis und der Ihnen im letzten Briefe (11.3.1918) gemachten Andeutungen nicht anerkannt werden, dann wird die Landsgemeinde von Brütten die Gründungslandsgemeinde der ‹Freischar›, Evangelischer Jugendorganisation der Schweiz, werden; d. h., wir Jugendführer werden mit der ganzen, uns anhängenden Jugend ein eigenes Heim gründen und das C. V. J. M. ‹Greisenasyl› verlassen.»[31] In einem ausführlichen Grundsatzpapier legte er dem CVJM seine Philosophie dar. Dieser «Sturm und Drang» bewegte sich irgendwo zwischen Expressionismus, Kommunismus und Blut-und-Boden-Ideologie. Schweingruber wurde die Demission nahe gelegt, die er am 9. April 1918 einreichte. Ihm folgten der für die Finanzen zuständige Sekretär Ernst Kradolfer und rund hundert Jugendliche.

---

29 Glocke, Juni, 1916, S. 70
30 Protokoll Vorstandssitzung, 3. August 1917
31 Zitiert in: Vorstandsprotokoll, 2. April 1918

Um den Jugendfragen mehr Gewicht zu geben, übernahm nun Fritz Burckhardt-Pfisterer, der den Verein von 1904 bis 1915 präsidiert hatte, den Vorsitz der Jugendkommission. Trotz seiner beruflichen Belastung war dieses verdiente Mitglied zur Stelle, als der CVJM in Schwierigkeiten geriet. – In der Folge wurde der Verein reorganisiert, doch es brauchte Jahre, bis er sich von diesem Beben erholte.

Am 11. November 1918 wurde an der Kriegsfront der Waffenstillstand und in der Schweiz der Generalstreik ausgerufen. Wie ganz Europa kämpfte der CVJM unterdessen mit den Grippeviren: «Das grösste Hindernis in unserer Arbeit bildet die unheimliche Grippeepidemie.»[32] Auf Weisung des Stadtarztes durften vom Sommer 1918 bis fast während des ganzen Winters keine grösseren Versammlungen stattfinden. Wegen Erkrankung des Personals war der Vereinsspeisesaal vom 11. Oktober bis 11. November geschlossen, drei Vereinsmitglieder starben an der Seuche. Folgerichtig stellte der Jahresbericht fest, dieses Vereinsjahr sei eines der schwersten seit Beginn des Krieges gewesen.

Nicht nur der «Dammbruch», wie Karl Egli die Jugendrevolte bezeichnete, auch schwere finanzielle Sorgen prägten die unmittelbare Nachkriegszeit im Glockenhof. Generalsekretär Egli verschickte Bettelbriefe. Zur Deckung des Defizits waren im November 1920 beachtliche 16'500.– Fr. als Spenden eingegangen.[33] Auch die «Glocke» wies ein Defizit von 4000.– Fr. auf. 1920 wurde sie für einige Jahre mit der «Jungschar» zusammengelegt. – Immerhin erholte sich der Verein langsam vom Aderlass, Ende September 1920 zählte er wieder 584 Mitglieder.

Im Jahresbericht 1919/1920 beklagte sich der Generalsekretär, das Sekretariat sei mit all den Geschäftsstellen, der Verwaltung des Vereinshauses mit den vierzig Betten und der Vermietung der Vereinsräume überlastet.[34] Trotzdem gleiste er neue Projekte auf. Die gesellschaftliche Unrast nach der kommunistischen Revolution in der Sowjetunion hinterliess Spuren: auf den 1. Januar 1920 wurde mit Karl Schmid ein Industriesekretär angestellt.[35]

---

32 Jahresbericht 1918/19, in: Glocke, Nr. 2, 1919, S. 9
33 Protokoll Vorstandssitzung, 12. November 1920
34 33. Jahresbericht 1919/1920, in: Glocke, Nr. 14, 1920, S. 141–146, insbesondere S. 145
35 Glocke, Nr. 8, 1920, S. 88

═══ BÄDER ═══
im neuen Vereinshaus, Sihlstrasse Nr. 33, Zürich I

Bäder im Souterrain (für Männer)
Geöffnet: Täglich (Sonntag und Montag ausgenommen), vorm. 9—11 h., nachm. 4—9 h.
Samstag nachm. 2—9 h.
Badezeit: Wannenbäder 20 Min. Brausen 10 Min.

TARIF:
a) Für Mitglieder und Hausbewohner:
Wannenbad mit Wäsche 70 Cts., ohne Wäsche 50 Cts.
Brause mit Wäsche 30 Cts., ohne Wäsche 20 Cts.
ABONNEMENTS:
10 Wannenbäder m. Wäsche Fr. 6.50, o. Wäsche Fr. 4.50
10 Brausen mit Wäsche Fr. 2.70, ohne Wäsche Fr. 1.70

b) Für Angehörige und Nichtmitglieder:
Wannenbad mit Wäsche 90 Cts., ohne Wäsche 70 Cts.
Brause mit Wäsche 30 Cts., ohne Wäsche 20 Cts.
ABONNEMENTS:
10 Wannenbäder m. Wäsche Fr. 8.50, o. Wäsche Fr. 6.50
10 Brausen mit Wäsche Fr. 2.80, ohne Wäsche Fr. 1.80
Seife das Stück 5 Cts.

NB. Die Bäder in den Etagen sind jeden Dienstag und Donnerstag vorm. 9—11 h. und nachm. 2—5 h. auch weiblichen Angehörigen unserer Mitglieder zu obigem Tarif geöffnet.

Badecoupons u. Abonnements sind a. d. Sekretariat, I. Stock zu lösen.

Vereinshausverwaltung.

43 Inserat, ca. 1911. Bäder: Wertvolle Dienstleistung für Gäste und willkommene Einnahmequelle des CVJM. Archiv Glockenhof

Die Vereinsfinanzen kamen nicht ins Lot, das Budget vom Oktober 1921 sah ein Defizit von 17'420.53 Fr. vor.[36] Der Bericht für die Generalversammlung der Genossenschaft 1922 hält lakonisch fest: «Tatsächlich ist es ja nie beabsichtigt gewesen, aus dem Vereinshausbetrieb etwas herauszuwirtschaften, sondern von jeher hatten wir vorgesehen, dass der Hotelbetrieb die unvermeidlichen Defizite des Vereinshauses werde decken müssen.»[37] Wenige Wochen danach schied der entlassene Hoteldirektor Georg Mousson aus dem Leben. Das neue Direktorenpaar Rothe hatte mehr Glück, allmählich erholte sich die Weltwirtschaft tatsächlich – mit erfreulichen Auswirkungen auf alle Geschäftstätigkeiten im Glockenhof.

---

36 Protokoll Vorstandssitzung, 14. Oktober 1922
37 Bericht für GV, 6. April 1921?

Friedrich Otto Pestalozzi 1846–1940

44 Friedrich Otto Pestalozzi (-Junghans) (1846–1940).
In: Pestalozzi & Co.: 175 Jahre Eisen, Zürich 1963, S. 10

Friedrich Otto Pestalozzi, das Haupt des konservativen Zürich, war in den ersten Jahrzehnten des 20. Jahrhunderts der vielleicht prominenteste Gönner des CVJM. Von 1904 bis zu seinem Tod 1940 stand er dem Beirat vor. Sein Wirken fiel in die entscheidende Phase von Planung und Bau des Glockenhofs. Zur Einweihung schrieb er persönlich ein Festspiel. Auch nach der Eröffnung des Neubaus durfte der CVJM stets auf Pestalozzis spirituelle und materielle Unterstützung zählen. Noch an der Mitgliederversammlung vom 10. April 1935 hielt der inzwischen hoch Betagte einen Vortrag über Hermann Eidenbenz. Dieser hatte eine Hauptrolle bei der Gründung des CVJM in Zürich gespielt. Als Schwiegervater sowohl von Pestalozzis Tochter Berta wie von seinem Sohn Rudolf war Eidenbenz zudem der Familie Pestalozzi privat verbunden.

Der junge F. O. Pestalozzi hatte in einer Zürcher Seidenfirma eine kaufmännische Lehre absolviert und anschliessend einige Jahre in Grossbritannien verbracht. 1878 heiratete der Kaufmann seine Cousine Regula Anna Junghans (1856–1908). Das Paar hatte drei Söhne und zwei Töchter. Von 1878 bis 1921 war Pestalozzi Mitinhaber der familieneigenen Eisenhandlung am Münsterhof. In seiner Familie war es Tradition, ergänzend zur Geschäftsführung auch öffentliche Aufgaben wahrzunehmen. So war Pestalozzi Mitglied verschiedenster Behörden und übernahm Ehrenämter, war Handelsrichter und von 1877 bis 1889 belgischer Konsul.

Sein politisches Engagement galt der Verteidigung konservativer, christlicher Werte. 1875 war er zusammen mit seinem Freund Rudolf Spoendlin Mitbegründer des konservativen «Eidgenössischen Vereins». Dieser kämpfte für Glaubensfreiheit und Föderalismus. – Die konservative Presse, wie die «Schweizer Blätter» oder die «Zürcher Freitagszeitung», hatte in ihm einen konsequenten Förderer. Als Vertreter der gemässigten konservativen Richtung sass er von 1879–1897 im Grossen Stadtrat und von 1883 bis 1918 im Zürcher Kantonsrat. Während des Generalstreiks 1918 gab er, der letzte konservative Kantonsrat, sein Mandat auf.

Der Unermüdliche pflegte vielfältige kulturelle Interessen. In der Freizeit verfasste er literarische und historische Schriften. Vor allem die Zürcher Geschichte lag ihm am Herzen. Pestalozzi stand hinter der Wiederbelebung der «Zürcher Taschenbücher», die er von 1878 bis 1882 als Redaktor betreute. – In der Künstlergesellschaft folgte Pestalozzi auf seinen Vater und präsidierte den Verein von 1888 bis 1895. Damals befand sich die Kunstsammlung im sog. «Künstlergüetli» – auf dessen Grundstück steht heute die Universität. Im Hinblick auf einen Neubau des Kunsthauses wurde die Künstlergesellschaft umgestaltet. Zwar trat Pestalozzi von seinem Amt zurück, doch blieb er der Kunst weiterhin verbunden. So veranlasste er die Herausgabe des ersten Schweizer Künstlerlexikons, das 1918 erschien. Zum 70. Geburtstag ehrte ihn die Universität Zürich für seine Verdienste um die Schweizer Kunst mit dem doctor honoris causa.

Der CVJM war nicht die einzige christliche Organisation, für die sich Pestalozzi einsetzte. Als Präsident der Kirchenpflege von Fraumünster empfahl er 1895 dessen Restaurierung und präsidierte die zuständige Baukommission. In der Evangelischen Gesellschaft war er lange für das Armenwesen verantwortlich.

Wäre Pestalozzis öffentliche Biografie ohne die spezielle Familienkonstellation denkbar gewesen? Aufgrund einer missgebildeten Wange führte sein älterer Bruder Ernst (1844–1931) ein völlig zurückgezogenes Leben, das er diskret und erfolgreich in den Dienst des Familienunternehmens stellte. Damit ermöglichte er dem jüngeren Friedrich Otto den langjährigen Einsatz für CVJM und Kirche, Politik und Kultur.

Auswandererberatung in den Zwanzigerjahren

Auf der Ebene des CVJM-Weltbundes trat an Stelle der Kriegsgefangenenfürsorge die Auswandererbetreuung. Folgerichtig übertrug der Kirchenrat des Kantons Zürich die Auskunftsstelle für evangelische

Auswanderer dem CVJM Zürich 1. Am 1. Oktober 1923 begann sie im Glockenhof mit ihrer Arbeit.[38]

Nach dem Ersten Weltkrieg hatten die USA die Einwanderung eingeschränkt. So galt es, neue Möglichkeiten zu erkunden. Viele Auswanderungswillige entschieden sich nun für Lateinamerika. In 20 Hafenstädten rund um den Globus stationierte der Weltbund des CVJM seine Sekretäre. «Wenn der Auswandernde aus einem Lande kommt, wo er sich schon vor der Abreise an das CVJM-Sekretariat wenden kann, so ist die Wahrscheinlichkeit der Enttäuschung beträchtlich vermindert. Dem Sekretär seiner Heimatstadt legt er seine Pläne vor und wird von ihm beraten, wohin er sich am besten wendet, welche Kenntnisse er sich vor der Abreise aneignen solle, um Aussicht auf eine Anstellung zu haben, welcher Zeitpunkt für die Ausreise am günstigsten ist. Der Sekretär versieht ihn mit Empfehlungsbriefen an seine Kollegen in den Hafenstädten und am Bestimmungsort. So braucht der Auswanderer nicht mehr ins Ungewisse zu gehen, er weiss, dass er in der neuen Heimat schon Freunde besitzt.»[39] «Auswanderer werden am neuen Ort mit den Kirchen in Kontakt gebracht»[40], meldete der Jahresbericht des CVJM von 1927/28.

Während die Behörden zur Auswanderung ermunterten, sahen sich die Berater an der Sihlstrasse mit dem konkreten Elend eines Misslingens konfrontiert: «Es handelte sich um eine sechsköpfige Familie, Mutter, Tochter und vier Söhne, die nach Südamerika auswanderten. Sie gerieten in grosse Not durch Arbeitslosigkeit und Krankheit (Fieber). Die Mutter und zwei Söhne mussten wieder heimbefördert werden. Die Tochter starb kurz vor der Heimreise und die zwei andern Söhne fanden schliesslich Arbeit. Die Zurückgekehrten kamen zu uns, machten uns wertvolle Mitteilungen und waren dankbar, dass sie in der alten Heimat wieder sicheren Boden unter den Füssen finden durften.»[41]

---

38 37.Jahresbericht 1923/24 des CVJM Zürich 1, Karl Egli im Auftrag des ZV
39 Egli, Walter, in: Jungschar, Nr. 11, 1924, S. 226
40 Zitat Jahresbericht 1927/28
41 Egli, Karl, in: Jahresbericht des CVJM, 1923/24

Der Glockenhof entwickelte sich zu einem beliebten Treffpunkt. Als Beispiel seien die Mieter der Vereinsräume für das Jahr 1921 genannt:

Festsaal:
Freies Gymnasium
Deutscher Männerchor
Männerchor «Freiheit»
Bodmerschule
Ruderclub Kaufleuten
Frei-Schule

Zwinglisaal:
Hephataverein
Kirchenchor Fraumünster
Blaukreuzmännerchor

Calvinzimmer:
Union chrétienne française
Soziale Frauenschule ¼ Jahr

Lutherzimmer:
Jünglingsverein der lutherischen Kirche

Ständige Zusammenkünfte:
Alliance française Zürich
Bibelkränzchen der Telefonistinnen
Comité für das Hirzelheim in Regensberg
Evangelischer Pfarrverein

Evangelische Volkspartei
Frauenmission
Heilsarmee
Jugendmissionsbund für Bazar
Jungfrauenverein Wiedikon
Kanaresische Mission
Konfirmandenvereinigung (Pfr. Arbenz, selten)
Konfirmandenvereinigung (Pfr. Bohnenblust – vereinzelt)
Konfirmandenvereinigung (Pfr. Högger)
Krankenpflegerinnenverband
Landeskirchliche Stellenvermittlung
Mädchenclub Zürich
Musikschule José Berr
Neutraler Strassenbahnverband
Pflegerinnenschule Verband
Positiver Pfarrverein
St. Anna Gemeindeabende
Schweiz. Frauenverein zur Hebung der Sittlichkeit
Schweiz. Gemeinnützige Gesellschaft
Schweiz. Verband Evangelischer Angestellter und Arbeiter
Schweiz. Verband Volksdienst
Schweiz. Vereinigung für Abnormale
Staatsbürgerkurse, Vorträge
Verband Schweiz. Kirchenchöre
Zürcher Frauenverein zur Hebung der Sittlichkeit

Frequenz Vereinshaus pro 1921:

Anlässe im Festsaal: ca. 26'000 Personen

Vereinsbesucher und Hausbewohner: ca. 72'000 Personen

Im Speisesaal ca. 68'000 Personen

In Folge der Anlässe der Mieter ca. 34'000 Personen

Total rund 200'000 Personen

Als Folge der Wirtschaftskrise versuchten alle Länder, mehr oder weniger erwünschte Gäste wieder loszuwerden. «Von 1930 setzt der Strom der Rückwanderer ein. Sie kommen abgebrannt zurück, wehren sich verzweifelt, der Heimatgemeinde, oft ein armes Bergdorf, zur Last zu fallen.»[42] Wie sehr es in jener Zeit an allem fehlte, illustriert ein Hilferuf in der «Glocke» 1938: «Gesucht für mittellos heimgekehrten Ausland-Schweizer: ein Kleid, das ihm erlauben würde, sich anständig präsentierend, auf die Arbeitssuche zu begeben. Der Mann ist 175 cm gross und schlank.»[43]

Der Ausbruch des Zweiten Weltkrieges setzte den Träumen von einer besseren Existenz in Übersee ein vorläufiges Ende.

Arbeitslosigkeit und Weltwirtschaftskrise

Zeitlich verzögert traf die Weltwirtschaftskrise Zürich mit voller Wucht im Jahre 1931. Plötzlich waren gewisse Besucher des Glockenhofes in der Schweiz unerwünscht: «Wir spüren da ganz besonders die ungünstige wirtschaftliche Lage, die unsere Behörden zu einer Absperrung ortsfremder junger Männer veranlasst hat, was sich für uns vor allem bei der skandinavischen und derjenigen der Reichsdeutschen fühlbar macht», klagte Sekretär Karl Egli.[44]

---

42 Egli, Edwin / Egli, Walter / Stutz, Jakob: Jubiläumsbericht 50 Jahre CVJM, 1937, S. 27
43 Glocke, Nr. 10, 1938, o. S.
44 Egli, Karl: Unser Dienst, 45. Jahresbericht 1931/32, S. 4

45 *Sekretär Schmid mit Arbeitslosen, eingeschneit auf Alp Hinterklön, undatiert. Archiv Glockenhof*

Die Problematik der Arbeitslosigkeit war dem CVJM vertraut. Der wirtschaftliche Abschwung nach Kriegsende fand im Rechenschaftsbericht der Genossenschaft 1921 seinen Niederschlag: «Den arbeitslosen Jugendlichen stand unser Lesezimmer zur freien Benützung offen, ca. 20 arbeitslose Burschen besuchen dasselbe täglich.»

Die Krise der frühen Zwanzigerjahre hatte sich sofort auf den Betrieb des Glockenhofes ausgewirkt, weniger Besucher bedeuteten weniger Einnahmen: «Der Besuch im Vereinsrestaurant hat nachgelassen. Es hängt dies zum Teil zusammen mit der Arbeitslosigkeit und in Folge davon, dem starken Ausfall an ortsfremden jungen Leuten, die weniger im Verein verkehrten.»[45] Was sich dann in den Jahren 1931–1937 abspielte, war von anderer Grössenordnung, sprengte alle Vorstellungen.

Der CVJM reagierte vielfältig auf die materielle und geistige Not der betroffenen Männer. Aus der Sicht des 21. Jahrhunderts ist das damalige Elend unvorstellbar. «Namentlich die allein stehenden Bau-

---

45 Rechenschaftsbericht der Genossenschaft für das Jahr 1922

und Saisonarbeiter, die z. T. nicht unterstützungsberechtigt sind und die von der Hand in den Mund leben, sind vom ersten Tage an in grosser Not. Sie wohnen in den schlechtesten, weil billigsten unheizbaren Mansarden, und wenn sie auch diese nicht mehr bezahlen können, verkriechen sie sich nachts in die Ziegelöfen am Fuss des Uetlibergs und in leer stehenden Möbelwagen»[46], beschrieb Walter Egli die Lage bestimmter Besucher.

Unter dem Vorsitz des Sekretärs Edwin Wehrli bildete sich die Kommission «Arbeitslosendienst»: «Dieselbe setzt sich teilweise aus Arbeitslosen, teilweise aus pensionierten älteren Mitgliedern zusammen.»[47] In der kalten Jahreszeit stand den Gästen tagsüber ein Lese- und Arbeitszimmer, die sog. «Wärmestube», zur Verfügung.

Während der grossen Depression fanden sich an der Sihlstrasse auch vom Schicksal wenig verwöhnte Besucher ein, die den Glockenhof zuvor für sich als «zu schön» empfunden hätten. Zeitweise war der Ansturm auf die Wärmestube so gross, dass der CVJM Kirchenpflegen bat, ihre Gemeindehäuser zu öffnen, um den Glockenhof zu entlasten. In einem Brief an das Amt für Kriegswirtschaft beschrieb Ernst Franz Heidfeld 1940 rückblickend das Engagement: «Während der grossen Wirtschaftskrise, d. h. in den Winterhalbjahren 1931/32 bis 1936/37, waren die Räume täglich von 100 bis 250 Männern besucht, die wegen Arbeitslosigkeit oder aus andern Gründen sich kein eigenes, warmes Zimmer leisten konnten und die darum froh waren, bei uns geheizte Arbeitsräume zu finden. Durch die Wärmestube für Arbeitslose ist unser Haus in den sechs Jahren – wir dürfen wohl ohne Übertreibung sagen – Tausenden von Männern aller Altersstufen als eine Zufluchtsstätte bekannt geworden.»[48]

«Jeden Nachmittag, mit Ausnahme des Sonntags, verabreichten wir von da an eine Erfrischung bestehend aus zwei Tassen Kaffee

---
46 Egli, Walter, in: Egli, Edwin / Egli, Walter / Stutz, Jakob: Jubiläumsbericht 50 Jahre CVJM, 1937, S. 29
47 Egli, Karl: Unser Dienst, in: 45. Jahresbericht 1931/32, S. 4
48 Brief E. F. Heidfeld an das an das Amt für Kriegswirtschaft, 30. August 1940, Dossier Korrespondenz. Heidfeld ging von ähnlichen Bedürfnissen im kurz zuvor ausgebrochenen Krieg aus, die befürchtete Krise blieb jedoch aus.

und zwei Stück Brot, sie wurde für 10 Rp. abgegeben, um so den Leuten das Gefühl zu nehmen, als sei das Genossene ein Geschenk. Es ist selbstverständlich, dass von ganz Mittellosen nichts verlangt wird, Gugelhopf, Hefenkranz einer Bäckerei, Wienerli von einer Metzgerei geliefert, fanden als Extrazugaben dankbare Abnehmer.»[49] Was dies konkret bedeutete, zeigen die Rechenschaftsberichte der Genossenschaft: 1932 wurden 134 Kaffeeanlässe für Arbeitslose organisiert, etwa 15'700 Personen nahmen daran teil, 1933 waren es laut Rechenschaftsbericht Genossenschaft 1932/33 108 Kaffeeanlässe mit 17'100 Gästen.[50]

Der Glockenhof bot den arbeitslosen Männern ausser Wärme und kleiner Verpflegung auch intellektuelle Anregungen. Mancher Schwerarbeiter war es sich nicht gewohnt, seine Freizeit zu organisieren, und allen wurden die Tage lang. Warenhäuser und Spielwarenmagazine stifteten Spiele, einzelne Firmen sandten ihre Industriefilme, ein Unternehmen einen Radioapparat; im Geschäftsjahr 1931/32 beispielsweise hielten zudem über dreissig freiwillige Referenten Vorträge.[51]

1935 war kein Ende des Tunnels in Sicht: «Das hinter uns liegende Berichtsjahr war noch wesentlich unerfreulicher als das Vorjahr, da die Krisen-Symptome viel stärker zur Auswirkung gekommen sind. Wir haben einsehen müssen, dass es sich nicht um eine rasch vorübergehende Krise handelt, sondern dass wir uns auf einer immer noch weiter abwärts führenden Bahn befinden, deren Tiefstand noch nicht vorausgesagt werden kann.»[52] Tatsächlich erholte sich die Wirtschaft erst wieder und nur kurzfristig im Vorfeld des Zweiten Weltkrieges.

Die Dienstleistungen für die Arbeitslosen bedeuteten für die Angestellten im Glockenhof eine zusätzliche Belastung bei geringerer Besoldung. Im Hotel waren die Löhne um 10–20% gesenkt worden, selbst Karl Eglis Gehalt wurde gekürzt.[53]

---

49 Egli, Karl, in: 45. Jahresbericht 1931/32, S. 6
50 Rechenschaftsbericht Genossenschaft 1932 und 1933
51 Egli, Karl, in: 45. Jahresbericht 1931/32, S. 6
52 GV der Genossenschaft, 28. April 1936
53 GV der Genossenschaft, 30. Mai 1933

Der Nachruf auf den 1938 verstorbenen Hauswart Gottlieb Bosshard gibt beredtes Zeugnis von den Leistungen, welche die Mitarbeitenden des Glockenhofs in diesen Krisenzeiten erbrachten: «Die starke Tagesvermietung der Räume während der Krisenzeit und der Arbeitslosendienst hatten zur Folge, dass die ganze Reinigung und Umstellung statt einmal, oft zwei- bis dreimal im Tage erfolgen musste, sodass der Hauswart nachts sehr spät und müde zur Ruhe kam. In Krankheitszeiten, namentlich während der Grippe-Epidemie, in den Kriegs- und Nachkriegsjahren, haben viele unserer Pensionäre den ehemaligen Krankenpfleger von einer andren Seite her schätzen gelernt, wenn er als umsichtiger Helfer, neben den laufenden Arbeiten, den Dienst an den Krankenbetten besorgte. Seine einzige Erholung bildeten für ihn die Sommerferien, die er immer in den Bergen zubrachte und in vollen Zügen genoss.»[54]

Bosshard hatte seine Arbeit drei Monate vor Eröffnung des Glockenhofs 1911 aufgenommen. Er starb 53-jährig an einem Hirntumor.

---

54 Glocke, Nr. 4, 1938, o. S.

ZWEITER WELTKRIEG IM GLOCKENHOF

Der Ausbruch des Ersten Weltkriegs überraschte viele, auf den nächsten dagegen stellte sich die Schweiz bereits in den 1930er-Jahren ein. So fiel etwa die Bibelstunde vom 24. November 1937 infolge einer allgemeinen Verdunkelungsübung aus.[55] Im Mai 1938 bereiteten sich die Zürcher Behörden auf einen Luftangriff vor, der Glockenhof sollte einen Luftschutzwart bestimmen. Dies erwies sich als mühsam und liess künftige Schwierigkeiten erahnen: «Nach 27-jährigem Bestehen des Hauses ist im gegenwärtigen Moment eine Zeit da, wo eine Generation langjähriger treuer Angestellter altershalber ausscheidet.»[56] Der dienstfreie Hoteldirektor war neuerdings in Pension, der Concierge stand kurz davor, der Hauswart des Vereinshauses war eben gestorben, der Hausbursche Teil des Auszugs, der Portier invalid und Ausländer. Der vorgeschlagene Chef-Mechaniker Byron Ernst war den Behörden nicht genehm, weil militärdienst-

---

55 Glocke, Nr. 10, 1937, o. S.
56 Brief an das Luftschutz-Inspektorat, 6. Mai 1938, ohne Unterschrift auf Kopie, Dossier Korrespondenz

pflichtig, schliesslich kam ein Mitarbeiter zum Zug, der zwar nicht im Haus wohnte, aber im Ernstfall zur Verfügung stände.

Nach Hitlers Machtergreifung spricht der Jahresbericht von einer Epoche der Zeitenwende. Wenige Jahre zuvor waren alle zuversichtlich gewesen. Man glaubte an die «Morgenröte einer besseren Zukunft. Wir brauchen nur hinzuweisen auf die grossen Hoffnungen, die auf politischem Gebiet an die Namen Briand und Stresemann und auf wirtschaftlichem Gebiet an den eines Henry Ford geknüpft waren. Heute sehen wir uns gegenübergestellt den Zellen der Gottlosenbewegung. Der Nationalsozialismus ist übergesprungen auf breite Volksmassen.»[57] Mit zwei Kollegen besuchte Walter Egli 1934 die Jahrhundertfeier des CVJM in Bremen. Sie «erhielten dort allerlei Anschauungsunterricht punkto Nazi und CVJM»[58].

In der Grenzstadt Basel «waren die CVJM-Jugendabteilungen vom ‹rassigen› Zug jenseits der Grenze angesteckt worden». Sie nannten sich «Jungvolk» und trugen einheitliche Kleider. In Zürich liessen sich Seebach und Oberstrass mitreissen. «An den Landsgemeinden auf Regensberg traten in jenen Jahren, wo Jungvolk und andere zusammen kamen, starke Spannungen zutage.»[59] Allmählich wurde es wieder ruhiger – auch in Basel. Vorsichtig nahm der CVJM die Stimmung unter den Jungen auf und reagierte in seiner Jugendarbeit auf die Herausforderung: «Dem Zug der Zeit folgend, wird gegenwärtig stark der nationale Gedanke betont, ohne aber dabei auf Abwege zu geraten, die mit einer christlichen Einstellung unvereinbar sind.»[60]

Thema von Samstagabendveranstaltungen im Sommer 1938 war «Der moderne Angriff gegen den evangelischen Glauben und unsere Antwort». «Hier werden wir uns einmal gründlich auseinandersetzen mit den Angriffen gegen das Alte Testament, ferner mit allen Anfein-

---

57 Wehrli, Edwin: 46. Jahresbericht, 1932/33, S. 3–4. Der französische Aussenminister Aristide Briand und sein deutscher Kollege Gustav Stresemann hatten sich für eine deutsch-französische Aussöhnung eingesetzt.
58 Egli, Walter: 40 Jahre CVJM-Arbeit, 1958, S. 17
59 Egli, Walter: 40 Jahre CVJM-Arbeit, 1958, S. 17
60 Wehrli, Edwin: 46. Jahresbericht, 1932/33, S. 9

dungen, wie wir sie in Rosenbergs ‹Mythos des 20. Jahrhunderts› antreffen.»[61] Die Schrift des Ideologen Alfred Ernst Rosenberg (1893–1946) war 1930 erschienen. Sie forderte eine neue Religion des Blutes, die das Christentum von jüdischem Einfluss reinigen sollte. Mit dieser Vortragsreihe widersetzte sich der CVJM aus christlicher Sicht antisemitischen Strömungen.

Der Sommer 1939 mit der Landesausstellung in Zürich füllte endlich wieder Haus und Hotel. Zwar brachte der Grossanlass dem Sekretariat viel Mehrarbeit, doch herrschte trotz angespannter internationaler Lage Aufbruchsstimmung. Am 24./25. Juni fand in der grossen Halle der «Landi» der schweizerische Nationaltag der CVJM und CVJT [T = Töchter] statt. Sekretär Edwin Wehrlis Bruder, der Schriftsteller Paul Wehrli (1902–78)[62], hatte für den Anlass das Festspiel «Freiheit» geschrieben, «das von der Ausstellungsleitung nach langem Zögern abgelehnt wurde, weil es eine Spitze gegen die Nazi enthielt»[63]. In letzter Minute sprang die Union chrétienne mit einem allegorischen Spiel ein. – An der Juli-Sitzung der Genossenschaft «fällt noch kein Wort über die drohenden Wolken am politischen Himmel»[64]. Dann folgte Schlag auf Schlag.

Am 1. September überfiel Hitler Polen, vom 3. bis 5. September 1939 wurde die Schweizer Armee schrittweise mobilisiert. Wiederum veröffentlichte «Die Glocke» die Listen der eingerückten Mitglieder. Sekretär Walter Egli erinnerte sich: «Gegen Ende August des letzten Jahres [1939] hatte der Schreiber dieser Zeilen seine Ferien angetreten, als ihn schon am zweiten Tag die Nachricht von der Mobilisation der Grenztruppen erreichte. Sofort heimkehrend, kam er gerade dazu, wie eine Abteilung der Luftschutztruppe ins Glockenhaus einmarschierte, um für viele Wochen im Festsaal ein Stroh-Kantonnement [= Truppenschlafplatz] zu beziehen. Wir konnten noch in der Eile all jenen abberichten, die den Saal für Anlässe bestellt hatten, dann wurden auch

---

61 Glocke, Nr. 2, 1938, o. S.
62 Paul Wehrli begann seine Laufbahn als Schriftsteller früh im CVJM, für den er Theaterstücke schrieb und inszenierte. Bekannt wurde er mit den autobiografischen Romanen über die Familie «Wendel».
63 Egli, Walter: 40 Jahre CVJM-Arbeit, 1958, S. 25
64 Egli, Walter: 50 Jahre Glockenhaus, 1961, S. 8

wir drei Sekretäre, ein Sekretariatsangestellter und die zwei Hausburschen unter die Fahnen gerufen.»[65]

Die Belegung der Räumlichkeiten durch das Militär war für den CVJM eine unvorhergesehene wirtschaftliche Belastung. Schon in normalen Zeiten hatte man Mühe, finanziell über die Runden zu kommen, nun fiel von einem Tag auf den andern ein Grossteil der budgetierten Einnahmen weg. Ein Brief an das Luftschutz-Inspektorat schildert die Probleme: «Wir haben Ihnen schon in einem früheren Schreiben, mit welchem wir Sie um Wegnahme des Strohs ersuchten, dargelegt, dass wir nicht wie städtische Schulhäuser und andere öffentlichen Gebäude einen Einnahmen-Ausfall oder eine Spesen-Vermehrung aus Steuergeldern decken können. Wir haben eine sehr hohe Hypothek zu verzinsen, wofür wir auf die Einnahmen aus dem ‹Festsaal› sehr angewiesen sind. Wir haben nicht nur während der Belegung des Saales mit Gas-Schutztruppen, sondern auch noch einige Wochen nachher empfindliche Einnahmen-Ausfälle gehabt, da verschiedene Gesellschaften, die sonst zu unseren Stammgästen zählen, für ihre Veranstaltungen anderswohin gingen.»[66] Das Quartieramt der Stadt Zürich hatte wenig Gehör für die Sorgen des CVJM. Andere Organisationen verzichteten auf eine Entschädigung für ihre Dienstleistung während der Kriegsmobilisation: «Wir glauben daher auch mit Ihrem Entgegenkommen rechnen zu dürfen.»[67] Das Amt übernahm Beleuchtungs- und Reinigungs-, nicht aber die immensen Heizkosten.

Im Glockenhof richtete man sich so rasch wie möglich im neuen Alltag ein. Wie stets war die Frauengruppe für den Weihnachtsverkauf gerüstet.[68] Im ersten Kriegsjahr machten die Behörden den Frauen allerdings beinahe einen Strich durch die Rechnung: «Die unerwarteten Massnahmen des Kriegswirtschaftsamtes am Vorabend der Veranstaltung (Bezugssperre auf Wollsachen usw.) zwangen uns, eine Verschiebung ernstlich ins Auge zu fassen. Wir haben es dann doch

---

65 Egli, Walter: 53. Jahresbericht des CVJM 1939/40
66 Brief an das Luftschutz-Inspektorat, 5. März 1940, Autor vermutlich Ernst Heidfeld, Dossier Korrespondenz
67 Quartieramt der Stadt Zürich, Kaserne Zürich, 30. März 1940, Dossier Korrespondenz
68 Glocke, Nr. 11, 1939, o. S.; Glocke, Nr. 2, 1940, o. S.

gewagt, sahen aber mit bangem Herzen dem Ergebnis des Verkaufs entgegen, besonders als wir spüren mussten, dass viele Freunde zum vornherein annahmen, die Veranstaltung könne infolge der behördlichen Massnahmen nicht stattfinden.»[69] Trotz dieser Befürchtungen war gegen Abend Stand um Stand ausverkauft.

Eine Notiz beschreibt die Atmosphäre zwei Monate vor Hitlers Westfeldzug. Architekt Bloch und Ingenieur Zwicky von der Kreisdirektion Zürich der SBB sprachen am 8. März 1940 im Glockenhof vor. «Da im Kriegsfall alle Zürcher Limmatbrücken gesprengt würden und ein Verkehr vom rechten zum linken Ufer nicht mehr möglich sei», suchten sie für auf dem rechten Ufer wohnende SBB-Angestellte eine Kriegsunterkunft. Nach dem Rundgang durch das Haus waren sie sehr befriedigt, «nicht ganz befriedigt schienen sie von den Kellerräumlichkeiten»[70].

An der traditionellen – diesmal bescheideneren – Weihnachtsfeier 1940 spendeten die Anwesenden für die CVJM-Brüder in Finnland. Monatelang hatten sich die Finnen gegen die sowjetische Übermacht gewehrt. Die Schweizer empfanden tiefe Sympathie für das tapfere Volk im Norden, das trotz Niederlage seine Unabhängigkeit bewahrt hatte. Nach einer Ansprache von Professor Blanke und dem Musizieren von Chor und Orchester machten sich die Gäste auf den Heimweg: «Da kamen die ersten erschreckt in den Saal zurück. Draussen heulten die Sirenen, von unheimlichem Flugzeugdröhnen begleitet. Bomben flogen auf die Stadt, glücklicherweise ohne damals ernstlichen Schaden anzurichten.»[71] Nach einer Stunde ging es durch die «stockdunkle» Stadt nach Hause.

Die «geistige Landesverteidigung» war auch im Glockenhof Thema. Im Winter 1940 befasste sich ein Vortragszyklus mit «Gestalten und Gestalter der Eidgenossenschaft». «Da heute ein allgemeines Fragen nach der Schweizer Eigenart durch die Reihen unseres Volkes geht, lag uns daran, auch unsererseits etwas zur Klärung dieser Frage beizu-

---

69 Glocke, Nr. 2, 1940, o. S.
70 Dossier Korrespondenz
71 Egli, Walter: 40 Jahre CVJM-Arbeit, 1958, S. 26

tragen, und zwar so, dass wir die Grössten unseres Volkes nach ihrem Ziel und ihren Anliegen bei ihrem politischen Handeln fragten.»[72]

Im November 1940 legte der spätere Bundesrat Friedrich Traugott Wahlen (1899–1985) seinen Plan für die landwirtschaftliche Versorgung der Schweiz vor («Anbauschlacht»). Wo immer möglich wurden in der Folge Lebensmittel angebaut, so auch vor dem CVJM-Haus am Greifensee: «Der Spielplatz war während mehrerer Jahre durch die Anbauschlacht blockiert. Als auch der Glockenhof der Anbaupflicht unterstellt wurde, erfüllten wir sie dort draussen, aber nicht auf dem eigenen Land. Der Vorstand entschloss sich, mit der Durchführung von Landhilfelagern das Haus von der Aufgabe zu entlasten. 1943 hielt Sekretär Hans Walt mit je 20–40 militärisch aufgebotenen Jugendlichen Einzug, die tagsüber bei den Bauern zu arbeiten hatten und abends ins Haus zurückkehrten»[73], ein anspruchsvoller Auftrag, denn nicht alle Jugendlichen waren vom Einsatz begeistert.

Die finanzielle Lage blieb während des ganzen Krieges prekär: «Wir mussten 1940 die Gläubiger der 1. Hypothek und 1941 auch die Obligationäre um Stundung je eines Semesterzinses ersuchen.»[74] Einnahmen fielen weg, Ausgaben stiegen. Im ersten Kriegsjahr standen die Zimmer im Vereinshaus oft leer. Dann gelang es, sie an Soldaten im Urlaub zu vermieten, auch die Säle waren allmählich wieder gefragt. «Alles, was im Hotel und Vereinshaus einging, wurde fast gleichen Tages wieder ausgegeben.»[75] Die Angestellten warteten mehrmals während zwei bis drei Monaten auf ihr Gehalt.[76] Die Freunde im Hintergrund, selbst die weniger begüterten, halfen tatkräftig mit Spenden. Als ein weiterer Zinstermin für die siebenstellige Hypothek fällig war, erschien eines Morgens Jakob Wespi-Steiner, früherer Vereinspräsident und Mitglied des Hausvorstandes, auf dem Sekretariat: «und legte ein Bündel Tausendernoten auf den Tisch: ‹Da ist der Zins.› Er hatte einen

---

72 Glocke, Nr. 10, 1940, o. S.
73 Egli, Walter: 40 Jahre CVJM-Arbeit, 1958, S. 7
74 Egli, Walter: 50 Jahre Glockenhaus, 1961, S. 8
75 Egli, Walter: 50 Jahre Glockenhaus, 1961, S. 9/10
76 Egli, Walter: 50 Jahre Glockenhaus, 1961, S. 28

grossen Teil seiner Ersparnisse flüssig gemacht und wusste damals nicht sicher, ob er die Summe zurückerhalten würde.»[77]

Der akute Brennstoffmangel machte den Menschen das Leben schwer: 1939 verbrauchte der Glockenhof 385 Tonnen Kohle, 1941 erhielt er 234 Tonnen[78], 1942 noch 131 Tonnen, im [kalten!] Winter 1944/45 praktisch nichts mehr. Einzelne Firmen halfen, die Warmwasseranlage wenigstens teilweise zu elektrifizieren, bezahlt wurde dies in drei Jahresraten. «Ab 1943 war der Verwalter wöchentlich 1–2 Tage auf Brennstoffjagd. Wir mussten einen teuren Vergaser anschaffen, um alle möglichen Stoffe in Wärme umzusetzen. Oft standen Rollschemmel[79] der SBB-Wagen in der St. Anna-Gasse, aus denen Sägemehl ausgeladen wurde. Einmal, als wir zwei Tage überhaupt nichts hatten, machten wir eine Tour bei den Früchtehändlern und brachten einen grossen Lastwagen voll gebrauchter Gitterkörbe heim.»[80]

Die Behörden traten mit immer neuen Wünschen an die Bevölkerung heran. 1943 stand beispielsweise der Bau eines Luftschutzkellers zur Debatte. Architekt Burckhardt entwarf ein Projekt, doch gab es offenbar zu wenig Platz, um diesen Keller nach der Vorstellung der Behörden zu verwirklichen.

Während der fünf Kriegsjahre betreute Edwin Wehrli die Zürcher Kreisstelle der CVJM-Militärkommission. Mit Pfarrer Wilhelm G. L. Bernoulli (1904–80) und ein bis zwei Hilfskräften sowie einigen Freiwilligen wurden die Soldatenstuben und militärischen Einheiten der Kantone Zürich, Schaffhausen, Glarus, Zug und Schwyz mit Schreibmaterial, Lesestoff und Spielen beliefert. In den Tagen der zweiten Mobilmachung verliessen beispielsweise täglich 60–90 Pakete das Haus. «Die Übernahme der Arbeit für die Schreib- und Lesestuben

---

77 Egli, Walter: 50 Jahre Glockenhaus, 1961, S. 28
78 Dies entsprach ungefähr der Menge, um die E. Heidfeld das Amt für Kriegswirtschaft in einem Brief vom 30. August 1940 gebeten hatte: Ersuchen um Zuteilung von 75–80% des letztjährigen Bedarfs. Dossier Korrespondenz
79 Rollschemel oder Rollböcke dienten zum Transport von Eisenbahnwagen auf anderen Spurweiten. Waren Rollschemel mit der nötigen Anzahl von kleinen Rädern ausgerüstet, konnten Eisenbahnwagen auf der Strasse im sogenannten «Haus-zu-Haus-Verkehr» bewegt werden.
80 Egli, Walter: 50 Jahre Glockenhaus, 1961, S. 10

für Soldaten bringt unserem Verein grössere finanzielle Lasten, weshalb wir gezwungen sind, einen dringenden Appell an alle diejenigen zu richten, die mit uns der Ansicht sind, dass der CVJM in Kriegszeiten eine besondere Mission zu erfüllen hat.»[81] Noch und noch fanden sich Freunde, die einsprangen, um die dringendsten Löcher zu stopfen.

Die Zürcher erledigten jedoch nicht nur den Versand, sondern besuchten auf Inspektionsfahrten auch die Leiterinnen und Leiter der belieferten Soldatenstuben, um sich ein Bild von den Bedürfnissen zu machen. Nach der Verlegung der Internierten[82] in die Ostschweiz wurden auch diese von Zürich aus versorgt. Um welche Mengen Material es jeweils ging, zeigen die Zahlen für die ersten 7 ½ Monate: «In der Zeit vom 13. Oktober 1939 bis 30. Juni 1940 verschickten wir in 5493 Paketen: an Schreibmaterial: 1'445'702 Briefbogen, 1'212'987 Kuverts, 237'048 Feldpost- und Ansichtskarten, 785 Schreibunterlagen, 655 Federhalter, 2483 Federn, 220 Tintenfläschchen, 597 Bleistifte; an Lesestoff: 2740 Bücher, 1903 ‹Gute Schriften›, 309 Zeitungssendungen, 531 Soldaten-Liederbüchlein, 4210 Flugblätter, 4391 Kalender, 2329 Soldatenbüchlein von Pfr. Epprecht, 1849 Bibelteile; an Spielen: 1011 diverse Tischspiele, darunter ca. 300 Schach.»[83]

Nach diesen Jahren der Sorge und des Bangens hoffte man auch im Glockenhof im Frühling 1945 auf ein rasches Ende der Feindseligkeiten: «Wenn nicht alle Zeichen trügen, geht der Krieg seinem Ende zu», schrieb die «Glocke» vom April/Mai 1945 erwartungsvoll. Bereits wurden Zukunftspläne geschmiedet. Der Nationalpräsident des CVJM regte Schulungskurse für einen möglichen Auslandaufenthalt der Mitglieder an. Die Zukunft hatte begonnen.

---

81 Glocke, Nr. 1, 1940, o. S.
82 Als Internierung wird die Unterbringung ausländischer Militär- oder Zivilpersonen in von der Armee verwalteten Lagern bezeichnet. Historisches Lexikon der Schweiz, Bd. 6, S. 668
83 Glocke, Nr. 7, 1940, o. S.

Verena E. Müller

DER CVJM – EINE ZWEITE HEIMAT?

In Erinnerungen und Nachrufen für verstorbene Mitglieder wird der CVJM oftmals zur «zweiten Heimat.» Die bildhaftesten Worte fand wohl Jakob Wespi-Steiner. Für ihn war der Verein nicht nur «zweite Heimat,» sondern gar «der Weg zum Glück».[1]

Zahlreiche Männer hielten dem Werk während Jahrzehnten und Familien gar über mehrere Generationen hinweg die Treue. Sie brachten in verschiedensten Funktionen und Kommissionen als Ehrenamtliche ihr Wissen ein und waren bereit, für die gute Sache erhebliche finanzielle Opfer auf sich zu nehmen. «Rückblickend dürfen wir dankbar bezeugen, dass Gott unserem Werk immer wieder Männer gab, die sich rückhaltlos in seinen Dienst stellten, die ihre Liebe und ihre Kraft der Aufgabe widmeten, zu der sie sich berufen wussten, und die die Gaben, die ihnen verliehen waren, als Verpflichtung zum Dienst anerkannten»[2], unterstrich 1937 Walter Pfister (1902–1986), damals Präsident des CVJM.

---

1 Wespi, Jakob, in: Egli, Edwin / Egli, Walter / Stutz, Jakob: Jubiläumsbericht 50 Jahre CVJM, 1937, S. 42
2 Pfister, Walter, in: Egli, Edwin / Egli, Walter / Stutz, Jakob: Jubiläumsbericht 50 Jahre CVJM, 1937, S. 3

Ohne das Engagement dieser erfahrenen, im Wirtschaftsleben erfolgreichen Kaufleute wären die Existenz und das reichhaltige Angebot des CVJM von Anfang an unmöglich gewesen. «Vollständig ehrenamtlich wirkten alle Ausschuss-Mitglieder; sie kannten keine andere Entschädigung als die Freude, dem ihnen ans Herz gewachsenen Werk dienen zu dürfen [...] In christlicher Haltung achteten sie auf Befolgung fachlicher und kaufmännischer Grundsätze und standen den leitenden Angestellten als väterliche Freunde und Vorgesetzte zur Seite.»[3] So die anerkennenden Worte Walter Eglis für seine ehrenamtlich tätigen Vorgesetzten. Während Jahrzehnten opferten diese Männer dem Werk ihre Freizeit und mobilisierten bei Bedarf ihr Beziehungsnetz. Besonders in wirtschaftlich schlechten Zeiten war ihr zeitlicher und materieller Einsatz für den CVJM eine Überlebensfrage. In der Regel wollten Gönner in evangelischer Bescheidenheit nicht namentlich genannt werden. Es lässt sich deshalb nur ausnahmsweise eruieren, welche Freunde während Jahrzehnten bereit waren, noch und noch Defizite zu decken oder Engpässe zu überbrücken.

In den ersten Jahrzehnten seines Bestehens war das Engagement für den CVJM in gewissen Zürcher Kreisen quasi Familiensache. Auf Vater Louis Rahn-Bärlocher folgte sein Sohn Victor Conrad. Hermann Eidenbenz, der Mitgründer des CVJM, war während der Bauphase des Glockenhofs im Vorstand des Freien Gymnasiums, einer seiner Söhne im Beirat, sein Schwiegersohn Georg Mousson-Eidenbenz im Vorstand des CVJM. Auch aus der Metallfirma Pestalozzi am Münsterhof kamen Persönlichkeiten, welche die Geschichte des CVJM mitprägten. Friedrich Otto Pestalozzi war von 1904 bis zu seinem Tod Beiratspräsident. Aus seiner Feder stammte das Festspiel zur Eröffnung des Glockenhofes, «die Geisterweihe». Von seinem Sohn Rudolf wird noch die Rede sein. Sein Verwandter Fritz Burckhardt-Pfisterer prägte seinerseits während Jahrzehnten die Politik der Genossenschaft, an der Eröffnung des Glockenhofes sprach er als Vereinspräsident. August Bruder (1893–1972) arbeitete als Prokurist in der Firma Pestalozzi. – Auch der erste

---

3   Egli, Walter / Weissenberger, Hans: 50 Jahre Glockenhof, 1961, S. 13

Abschrift.

Zürich V, 15. Mai 1912.
36, Eidmattstrasse

An die Act. Ges. Leu & Co.

Zürich I.

Hiemit bringe ich Ihnen zur Kenntnis, dass ich dem Christl. Verein junger Männer Zürich I, Sihlstrasse 33 einen Betrag von Fr. 50.000.- der von mir gezeichneten Obligationen der Genossenschaft zum Glockenhof Zürich I schenke.

Diese Schenkung ist an die Bedingung geknüpft, dass mir, beziehungsweise, falls ich vor ihr sterben sollte, meiner Ehefrau Anna Egli-Schneider von Zürich der jährliche Zins obiger Summe zu 4½ % p.a. bis zu Beider Ableben auf die Verfalltermine 1. Januar und 1. Juli vergütet wird. Da Sie für diese Obligationen den Coupondienst übernommen haben, ersuche ich Sie, mir zu bestätigen, dass Sie von Vorstehendem Kenntnis genommen haben und für die Ausführung dieser Vereinbarung sorgen werden.

Der Christliche Verein junger Männer wird Ihnen diese Abmachung seinerseits bestätigen.

Die Obligationentitel lege ich diesem Schreiben bei und ersuche Sie, mir deren Empfang für Rechnung des Christl. Vereins junger Männer bestätigen zu wollen.

Hochachtend

sig. Friedrich Egli.

46 Schenkungsschreiben Friedrich Egli 1912 (Beruf Kaufmann). Archiv Glockenhof

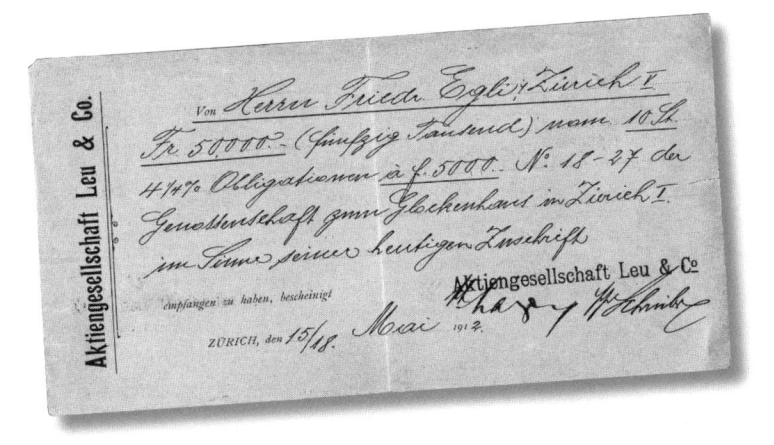

47 Schenkungsschein zu Fr. 50'000.-, Bank Leu & Co gez. Friedrich Egli(-Schneider) vom Mai 1912. Archiv Glockenhof

Laut Zürcher Steuerregister 1912, steuerbares Einkommen (E) und Vermögen (V), in Fr.: Schenkender Friedrich Egli mit E zu 9'000.– und V zu 215'000.–; Pfarrer der St. Anna-Kapelle mit E zu 5'000.– und V zu 39'000.–; Schneidermeister (Zwinglistr. 28) mit E zu 1'500.– und V zu 0.–.

Präsident der Turnsektion und der Genossenschaft Restiberg, Jakob Bremi-Uhlmann (1858–1940), entstammte einer Dynastie, die sich seit Jahrzehnten für CVJM-nahe Anliegen einsetzte. Sein Grossvater Johann Jakob Bremi-Wolf (1791–1857) kämpfte als Mitglied der «Christlichen Gesellschaft» für «die sonntägliche Erholungszeit der Gesellen und Lehrknaben»[4]. Bremis Vater Heinrich Bremi-Waser bewegte sich im Umfeld von David Kölliker und lud Gruppen von Vereinsmitgliedern zu sich nach Hause ein.[5] Jakob Bremi trat schon im Gründungsjahr dem CVJM bei. – All diese wichtigen Zürcher Familien hatten teils enge Beziehungen zur Evangelischen Gesellschaft und waren in zahlreichen karitativen christlichen Institutionen engagiert.

Der CVJM zog jedoch nicht nur «alte» Zürcher in seinen Bann. Beispielhaft ist etwa die Laufbahn Jakob Wespi-Steiners (1871–1945), der im CVJM «den Weg zum Glück» gefunden hatte. Er kam als armer Bursche vom Land in die Stadt, fand Arbeit bei einer Seidenfirma und gleichzeitig Anschluss im drei Jahre zuvor gegründeten CVJM. Karl Egli,

---

4 Egli, Karl: 75 Jahre Jugendarbeit, 1925, S. 5; siehe auch Historisches Lexikon der Schweiz, Bd. 2, S. 681
5 Egli, Karl: 75 Jahre Jugendarbeit, 1925, S. 46

48 Jakob Wespi-Steiner, Vereinspräsident 1920–1936.
Archiv Glockenhof

der spätere Generalsekretär, wurde sein bester Freund. Schon als Sekretär Fröhlich im April 1895 in den Militärdienst einrückte, «übernimmt [Hr. J. Wäspi] die Sprechstunde von 1–2, da er im Vereinshaus isst». Karl Egli betreute dann die Sprechstunde von 7–10.[6] Der CVJM durfte stets auf Wespis Dienste zählen: 1911–23 war er Mitglied der Unterrichtskommission, 1920–36 Vereinspräsident, 1929 wurde er in den Ausschuss gewählt. In finanziellen Notfällen war Jakob Wespi-Steiner zur Stelle. Im Jahr 1938 belief sich sein Darlehen an das Werk auf 30'000.– Fr., mitten im Krieg war er bereit, einen Grossteil seiner Ersparnisse zu riskieren.

Ferner sei die CVJM-Biografie des Versicherungsdirektors Ernst Heidfeld (1877–1943) angeführt. Sein Beitrittsgesuch vom 1. Februar 1895 ist typisch für jene Zeit: «Gehöre dem Verein seit Oktober 1892 als Mitglied der jüngeren Abteilung an. Da ich nun im Laufe dieses Monats das 18. Altersjahr zurücklege und aus genannter Abteilung austreten muss, so bitte ich Sie höfl. meinem Gesuche freundl. entsprechen zu wollen. Ich will den Statuten getreulich nachleben und glaube auch, Sie versichern zu dürfen, dass ich mich dem Vereine widmen werde mit allen meinen Kräften. Ich habe schon so viel Gutes von Ihrem Verein empfangen, dass ich es als meine Pflicht erachte den Verein, so viel an mir liegt, zu unterstützen.»[7]

---

6   Classeur 1887–1899
7   Classeur 1887–1899

Der Gesuchsteller hatte nicht zu viel versprochen: 45 Jahre lang war er Mitglied des CVJM, davon 1915–1922 Vorstandsmitglied, 1913 Mitglied des Ausschusses der Genossenschaft zum Glockenhaus, Vorstandsmitglied 1915–1922. Er engagierte sich für die Knabenabteilung (Mitleitung), die Gesangs- und Turnsektion, die Männerriege. 1928 wurde er Beirat, 1941 Präsident der Hauskommission und war zuständig für betriebstechnische Fragen von Hotel und Vereinshaus, während des Krieges ein mühevolles Amt.[8] Regelmässig griff Ernst Fritz Heidfeld tief in die eigene Tasche. 1944 verzichteten gar seine Hinterbliebenen auf die Darlehensschuld von 30'000.– Fr. An der Generalversammlung vom 25. April 1944 würdigte der Vize-Präsident, Julius Reutter, den Verstorbenen: «Es war sein unerschütterlicher Glaube, dass dieses Unternehmen nicht untergehen werde, weil es ein Werk Gottes sei.»

Frauenkomitee, Glockenhausverein und Gönnerinnen

«Schon an der Glärnischstrasse trat ein Kreis von Freundinnen unseres Werkes als Frauenkomitee zusammen, das sich zur Freude machte, an grösseren Anlässen, an der Jahresfeier und zu Weihnachten, uns den Tisch festlich zu schmücken und vielfach auch als Gastgeberin uns zu bewirten. Es liess sich stets die Ausschmückung unserer Räume angelegen sein, schenkte uns eine Schreibmaschine aufs Sekretariat oder verhalf uns zu einem Vervielfältigungsapparat.»[9]

Das Frauenkomitee leistete mehr als ein bisschen Tische dekorieren. Den ersten Bazar organisierte es an der Glärnischstrasse zur Deckung des grossen Defizits von 1899. Nach dem Umzug in den Glockenhof folgte im November 1911 ein weiterer Bazar, um die notwendigen Mittel für die Möblierung des Vereinshauses sicherzustellen.[10] Für die Arbeitslosenweihnachtsfeier 1914 zählte der

---

8   Glocke, Nr. 5, 1943, o. S.
9   Egli, Karl: 75 Jahre Jugendarbeit, 1925, S. 37. Hinweis auf die Gründung der Damenversammlung im Protokoll der Vorstandssitzung vom 7. Dezember 1894: Frau Usteri-Pestalozzi leitete die erste Versammlung. Der Vorstand setzte sich aus folgenden Damen zusammen: Frau Landolt-Trümpler, Frau Hirzel-Burkhard, Frau Lehrer Keller, Frau Pfister und Fräulein F. Pestalozzi.
10 Egli, Karl: 75 Jahre Jugendarbeit, 1925, S. 37

Verein wiederum auf die Frauen: «Die Kosten für die Bewirtung übernimmt das Frauenkomitee.»[11]

Mit Gottvertrauen budgetierte der Verein in der Kriegs- und Zwischenkriegszeit regelmässig Defizite. Ende Januar 1922 belief es sich auf 10'042.63 Fr.[12] Ein Herbstbazar des Glockenhausvereins, der damals rund hundert Mitglieder zählte, sollte die Sache richten, doch es fand sich kurzfristig ein Gönner. Im folgenden Frühling war der Zentralvorstand damit einverstanden, dass die Frauen dennoch einen Bazar organisieren: «Unser Glockenhaus-Frauenverein hat sich entschlossen, doch einen Bazar durchzuführen und zwar zu Gunsten der Ausdehnung wichtiger Arbeitsgebiete unseres Vereins, wie z. B. die Knaben-Arbeit und die Pflege der Leibesübung innerhalb des Vereins.»[13] Der Anlass fand vom 3. bis 4. Oktober im Glockenhof statt und erbrachte den beachtlichen Ertrag von 13'120.– Fr., den der Vorstand «bei der Kreditanstalt an Zins»[14] legte. «Der geschmackvoll eingerichtete, in einen grossen Bazar umgewandelte Festsaal, bot am Vorabend der Eröffnung ein prachtvolles Bild und bildete ein beredtes Zeugnis für den Eifer und das Geschick, mit welchem das Bazarkomitee die ganze Veranstaltung in die Wege geleitet hatte.»[15]

Seit 1936 trafen sich Freundinnen des Glockenhof-Werks alle vierzehn Tage, um Handarbeiten zugunsten des CVJM herzustellen. Dieses kleine Lager von Wollsachen verkauften sie am 6. November 1937 im Zwinglisaal. «Wir wollen selbstverständlich keinen Bazar mit all seinen Umtrieben durchführen, sondern lediglich unseren Mitgliedern und ihren Angehörigen Gelegenheit geben, sich in allerlei nützlichen Wollsachen für den Winter bei uns einzudecken.»[16] Hier ist ausnahmsweise einmal die Rede von der Belastung, die das Organisieren eines Bazars bedeutete. Der Beitrag aus dem Strickwarenverkauf an das erhebliche Defizit betrug 843.– Fr.

---

11 Protokoll Vorstandssitzung, 30. November 1914
12 Protokoll Vorstandssitzung, 17. Februar 1922
13 Protokoll Vorstandssitzung, 8. März 1923
14 Protokoll Vorstandssitzung, 9. Oktober 1923
15 Egli, Karl: 37. Jahresbericht 1923/24 des CVJM Zürich 1
16 Glocke, Nr. 9, 1937

49 Bazar im Glockenhof in der Turnhalle, undatiert, um 1911. Archiv Glockenhof

Für den grossen Bazar 1923 nahmen zahlreiche Frauen an ihrer Wohnadresse dazu Naturalspenden entgegen. Im entsprechenden Inserat finden sich viele prominente Zürcher Familiennamen. Es ist zu vermuten, dass es sich meist um die Gattinnen der Gönner-Freunde handelte. Seit den Anfängen des Glockenhauses präsidierte beispielsweise Fritz Burckhardt-Pfisterers Frau Hanna (1874–1954) den Glockenhausverein.[17] Frauen aus der Zürcher Gesellschaft waren «unterstützende Mitglieder», so etwa Frau Bodmer-von Muralt, Frau A. Schoeller und Frau Professor Schüle-Locher.[18] Als Nanny Usteri-Faesi 1954 starb, spendete der Glockenhausverein einen Satz «Mein Lied» und neue Kirchengesangbücher.[19]

In finanziellen Belangen war auf die Frauen offenbar Verlass. Immer wieder zeichneten auch alleinstehende Personen Obligationen, selbst bei Legaten wurde der CVJM berücksichtigt. Wenige Beispiele müssen

17 Beileidsschreiben, 25. Mai 1954, ohne Unterschrift, Dossier Korrespondenz
18 44. Jahresbericht 1930/31, S. 41
19 Vgl. Programm CVJM Zürich 1, Mai–Juni 1954

BAZAR

zu Gunsten des Ausbaues des Jugendwerkes vom Christlichen Verein junger Männer im Glockenhaus, Zürich 1

Anfang Oktober 1923

Es werden hauptsächlich Gaben erbeten für Stände von:

Lebensmitteln,
Haushaltungsgegenständen aller Art (Geschirr, Körbe etc.)
Weisswaren, Schürzen, Strümpfen, Stoffen etc.
Praktischen Handarbeiten
Blumen, Früchten, Gemüse
Büchern, Papeterien
Spielsachen
Nützlichen Gegenständen aller Art
sowie kleineren Gaben für den Glückssack

Gaben nehmen in Empfang:

Frau Bosch-Schaufelberger, Kirchgasse 22
" Bremi-Uhlmann, Zwingliplatz 1
" Burckhardt-Pfisterer, Kraftstrasse 30
" Coradi-Stärkle, Stapferstrasse 11
" Eidenbenz-Pestalozzi, Zürichbergstrasse 17
" Sekretär Egli, Glockenhof
" Falkeisen-Escher, Seilergraben 1
" Pfarrer Fueter, Kantstrasse 17
" Gerwer-Widmer, Rigistrasse 14
" Goessler-Amos, alte Landstr. 149, Kilchberg
" Dr. Hefti-Spitzbarth, Brunaustrasse 6
Fräulein Herder, Kuttelgasse 8
Frau Hirzel-Zuppinger, Zeltweg 87
" Dr. Hotz, Freigutstrasse 20
" Locher-Senn, Münsterhof 18
" Meili-Epprecht, Fraumünsterstrasse 23
" Muggli-Jucker, Nägelistrasse 8
Fräulein Berta von Orelli, zum Thalhof
" Nanny Pastalozzi, Herzogstrasse 9
Frau Rieter-Bodmer, Rietberg
" Schaufelberger-Hotz, Gotthelfstrasse 4
" Dr. Schindler-Stockar, Zeltweg 15
" Schläpfer-Stockar, Gotthardstrasse 35
" Schmidt-Dünner, Sihlstrasse 24
" Schuppisser-Wild, Pilatusstrasse 12
" Professor Schüle, Büchnerstrasse 8
" Sprüngli-Schifferli, Kilchberg
Fräulein E. Sulzer, Freiestrasse 130
Frau Syz-Schindler, Schanzengasse 1
Fräulein Isabella Syz, Steinwiesstrasse 40
Frau Usteri-Faesi, Seewartstrasse 28
" Walthard, Nidelbad-Rüschlikon
" Wiegner-Isler, Rämistrasse 60
" Oberst Wille-Rieter, Schulhausstrasse 19

4219

50 1923 Bazar-Inserat. Archiv Glockenhof

genügen: 1913 Pauline Escher selig, 2000.– Fr.[20]; 1924 Fräulein von Mey 1800.– Fr.; Frau Landolt-Trümpler 300.– Fr.[21]; 1930 Frau Regierungsrat Streuli-Rüsch, 20'000.– Fr.[22]

Eine herausragende Gönnerin des CVJM war Berta Rieter-Bodmer († 1938). In der Enge bewohnte sie die ehemalige Villa Wesendonck, das heutige Rietbergmuseum. Nach dem frühen Tod ihres Gattes, des Unternehmers Fritz Rieter (1849–1896), wurde sie zur christlichen Mäzenin: «Das Haus blieb zwar weiterhin gastfreundlich und grosszügig, aber in ihrer Trauer empfand es die junge Witwe als ihre Aufgabe, Leben und Besitz in den Dienst christlicher Nächstenliebe zu stellen. ‹Mondäne› Gesellschaftsanlässe wichen Wohltätigkeitsveranstaltungen, Missionsfesten und christlicher Diakonie.»[23] Der Rieterpark war Schauplatz eines für den CVJM entscheidenden Ereignisses: Am Jahresfest der Evangelischen Gesellschaft im Rieterpark im September 1905 teilte Bankier Louis Rahn-Bärlocher, seinerseits Mitglied des Kuratoriums der Mathilde Escher Stiftung, dem Sekretär Karl Egli mit, der Weg sei für den Kauf des St.-Anna-Areals frei. – Berta Rieter-Bodmer blieb dem CVJM verbunden, der Vorstand rechnete mit ihrer Grosszügigkeit, etwa, als er im April 1914 in Wollishofen einen Spielplatz kaufen wollte: «Man fragt Frau Rieter-Bodmer wegen Zeichnung eines Beitrages.»[24] – Im September 1928 organisierte sie eine Einladung zugunsten des Weltbundes des CVJM: «Sodann wird bei Frau Rieter-Bodmer eine Salonversammlung stattfinden, an der versucht wird, die anwesenden Gäste für das Werk des Weltbundes zu interessieren. An dieser Salonversammlung werden sprechen Pfr. Koechlin, Dr. Müller und Sekretär Sartorius. Vom Ergebnis dieser Sammlung sind 20% für unser Werk bestimmt.»[25] Es kamen rund 60 Personen, die 3400.– Fr. spendeten.[26]

---

20 Protokoll Vorstandssitzung, 4. Juli 1913
21 Protokoll Vorstandssitzung, 14. Oktober 1924
22 Protokoll Vorstandssitzung, 20. Oktober 1930
23 Wille, Jürg: Rieter, in: Langer, Axel / Walton, Chris: Wesendonck, 2002, S. 173
24 Protokoll Vorstandssitzung, 2. April 1914
25 Protokoll Vorstandssitzung, 21. September 1928
26 Protokoll Vorstandssitzung, 23. November 1928

Mit der Zeit erfüllten Frauen auch verschiedenste Funktionen im Glockenhof: Seit 1924 war die ledige Anna Suter Hausmutterstellvertreterin im Vereinshaus; die ebenfalls unverheiratete Anna Burkhardt wirkte ab 1940 als Hausmutter. Auch das Hotel war teilweise eine weibliche Domäne: «Töchter» waren für Zimmerputzen, Reinigungsarbeiten und Service zuständig.

In den 1950er-Jahren lagen den üblichen Einzahlungsscheinen Talons bei, mittels deren man sich für eine Mitarbeit beim Verein anmeldete. Während die Männer aus verschiedenen Kategorien von Mitgliedschaften auswählen konnten, waren die Optionen für Frauen auf Mitarbeit beim Bazar sowie Mithilfe bei Anlässen oder in Ferienlagern beschränkt.[27] Dennoch gab Walter Egli 1958 seiner Wertschätzung Ausdruck: «Die CVJM-Frauen haben uns schon oft beschämt. Es wurde uns schon gesagt, dass wir auf diese Anstrengung [Bazar] verzichten könnten, wenn wir es besser verstünden, die City-Lage des CVJM-Hauses finanziell auszubeuten. Die Frage an sich kann hier nicht erörtert werden. Aber wir möchten diesen Anlass um keinen Preis missen.»[28]

Konflikte und Enttäuschung

In der Regel bedeutete eine langjährige Arbeit für den CVJM Freude, Bereicherung und Erfüllung. In Ausnahmefällen aber führte sie zu tiefer Enttäuschung, ja zur Tragödie, insbesondere, wenn – oder gerade weil – sich der Betroffene voll und ganz mit den Idealen des CVJM identifiziert hatte. An dieser Stelle ist nicht die Rede von der Jugendrevolte, der den CVJM am Ende des Ersten Weltkrieges erschütterte. Zwar beschäftigte dieser Vorfall den CVJM noch Jahre, doch war der eigentliche Unruhestifter der damalige Zeitgeist.

Fühlte sich dagegen jemand plötzlich aus der Gemeinschaft ausgestossen, für die er lange Jahre gearbeitet oder für die er gar gelebt hatte, waren die Auswirkungen schmerzlich. Zwei Schicksale zeigen

---

27 70. Jahresbericht 1956/57
28 Egli, Walter: 40 Jahre CVJM-Arbeit, 1958, S. 29

auf, was es für ein engagiertes Mitglied bedeutete, den CVJM-Boden unter den Füssen zu verlieren. Gleichzeitig illustrieren sie, welch ungemeine Faszination der CVJM auf Menschen ausübte. «Ein so weites Arbeitsfeld fand ich sonst in keinem Verein und keiner Partei»[29], bekannte Rudolf Pestalozzi bei seinem Rücktritt.

Georg Konrad Mousson (1872–1922) lernte den CVJM als Sprachschüler kennen. Der junge Kaufmann bildete sich danach in Bradford und Madrid weiter und machte ab 1896 wiederum begeistert in der Unterrichtskommission mit. Als designierter Hoteldirektor war er Mitglied der Zentralbau-Kommission und hatte eine Schlüsselstelle beim Bau des Glockenhofes. Selbst seine erste Gattin, Sophie Julie, stammte aus dem CVJM-Umfeld, war sie doch die Tochter des Gründers Hermann Eidenbenz. – Georgs älterer Bruder Adolf Mousson (1869–1934) amtete von 1911 bis 1934 als Pfarrer in St. Anna.

1911–1921 leitete Georg Mousson das Hospiz/Hotel. Es war sein Unglück, dass ihm kurz nach Amtsantritt der Erste Weltkrieg das Geschäft gründlich verdarb. Während einiger Jahre erwirtschaftete er keinen Gewinn, weshalb er bei der Genossenschaft in Ungnade fiel. Das Hotel war ja gegründet worden, um mit dem Gewinn die Vereinsaktivitäten zu finanzieren.

Auch privat trafen Mousson Schicksalsschläge: 1913 starb seine erste, 1918 seine zweite Gattin. Nachdem ihm die Genossenschaft die Kündigung nahegelegt hatte, beschwor er in einem langen, undatierten Rechtfertigungsbrief die Verantwortlichen, ihn weiter zu beschäftigen, ein Leben ohne «das Werk» war für ihn undenkbar: «[…] obschon ich mit 48 Jahren und nachdem ich meine besten Jahre der Sache gewidmet, sehr schwer wieder meinen Weg finden würde […]. Ich bin so mit allen Lebensfasern mit diesem Werke verbunden, dass ich mir mein Leben ohne dasselbe kaum vorstellen kann, ich bin auch jetzt noch, trotz der abgenötigten Kündigung sofort bereit, die schwere Arbeit weiterzuführen […]»[30] Trotz dieser be-

---

29 Glocke, Nr. 8, 1916, S. 59
30 Brief Georg Mousson an die Mitglieder des Vorstands Genossenschaft zum Glockenhaus, o. D., Genossenschaft zum Glockenhaus, Rechenschaftsbericht, 1921

schwörenden Worte waren die Zuständigen davon überzeugt, die Hospizleitung einer neuen Kraft anvertrauen zu müssen. Am 28. April 1922 setzte Georg Mousson seinem Leben in Herisau ein Ende. Diskrete Andeutungen in späteren Protokollen lassen vermuten, dass gewisse Genossenschafter im Nachhinein an der Notwendigkeit der Entlassung zweifelten.

Etwas weniger tragisch verlief der zweite Konflikt. Auch Rudolf Pestalozzi (1882–1961) war mit verschiedenen Männern in Schlüsselpositionen des CVJM nahe verwandt. Sein Vater, Friedrich Otto Pestalozzi, Ehrenmitglied des CVJM, war während Jahrzehnten eine der wichtigsten Stützen des Vereins. Er blieb dem Werk treu, als sich der Sohn im Mai 1916 mit Eclat zurückzog. Rudolf Pestalozzis Gattin war eine Enkelin des CVJM-Gründers Hermann Eidenbenz, sein Schwager dessen Sohn. Ein Verwandter, Friedrich Burckhardt-Pfisterer (1874–1950), seinerseits Ehrenmitglied des CVJM, war seit 1911 gemeinsam mit Rudolf Pestalozzi Teilhaber der Familienfirma und jahrzehntelang Präsident der Genossenschaft zum Glockenhaus.

Rudolf Pestalozzi hatte das Freie Gymnasium besucht, Lehrjahre in Neuenburg, London und Berlin verbracht und war 1905 in die väterliche Eisenhandlung am Münsterhof eingetreten. Wie Mousson begann er seine Arbeit für den CVJM als Mitglied der Unterrichtskommission, aus der er im Oktober 1909 zurücktrat. «Wenn ich auch seinen Entschluss sehr bedaure, begreife ich wohl, dass er auch seinen Verpflichtungen als Vorstandsmitglied und nicht zum mindesten als Präsident der sich stets entwickelnden ‹sozialen Gruppe› etc. einer übermässigen Zersplitterung in seiner Vereinstätigkeit vorbeugen möchte und beantrage ich, unserem Freund den geäusserten Wunsch zu gewähren»[31], schrieb Kommissionspräsident Victor C. Rahn.

Die von Rudolf Pestalozzi präsidierte «Soziale Gruppe» entstand 1906 vor dem Hintergrund eines grossen gesellschaftlichen Umbruchs. Täglich wuchs die Stadt, Zuwanderer hatten enorme Probleme, die Sozialdemokratie erstarkte. Am 12. Juli 1912 erlebte Zürich den ersten

---

31 2. Protokollbuch Unterrichtskommission, Circular vom 30. Oktober 1909

51 *Rudolf Pestalozzi (1882–1961). In: Pestalozzi & Co.: 150 Jahre Eisenhandel, Zürich 1938, S. 31*

Generalstreik. Die Gruppe um Pestalozzi «sah seit Langem mit Sorge und innerer Verpflichtung die grosse Kluft zwischen dem Zürcher Bürgertum und dem damals noch ausgesprochenen Proletariat»[32]. Einmal monatlich sprachen am Samstagabend[33] prominente Referenten wie der Historiker von Greyerz, Zuchthauspfarrer Altherr und 1912 selbst der Theologe Leonhard Ragaz (1868–1945) über die soziale Verantwortung der bürgerlichen Besucher. Unter den Zuhörern fanden sich auch «viele Jungkommunisten, die in der Diskussion mit Vorwürfen nicht kargten»[34]. «Klar war den Veranstaltern der Abstand zwischen Wollen und Vollbringen, aber die Öffentlichkeit horchte auf und den Mitgliedern wurde klar, dass sie sich der Verantwortung gegenüber den damaligen sozialen Missständen nicht entziehen konnten»[35], urteilte Walter Egli gut vier Jahrzehnte später.

Der im CVJM hoch verehrte Jakob Stutz (1875–1970), zeitweise für die Basler Mission in Afrika unterwegs, beschrieb die

---

32 Egli, Walter: 50 Jahre Glockenhaus, 1961, S. 22
33 In einer Auseinandersetzung mit dem Bundeskomitee musste sich Karl Egli noch 1924 gegen Vorwürfe betreffend «Soziale Gruppe» wehren. Die Antwort: «sondern sie ist eine ganz interne Angelegenheit des CVJM Glockenhof – Zürich, die in den Jahren 1912–13 jene Kreise bewegte. Sie bedeutete in gewissem Sinne eine geistige Welle, die durch den genannten Zürcher Verein damals gegangen ist.» 3. November 1924, Antwort des deutschschweizerischen Jugendkomitees der CVJM an das Bundeskomitee. Egli, Karl: Acten
34 Egli, Walter: 50 Jahre Glockenhaus, 1961, S. 22
35 Egli, Walter: 50 Jahre Glockenhaus, 1961, S. 22

Anlässe: «Viel Bewegung und eine nicht geringe Erregung der Gemüter brachten die sozialen Abende im neuen Glockenhaus [...]. Es gab Abende, welche einen tiefen Eindruck hinterliessen und wirklich das Verantwortungsgefühl für den anderen aufflammte. Es gab aber auch andere Abende, wo man hart aneinander geriet, wo scharfe Worte fielen, wo Meinung gegen Meinung stand und wo man mit der evangelischen Botschaft nicht durchzudringen vermochte. Es gab ängstliche Gemüter, die dabei immer ein gewissen Unbehagen empfanden und mit ihren Bedenken gegen diese Art Arbeit nicht zurückhielten. Als dann mit Einbruch des Weltkrieges mit allem, was er auch unserem Schweizerland brachte, auch die antimilitaristische Welle immer mehr da hineinzüngelte, hielt es der Vorstand für richtig, diese Abende aufzugeben.»[36] Dass Jakob Stutz ein anderes Christentum vertrat als Rudolf Pestalozzi, bewies er als Redaktor der «Jungschar»[37].

1909 übernahm Rudolf Pestalozzi zusätzlich die Redaktion des Vereinsorgans des CVJM. Obschon der Redaktor 1914 als Oberstleutnant in die Armee einrückte, blieb auch nach Ausbruch des Krieges die kritische, leicht pazifistische Note in der «Glocke» erhalten. Damit politisierte Pestalozzi jedoch an der Basis vorbei. Diese wünschte sich mehr «Evangelium». Zutiefst enttäuscht trat der Redaktor zurück und verabschiedete sich mit einem Leitartikel, in dem er seine Sicht der Dinge darlegte: «Wie oft habt ihr uns nicht gesagt, wenn wir für solche sog. ‹äussere Dinge› wie ‹Soziale Fragen›, ‹Alkoholismus›, ‹Frauenbewegung›, ‹Friedensbewegung› usw. Interesse und Mitarbeit von euch erwarteten: das sind Nebensachen, das gehört nicht zu unserm Programm, das passt nicht in unsern Verein! Als ob für Jesus Gerechtigkeit, Menschenwürde, Brüderlichkeit auch ‹äusserliche› Dinge gewesen wären! Als ob er nie von einem Reich Gottes

---

36 Stutz, Jakob, in: 50 Jahre CVJM Zürich 1, S. 10–11
37 Dem Leserbriefschreiber F. O., der sich gegen die Todesstrafe aussprach, antwortete Stutz: «Eine Erörterung aber über dieses Urteil gehört doch wohl nicht in die ‹Jungschar›. Das Strafrecht und die Gesetze sind da, dass sie gehandhabt werden. Aufgabe aber der christlichen Gemeinde ist es, darauf zu sehen, dass sie möglichst wenig oder gar nicht zur Anwendung kommen müssen.» Jungschar, Nr. 11, 1924

geredet hätte, in dem alle Menschen Brüder sind, wo sein Wille alle Beziehungen der Menschen zueinander regiert, auch ihre Geldbeziehungen! Nein – sieht, da scheiden sich unsere Wege. Dieses beständige Trennen von ‹aussen› und ‹innen›, von religiös und ‹sozial› kann ich nicht mitmachen. Es ist falsch. Es ist schuld daran, dass wir in unseren ‹christlichen› Staaten noch so allem Christentum hohnsprechende Zustände haben, dass trotz ungezählten Kirchen heute der Weltkrieg tobt.»[38]

Die Einschätzung der Persönlichkeit Pestalozzis ist in den Vereinsgeschichten ambivalent. Als junger Soldat im Feld verfolgte Walter Egli die Debatte in der «Glocke.» Selbstkritisch urteilte er 1958: «Herr Rudolf Pestalozzi war Leiter der sozialen Gruppe, die sich mit den damals brennenden Problemen auseinandersetzte. Leonhard Ragaz und Pfarrer Bader kamen u. a. zum Wort, was mir jungem Patrioten nicht immer passte [...]. Der Redaktor Rudolf Pestalozzi schrieb einen Artikel, worin er den Feldpredigern vorwarf, sie halten patriotische Reden, statt den Soldaten das Evangelium zu verkünden. Heute wundere ich mich beim Wiederlesen des Artikels, dass wir CVJMler nicht damit einig gingen. Aber weil hie und da in andern Artikeln antimilitaristische Töne angeschlagen wurden, war man argwöhnisch und es regnete nur so von Protesten.»[39]

Anders als Georg Mousson hing Rudolf Pestalozzi wirtschaftlich nicht vom CVJM ab. Beinahe ein halbes Jahrhundert wirkte er erfolgreich in seiner Firma, erholte sich bei Gartenarbeit, ging auf Autoreisen und publizierte Fotobücher, den Venedigband etwa widmete er seinem «Freunde Karl Barth»[40]. Das soziale Gewissen spiegelte sich in der Unternehmensphilosophie: Im Ersten Weltkrieg führte Pestalozzi & Co als Erste auf dem Platz Zürich den freien Samstagnachmittag ein, am 1. April 1932 folgte die Firmenpensionskasse.[41] Die NZZ[42] erwähnte in ihrem Nachruf Pestalozzis bewegten Einsatz für den CVJM nicht.

---

38 Glocke, Nr. 8, 1916, S. 59–60
39 Egli, Walter: 40 Jahre CVJM-Arbeit, 1958, Vortrag 18. Juni 1958, S. 8/9
40 Pestalozzi, Rudolf: Venedig mit der Leica, 1933
41 Limmattaler Tagblatt, 23. Juni 1988, S. 37
42 Neue Zürcher Zeitung, Nr. 4337, 17. November 1961

VEREINSLEBEN

118

52

53

54

55

52 Bühnenpräsentation der Turnersektion, 1911. Archiv Glockenhof
53 Auf dem Gipfel des Claridenstocks, 1919. Archiv Glockenhof
54 Ausflug der Gesangssektion (Tössegg-Eglisau), 1922. Archiv Glockenhof
55 Kostümgruppe, Familienabend der Pfadfinderabteilung, 1922. Archiv Glockenhof

56 «Ski-Turn-Kurs», Gamperdon SG, 1923/24. Archiv Glockenhof
57 «Fröhlicher Wettlauf» auf dem Restiberg, undatiert, ca. 1930. Archiv Glockenhof
58 Bergtour, Frohnalpstock, Stoss, 1932. Archiv Glockenhof
59 Skilager, Wildhaus, Toggenburg SG, 1933/34. Archiv Glockenhof
60 Tourenwoche: Auf dem Gipfel des Chalchstöckli bei Elm GL, 1934. Archiv Glockenhof
61 Knabenlager, Restiberg GL, Boys' Brigade London (christl. Jugendorganisation, gegründet Glasgow 1883), 1934. Archiv Glockenhof

62 Bergtour, Abstieg vom Kärpf, nahe Elm GL, 1950. Archiv Glockenhof
63 100 Jahre CVJM, 1955. Archiv Glockenhof
64 und 65 Musikanten, Familienabend, 1957. Archiv Glockenhof
66 Sommer auf Alp Flix, 1958
67 Jungtrupp auf Reise nach Berlin und Hof (tschechische Grenze), kurz vor Errichtung der Berliner Mauer, 1961. Archiv Glockenhof

68

69

70

71

VEREINSLEBEN

121

68 Winter in St. Antönien, Prättigau GR, 1961. Archiv Glockenhof
69 Einweihung des Gloggi nach dem Umbau, Musikalische Unterhaltung, 1997. Archiv Glockenhof
70 Auftritt «Timber» an der Jahresschlussfeier, 1998. Archiv Glockenhof
71 «benfutur», 2000. Archiv Glockenhof

Andréa Kaufmann

JUGENDARBEIT IM GLOCKENHOF

CEVI ZÜRICH – JUGENDARBEIT DAMALS UND HEUTE

Seit 1911 dient der Glockenhof als Vereinshaus des Cevi Zürich, der 1887 als Christlicher Verein Junger Männer (CVJM) Zürich 1 gegründet wurde. Anlässlich der Einweihung wünschte Vereinspräsident Fritz Burckhardt-Pfisterer, dass der Glockenhof «ein Heim werde für alle, die ein solches sonst vorübergehend oder bleibend entbehren müssten, welchen Standes oder Berufes sie auch sein mögen»[1]. In den folgenden Jahrzehnten etablierte sich der Glockenhof in weiten Kreisen als «Zentrum evangelischer Jugendarbeit»[2]. Zu Beginn war die Jugendarbeit ausschliesslich auf den männlichen Teil der Jugend ausgerichtet. Denn der CVJM verstand sich als Männerbund, dessen Aufgabe «die Mission junger Männer an jungen Männern» war.[3] Dabei passte sich der Verein «dem jungen Manne an, um ihn eben da zu nehmen, wo er in Wirklichkeit zu nehmen ist: er turnte, trieb Sport, führte Unterrichtskurse durch; Vortrags-

---

1   Egli, Karl: Glockenhaus, 1936, S. 19
2   Egli, Walter: 40 Jahre CVJM-Arbeit, 1958, S. 24. Vgl. JB CVJM, 1927/28, S. 4
3   Jungschar (1921), Nr. 1, S. 10

wochen und Evangelisation wurden durchgeführt. Er wollte den ganzen jungen Menschen erfassen nach Seele, Leib und Geist.»[4]

Jungtrüppler, Jungschärler, Jungmänner: Jugendarbeit von 1893 bis 1950

Die Jugendarbeit des CVJM Zürich 1 fand von Anfang an in Abteilungen statt, die nach Altersstufen getrennt waren. Diese Praxis war Ende des 19. Jahrhunderts im gesamten CVJM-Weltbund üblich. Eine der Abteilungen des CVJM Zürich 1 waren die Pfadfinder. 1912 als «erste Pfadfindergruppe auf dem Platz Zürich» gegründet, entwickelte sie sich in den 1930er-Jahren zu einer der grössten Pfadfinderabteilungen der Schweiz.[5]

Die Jüngere Abteilung für 15–18-Jährige (Jungtrupp)
Die Entstehung der Jüngeren Abteilung markiert den Beginn der eigentlichen Jugendarbeit im CVJM Zürich 1. 1893 – sechs Jahre nach der Vereinsgründung – beschloss der Zentralvorstand, jüngere und ältere Mitglieder stärker voneinander zu trennen. Mit der Bildung einer separaten Abteilung für Jugendliche zwischen 15 und 18 Jahren versuchte die Vereinsleitung den Vorwurf zu entkräften, «es seien bei uns lauter noch ganz junge Leute, was den 20–30-Jährigen den Besuch in unserem Haus ungemütlich mache».[6] Zudem wollte man den Jugendlichen, von denen die meisten Lehrlinge waren, ein altersgerechtes Programm anbieten: Die wöchentlichen Bibelstunden, Vorträge, Spaziergänge sowie Anlässe mit Gesang und Turnen durften deshalb nicht bis spät in die Nacht hinein dauern.

Mit der Jüngeren Abteilung deckte der CVJM eine eigentliche Angebotslücke ab, denn er gehörte damals in Zürich zu den wenigen

---

4 Egli, Edwin / Egli, Walter / Stutz, Jakob: Jubiläumsbericht 50 Jahre CVJM, 1937, S. 8
5 Egli, Karl: 75 Jahre Jugendarbeit, 1925, S. 28. Vgl. Kapitel Der Gloggi im Gloggi – Das Pfadfinderkorps Glockenhof und der Cevi Zürich, S. 157
6 Classeur 1887–1899: Brief von Edmund Fröhlich an den Beirat vom 19.9.1893. Vgl. Monatsblatt CVJM, Nr. 4, 1893, S. 31f.; Wehrli, Edwin: Jugendarbeit CVJM, in: Egli, Edwin / Egli, Walter / Stutz, Jakob: Jubiläumsbericht 50 Jahre CVJM, 1937, S. 33–35; Egli, Walter: 50 Jahre Glockenhaus, 1936, S. 26f.

Organisationen, die sich um konfirmierte Lehrlinge kümmerten. Zwar existierten Ende des 19. Jahrhunderts bereits einige Konfirmandenvereinigungen, weitere Jugendvereine wie der Wandervogel (alkoholfreie Jugendwanderungen), die Pfadfinder oder die Jugendbünde des Blauen Kreuzes entstanden aber erst nach 1900.[7]

Beim Bezug des Vereinshauses Glockenhof 1911 betrug der Mitgliederbestand der Jüngeren Abteilung rund 120 Personen. Um eine straffere Ordnung und einen engeren Zusammenschluss zu gewährleisten, wurde im folgenden Jahr eine obligatorische monatliche Mitgliederversammlung mit Anwesenheitskontrolle eingeführt. Ausserdem musste sich jedes Mitglied einer Gruppe anschliessen; zur Auswahl standen die Schwerpunkte Beruf, Literatur, Gesang, Musik (speziell Piccoloflöte) und Wandern – die Teilnahme in der Turnsektion des CVJM zählte nicht. 1917 erhöhte man die Altersgrenze auf das 20. Altersjahr und bestimmte den Jugendsekretär zum Leiter der Abteilung, die sich der Erziehung und Arbeit widmete.[8]

Um 1930 änderte die Jüngere Abteilung zweimal ihren Namen und passte sich dem damaligen Zeitgeist bis zu einem gewissen Grad an. Zuerst nannte sich die Abteilung Jungschar, ab 1933 dann Jungtrupp. Die neue Bezeichnung sowie die Einführung einer Aufnahmeprüfung und einer blauen Uniform brachten «das kämpferische Wesen dieser Abteilung» zum Ausdruck.[9] Doch der Abteilungsleiter betonte, dass die Jugendlichen im Jungtrupp zu «selbständigen Persönlichkeiten» und «tüchtigen Glied[ern] von Kirche und Volk» erzogen und nicht – wie die Kommunisten? – politisch tätig sein würden: «Wir unterscheiden uns hier deutlich von andern Organisationen, die schon mit den Jungen und Jüngsten in den Kampf, wenn möglich auf der Strasse, ziehen wollen und so ihre Leute zu Massenmenschen erziehen.»[10]

---

7 Die reformierte Landeskirche begann sich Ende der 1920er-Jahre stärker für die Jugendlichen zu engagieren, als sich ihr der Bund evangelischer Jugend Ostschweiz (BEJO) zuwandte. 1935 rief der BEJO zusammen mit dem Zwinglibund die Arbeitsgemeinschaft Junge Kirche ins Leben. Vgl. Egli, Karl: 75 Jahre Jugendarbeit, 1925, S. 21; Verein Junge Kirche: Vereinsgeschichte
8 Protokolle ZV 19.4.1912; 21.6.1912; 3.12.1917; Protokollbuch Jüngere Abteilung: Satzungen vom 16.12.1917
9 JB CVJM, 1932/33, S. 9
10 Glocke, Nr. 5/6, 1934, S. 19

Die Knabenabteilung für 10–15-Jährige (Jungschar)
Die Knabenabteilung des CVJM Zürich 1 war zu Beginn «eine Art Sonntagsschule» und entwickelte sich dann zur Jungschar mit Programmen am Samstagnachmittag, die denen der Pfadfinder ähnelten.[11] Vorbild der Abteilung war der Knabenverein des 1850 gegründeten Zürcher Jünglings- und Männervereins – dem Vorläufer des CVJM. Im Jahr 1900 übernahm der CVJM den Knabenverein, um «dem Herumbummeln dieser jungen Leute auf den Strassen» vorzubeugen, wie CVJM-Sekretär Karl Egli gegenüber dem Zentralvorstand erläuterte.[12] Die Leitung der neuen Abteilung für Knaben zwischen 10 und 15 Jahren übernahm er gleich selbst. Die Knaben galten nicht als Vereinsmitglieder, sondern erhielten nur Besuchskarten für den CVJM.

Als der CVJM 1911 den Glockenhof einweihte, durfte sich die Knabenabteilung vorerst nicht dort treffen, da die Vereinsleitung befürchtete, «die Buben würden mit ihren Schuhen die neuen Stühle verkratzen»[13]. Für einige Zeit fanden sich deshalb die Knaben an Sonntagnachmittagen in einem Raum des benachbarten Freien Gymnasiums ein, bis dieser zu klein wurde für die wachsende Gruppe.[14] Zwischen 90 bis 200 (!) Knaben hörten während der Zusammenkünfte eine biblische Geschichte. Anschliessend wurden Spiele gemacht und Lieder gesungen. Im Sommer standen zusätzlich Wanderungen auf dem Programm, im Winterhalbjahr Lichtbildervorträge. Zur Abteilung gehörten ferner ein «Bibelkränzchen», eine Turn- sowie eine Abstinentengruppe.[15]

Nach dem Ersten Weltkrieg entstand in der Knabenabteilung eine neue Gruppe: die Jungschar. Ihre Organisation glich «derjenigen der Pfadfinder, nur werden keine Uniformen getragen, aber es besteht auch hier das Gruppensystem. Ein älterer Führer steht den ca. 20 Gliedern

---

11 ASZ: Dändliker, Emil: Gründungsgeschichte, um 1982, S. 1, Sig.:VII.155.:1.3.
12 Protokoll ZV 7.12.1900, S. 248.Vgl. Kapitel Ein Blick auf die Vorgeschichte, S. 18. Andere Vereine wie etwa der CVJM Horgen gründeten nach dem Vorbild des CVJM Zürich 1 eigene Knabenabteilungen. Vgl. Cevi Horgen: 150 Jahre, 2009, S. 7
13 ASZ: Dändliker: Gründungsgeschichte, S. 3, Sig.:VII.155.:1.3.
14 Protokoll ZV 12.1.1912
15 JB CVJM, 1920/21, S. 14. Die Zahl 200 findet sich bei Leuenberger, Markus: 100 Jahre CVJM/F, 1987, S. 11

72 Die Knabenabteilung des CVJM Zürich 1 mit eigener Fahne, um 1916/18. Archiv Glockenhof
73 Znünipause im Lager der Knabenabteilung auf dem Restiberg 1934. Archiv Glockenhof

einer Gruppe vor, die Samstag und Sonntag sich vereinigen.»[16] Der Name «Jungschar» war allerdings schon besetzt: Zum einen hiess die christliche Jugendbewegung in der Deutschschweiz und deren Zeitschrift bereits so, zum anderen legte sich später – wie erwähnt – die Jüngere Abteilung des CVJM diese Bezeichnung zu. So musste die pfadiähnliche Gruppe ihren Namen bis 1933 ablegen. Von da an durfte sie sich wieder Jungschar nennen.[17]

Die Jungmännerabteilung für 18–32-Jährige
Als im Frühling 1918 zwei Sekretäre mit hundert Jugendlichen den Glockenhof verliessen und die sozialistisch-idealistische Freischar grün-

16   JB CVJM, 1920/21, S. 14f.
17   Zur Namensfrage vgl. Protokolle ZV 17.2.1922, S. 186f.; 3.4.1933, S. 46; Der Goldene Pfeil, 1932, S. 122f.; Glocke, Nr. 2, 1933, S. 6. Zur Jungschar vgl. Protokollbuch Jungschar

deten, drohte sich diese Bewegung auch auf andere CVJM auszubreiten. Um dies zu verhindern, rief der CVJM Zürich 1 zu einer Aussprache auf. Im Städtchen Regensberg hielt man für die Jugendlichen eine sogenannte Landsgemeinde ab und für die Leiter einen Führerkurs. Dabei beschloss man, die Geschäftsstelle des deutschschweizerischen Jugendkomitees in den Glockenhof zu verlegen. Dieses Komitee war 1915 vom CVJM-Bund eingesetzt worden mit dem Ziel, die Jugendarbeit auszubauen. An der Spitze des Jugendkomitees stand von 1919 bis 1929 Sekretär Karl Egli vom Glockenhof. Noch bis in die 1930er-Jahre hinein beeinflusste die «Regensberger Bewegung» mit ihren jährlichen Landsgemeinden die Jugendarbeit.[18]

Die Ereignisse von 1918 führten auch innerhalb des CVJM Zürich 1 zu Veränderungen: Der Zentralvorstand teilte die Gruppe der über 18 Jahre alten Mitglieder neu auf in die Abteilungen Jungmänner und Männer. Damit bezweckte er eine Verjüngung des Mitgliederbestandes sowie einen engeren Zusammenhalt innerhalb der jeweiligen Abteilungen. In den folgenden Jahren trennten und vereinigten sich diese beiden Altersstufen jedoch mehrmals, bis der Zentralvorstand 1939 erneut offiziell beantragte, den Hauptverein aufzugliedern. Die Jungmännerabteilung war nun definitiv für die 18–32-Jährigen vorgesehen und galt später laut den CVJM-Statuten von 1955 als Hauptabteilung des Vereins; die Männerabteilung hingegen stand den über 32-Jährigen offen.[19]

Auch in der Jungmännerabteilung stand die Bibelarbeit im Zentrum der Aktivitäten. Dazu erstellte Pfarrer Eduard Schlatter, der von 1924 bis 1929 als Jugendsekretär des CVJM Zürich 1 wirkte, einen «Arbeitsplan für Evangelische Jungmänner-Führung».[20] Der 1933 veröffentlich-

---

18 Vgl. Egli, Karl: 75 Jahre Jugendarbeit, 1925, S. 31–34; Egli, Karl: Geschichte Jugendwerk, in: Jugendkomitee CVJM (Hrsg.): Jugendwerk, 1931, S. 16–32. Zur Freischar vgl. Kater, Marianne: Jugendgruppen, 1930, S. 24; Kapitel «Im Wellenschlag der Zeit» – der Erste Weltkrieg 1914–1918 und die Zwischenkriegszeit, S. 72

19 Protokolle ZV 18.6.1918; 21.4.1939; Egli, Walter: 40 Jahre CVJM-Arbeit, 1958, S. 12; Glocke, Nr. 5, 1939, o. S.

20 Vgl. Schlatter, Eduard: Arbeitsplan, 1933. Schlatter wies in seiner CVJM-Zeit zahlreiche Anfragen für Predigten ab mit der Begründung: «Meine Zeit, auch der Sonntag, gehört dem CVJM und niemand anderem.» Zitiert in: Egli, Walter: 40 Jahre CVJM-Arbeit, 1958, S. 14. Zu Eduard Schlatter vgl. Jubiläumsbericht 75 Jahre CVJM, 1962, S. 7; Dejung, Emanuel/Wuhrmann, Willy (Hrsg.): Zürcher Pfarrerbuch, 1953, S. 504

te Arbeitsplan enthält Themenvorschläge und Literaturhinweise für Diskussionen und bereitete die jungen Männer auf ihre Pflichten in Kirche, Familie, Beruf und Gesellschaft vor. Im Programm der Jungmänner hatte es aber auch Platz für gemeinsame Wochenenden im Ferienhaus Greifensee, Bergwanderungen und Skitouren. In den 1940er-Jahren verbrachte die Abteilung unter Leiter Karl Bornemann fast jedes zweite Wochenende zusammen.

Karl Bornemann:
Von den Jungmännern zum Vereinspräsidenten

74 Karl Bornemann, undatiert.
Sammlung Hanny Bornemann

Der 1913 geborene Karl Bornemann verbrachte einen grossen Teil seiner Kindheit im Glockenhof, wo sein Onkel als Direktor und seine Mutter als Gouvernante arbeitete. Bereits als Jugendlicher schloss er sich der Turnsektion an, der er bis ins hohe Alter treu blieb. Ab 1932 war er Mitglied des Zentralvorstandes des CVJM Zürich 1. In den 1940er-Jahren leitete er die Jungmännerabteilung und präsidierte von 1953 bis 1961 den Verein. Neben seiner Arbeit in einer Bank war er Kirchenpfleger in Oerlikon. Bis kurz vor seinem Tod im Jahr 1993 kümmerte er sich in der Männerabteilung um die Alleinstehenden. Auch seine Frau Hanny Bornemann-Zellweger engagierte sich im Glockenhof, indem sie beim jährlichen Bazar mitmachte und zum Trägerkreis gehörte, der den CVJM mit Gebeten unterstützte.[21]

21 Glocke, Nr. 9/10, 1953; Glocke, 1. Quartal, 1994; Cevital, Nr. 1, 2001, S. 12f.

75 Start ins Wochenende:
Veloausflug des Jungtrupps
in den 1950er-Jahren.
Archiv Glockenhof

Der Glockenhof als «Freizeitbude»:
Jugendarbeit in den 1950er- und 1960er-Jahren

Der Glockenhof entwickelte sich in den 1950er-Jahren «zu einer geschätzten Freizeitbude»[22]. Denn der wirtschaftliche Aufschwung nach dem Zweiten Weltkrieg brachte nicht nur einen gewissen Wohlstand mit sich, sondern auch mehr Freizeit und Ferien. Viele Betriebe und Büros führten nun freie Samstagnachmittage ein. Der CVJM Zürich 1 hatte diese Entwicklung 1950 kommentiert mit: «Haben Sie sie schon an den Strassenecken unserer Wohnquartiere beachtet? Da lehnen unsere Burschen an den Gartenzäunen und wissen nicht, was sie mit sich selber anfangen sollen.»[23] In der Folge öffnete der CVJM für auswärtige Schüler das Spiel- und Lesezimmer, damit sie über Mittag Hausaufgaben machen, lesen und Schach oder Tischtennis spielen konnten. Zudem zeigte ein CVJM-Sekretär einmal pro Woche Filme und Lichtbildervorträge mit Spezialvorführungen am Nachmittag für Lehrlinge im Bäcker- oder Gastgewerbe.[24]

---

22 JB CVJM, 1954/55, S. 8f.
23 JB CVJM, 1949/50, S. 2
24 JB CVJM, 1954/55, S. 8f.

Walter Pfister: «Zeitlebens eng verbunden»

76

77

76 Walter Pfister, 1983. Sammlung Hansjürg Büchi
77 Margrit Pfister beim 50-Jahr-Jubiläum ihrer Bazartätigkeit in den 1980er-Jahren. Sammlung Hansjürg Büchi

Mit dem Glockenhof war der 1902 geborene Walter Pfister «zeitlebens eng verbunden», hiess es 1986 in einem Nachruf.[25] Schon sein Vater Samuel hatte im CVJM Zürich 1 als Mitglied des Zentralvorstandes gewirkt; Walters CVJM-Karriere begann in der Knabenabteilung. Kaum volljährig geworden, bewarb er sich dann um die Aktivmitgliedschaft, organisierte literarische Abende, leitete Bergtouren und sang im Chor mit. Im Vereinsorchester lernte er seine künftige Frau Margrit Hüppi kennen, die er zuerst heimlich zum Rendezvous traf. Als man später im Vereinshaus häufiger Pärchen sah, sagte Margrit Pfister: «Ah, endlich ist es erlaubt!»[26]

Nach einem Londonaufenthalt kehrte der junge Textilkaufmann 1926 nach Zürich zurück, wo seine Familie die Pfister-Wirz AG führte. Die Firma verkaufte am Rennweg 57 Strumpfwaren und betrieb in Eglisau eine Strickerei. Für die Glockenhöfler – auch für die Pfadfinder – stellte das Unternehmen «solide Gloggistrümpfe» her.[27] Im CVJM übernahm Pfister 1936 das Amt des Präsidenten, das er bis 1953 innehatte. 1939 kam das Engagement in der Kirchenpflege der Kirchgemeinde

---

25 Büchi, Hermann: Nachruf, in: Glocke, 2. Quartal, 1986, S. 19–21, hier S. 19
26 Freundliche Mitteilung von Karl Walder
27 Vgl. Werbung in: Der Goldene Pfeil, Nr. 5, 1962, S. 75

Grossmünster hinzu, der er von 1946 bis 1970 vorstand. 1947 erfolgte die Aufnahme in die Zunft zur Zimmerleuten. Schliesslich präsidierte er von 1969 bis 1985 den Stiftungsrat der Stiftung zum Glockenhaus und wirkte in der CVJM-Männergruppe mit, während seine Frau sich für den Glockenhof-Bazar engagierte.[28]

Ausbau der Abteilungen und Konkurrenz
Die Zunahme der Freizeit machte sich auch in den Abteilungen des CVJM Zürich 1 bemerkbar. Nach dem Leitermangel in den Kriegs- und unmittelbaren Nachkriegsjahren hatten junge Erwachsene erstmals wieder Zeit, Führungsaufgaben zu übernehmen. Zudem gründete der CVJM 1953 auf Wunsch von einigen Eltern die «Knappenabteilung»: Diese war für Knaben im Alter von 10–12 Jahren (ab 1961 9–12 Jahren) konzipiert und diente als Vorstufe zur Jungschar. Die neue Abteilung entsprach offensichtlich einem Bedürfnis, denn schon im ersten Jahr nahmen über fünfzig Knaben teil. Die «Knappen» trafen sich im Sommerhalbjahr am Samstagnachmittag zu Aktivitäten wie Wandern, Kartenlesen, Waldläuferzeichen (Legen von Orientierungshilfen mithilfe von Stöcken und Steinen), Erste Hilfe, Knotenkunde, Spiel und Gesang. Im Winter waren die Knaben häufiger im Glockenhof anzutreffen, wo sie turnten, bastelten oder eine biblische Geschichte hörten.[29]

Dennoch befand sich die Jungschar (10–15-Jährige) zu Beginn der 1960er-Jahre in einer Krise wegen Mitgliedermangels. Freizeitklubs und Sportvereinigungen konkurrenzierten einerseits das Angebot des Glockenhofs. Andererseits wohnten im Quartier, das sich nun definitiv zu einem Geschäfts- und Bankenviertel entwickelte, kaum noch Familien. Und in anderen Stadtkreisen entstanden Jungscharabteilungen, die im Unterschied zum Glockenhof mit einer Kirchgemeinde oder einem Wohnquartier verbunden waren. Als weiteren Grund erkannten die Verantwortlichen: «Jahrelang wurde mit kleinen Änderungen das Pfadfin-

---

28 Vgl. Glocke, Nr. 9/10, 1953; Kirchenbote, Kirchgemeinde Gossmünster 1970, o. S.; Saxer, Mark: Zunft Zimmerleuten, 1998, S.V (Anhang). Zur Firma Pfister-Wirz vgl. Pfister, Werner: Stricki, in: Allgemeine Mitteilungen Gemeinde Eglisau, Nr. 12, 1986, S. 335f.; Lamprecht, Franz / König, Mario: Eglisau, 1992, S. 382f.
29 Protokoll ZV 13.4.1953; JB CVJM, 1953/54, S. 3

*78 Betrieb im Glockenhof: Familienabend der Jungschar und des Jungtrupps im März 1953.
Archiv Glockenhof*

derprogramm durchexerziert. Das hat sich etwas leer gelaufen, da wir ja gerade als CVJM nicht nur die körperliche Seite des Buben betonen wollen.»[30]

Eine ähnliche Entwicklung wie die Jungschar machte die Jungmännerabteilung (18–32-Jährige) (JMA) durch. Nur eine Episode blieb dabei die 1953 ins Leben gerufene «Jung-JMA», eine zusätzliche Abteilung für 18–22-Jährige. Zeitgleich versuchte die JMA, ihr eigenes Programm durch Film-, Spiel- und Diskussionsabende attraktiver zu gestalten. Dennoch kam es zu Beginn der 1960er-Jahre zum Besucherrückgang, worauf der Zentralvorstand bemängelte, dass der Abteilung der «geistliche Auftrag» fehle und der Vereinspräsident allein «den ganzen Karren» schleppen müsse.[31] Mit der Anstellung eines vollamtlichen Mitarbeiters für die Jungmännerabteilung wagte die Vereinsleitung den Schritt nach vorne und begründete dies so: «Es ziehen Tausende von jungen Leuten in unsere Stadt, um hier zu arbeiten. Diesen jungen Männern sollte man sich vermehrt annehmen, sie brauchen einen Kreis

---

30   Jubiläumsbericht 75 Jahre CVJM, 1962, S. 12
31   Protokoll ZV 2.3.1962, S. 1. Vgl. Egli, Walter: Notizen, um 1962 (?), S. 2f.

von Leuten, der ihnen zweite Heimat werden kann.»[32] Eine Heimat bot diesen jungen Männern zudem das vereinseigene, 1961 neu gebaute Lehrlingsheim Eidmatt.[33]

Das Niederdorf im Glockenhof
In den 1960er-Jahren öffnete sich der Glockenhof vermehrt für Nichtmitglieder. In dieser Zeit war Hans Güttinger, der die Sekretärschule des deutschen CVJM-Werkes in Kassel absolviert hatte, als Jugendsekretär (1960–1971) angestellt. Einige Monate nach seinem Amtsantritt berichtete er dem Zentralvorstand: «Die Arbeit im Glockenhof ist recht schwierig, in den meisten Abteilungen ist eine aufbauende Arbeit nötig, den Leitern fehlt es zum grossen Teil an der Sicht des Vereinszweckes.»[34] Güttinger plante deshalb, mit Jugendlichen, die bisher nichts mit dem CVJM zu tun gehabt hatten, einen neuen Jungtrupp (15–18-Jährige) zu gründen. Daneben lockte der bereits erwähnte Spielbetrieb – nun ergänzt durch Tischfussball – junge Leute in den Glockenhof, die ihre Freizeit sonst im Niederdorf oder im Spielsalon verbrachten. Schliesslich öffnete der Zentralvorstand 1961 für Schüler einen Raum im Keller, den sogenannten Bunker.[35]

Kontakt zu Jugendlichen im Niederdorf hatte auch Thomas Brefin, Sekretär des CVJM-Stadtverbandes und wie Hans Güttinger Zimmerbewohner im Glockenhof. Im Auftrag des Vereins Zürcher Jugendhaus, der in der städtischen Liegenschaft Drahtschmidli eine Begegnungsstätte betrieb, suchte er zusammen mit Gleichgesinnten das Gespräch mit «Jugendbanden».[36] Jugendlichen in Not bot er vorübergehend eine Unterkunft im Glockenhof an.

---

32 Jubiläumsbericht 75 Jahre CVJM, 1962, S. 13
33 Die Betreiberin des Lehrlingshauses an der Eidmattstrasse 45 in Zürich, die Stiftung Reformiertes Arbeiterheim bzw. Stiftung Reformiertes Lehrlings- und Jungmännerhaus, wurde 1936 in Zusammenarbeit mit dem CVJM gegründet. Vgl. Lehrlingshaus Eidmatt, 11.8.2010; freundliche Mitteilung von Karl Walder
34 Protokoll ZV 16.9.1960, S. 3
35 Protokoll ZV 13.3.1961, S. 3f.
36 Protokoll Beirat, 29.6.1962, S. 3. Zum Jugendhausverein vgl. Kunz, Thomas: Drahtschmidli, 1993. Zu Brefin vgl. Cevital, Nr. 1, 2001, S. 13; Schütz, Margrit / Ott, Eugen / Wehrli, Daniel: Cevi Linien, 1989, S. 55, 152

> Unsere «Gloggi-Abteilungen», welche am Familienabend mitwirken
>
> **KNAPPEN** 9—12 Jährige
> Zusammenkünfte jeden Samstag-Nachmittag gemäss Programm
> Abteilungsleiter: Paul Roth, Bucheggstr. 102, Zürich 57, Tel. 26 27 66
>
> **JUNGSCHAR** 12—15 Jährige
> Abteilungsleiter: Ernst-Peter Krebs, Strassburgstr. 10, Zürich 4, Tel. 27 65 93
>
> **JUNGTRUPP** 15—18 Jährige
> Leitung: Hannes Herzog, Wilfried Fischer
> Montagabend: 20.00 Uhr im «Bunker» Gloggi
>
> **CVJT-TÖCHTER** über 16 Jahren
> Leitung: Hanni Hui, Elsbeth Beck
> Montagabend: 20.00 Uhr
>
> **JUNGMÄNNER** 18—32 Jährige
> Leitung Wilfried Warkus
> Mittwochabend: 20.00 Uhr, Konferenzzimmer
>
> **TURNSEKTIONEN**
> Leiter der Turnsektion:
> Walter Lutz, Leonhard-Ragazweg 12, Zürich 3/55, Tel. 35 03 38

79 Mitwirkende Abteilungen des Gloggi-Familienabends 1963. Archiv Glockenhof

Über diese Entwicklung der Jugendarbeit zeigte sich der Beirat der Genossenschaft zum Glockenhaus 1962 zwar besorgt, begrüsste aber gleichzeitig das Engagement: «Die Leute dieser Gruppe, wie erwähnt sind es zum Teil Elemente aus dem Niederdorf, bringen nicht die gewünschte Atmosphäre ins Werk. Was soll man aber machen mit ihnen? Wir dürfen sie nicht herauswerfen, sonst sind sie wieder ganz verloren.»[37] Beirat und Psychologieprofessor Donald Brinkmann betonte, man müsse die Jugend so nehmen, wie sie sei. Und Pfarrer Theodor Rüsch, ebenfalls Beirat und Vizepräsident des Evangelischen Kirchenrates des Kantons Zürich, war stolz darauf, «dass der CVJM in echt CVJM-erischem Sinne weiter wirken will und auch bei der Erreichung der aussenstehenden Jugend Pionierdienste leistet. [...] Entscheidend ist allerdings, dass dann die Gegenkräfte stark genug sind, um diese Leute zu beeinflussen.»[38]

---

37 Protokoll Beirat, 29.6.1962, S. 2f.
38 Protokoll Beirat, 29.6.1962, S. 3f. In den 1950er-Jahren präsidierte Theodor Rüsch den deutschschweizerischen CVJM-Bund.

80 *Weekend des neu gegründeten CVJT auf dem Haldiberg ob Altdorf im September 1963.*
Archiv Glockenhof

Die Töchter kommen

Nachdem die jungen Männer jahrzehntelang im Zentrum gestanden waren, tauchte im Frühling 1961 in der «Glocke», dem Quartalsprogramm des CVJM Zürich 1, plötzlich eine neue Rubrik auf: der CVJT. Ein in der Stadt Zürich beheimateter Christlicher Verein Junger Töchter (CVJT) lud Frauen ab 16 Jahren zu Singabenden, Vorträgen, Ausflügen und Filmbesuchen ein. Auf diese Entwicklung reagierte Vereinspräsident Karl Bornemann überrascht: «Im Prinzip sollte der Vorstand Kenntnis haben, bevor eine neue Gruppe im Programm aufgenommen wird.»[39] Schliesslich erlaubte der Zentralvorstand den Töchtern, ihre Aktivitäten weiterhin in der «Glocke» zu veröffentlichen, betonte aber, dass es sich nicht um eine Unterabteilung des CVJM Zürich 1 handle.

---

39 Protokoll ZV 8.5.1961, S. 2.Vgl. Glocke, Nr. 2, 1961, S. 6

Zwei Jahre später entstand im Glockenhof selbst eine CVJT-Gruppe. Gründerinnen waren die Sekretärin Hanni Hui und die Arbeitslehrerin Elsbeth Beck (verheiratet Wiesendanger-Beck), die den CVJM von Einsätzen als Lagerköchin kannte.[40] Beide vermissten damals ein Angebot für Frauen im Glockenhof und entschlossen sich, die Initiative zu übernehmen und zur Vorbereitung auf ihre neue Aufgabe ein vierwöchiges Jugendleiterseminar zu besuchen.

Ab 1964 bürgerte sich in der Deutschschweiz dann die Bezeichnung Christlicher Verein Junger Frauen (CVJF) ein. In der Westschweiz hatten sich die ersten CVJT-Gruppen bereits Ende des 19. Jahrhunderts gebildet zum gemeinsamen Bibelstudium und Handarbeiten, während die Entwicklung in der Deutschschweiz verzögert verlief. In Zürich existierten in den 1920er-Jahren Mädchenklubs und Jungfrauenvereine mit der gleichen Glaubensgrundlage wie der CVJM. Diese Töchtergruppen hatten sich 1931 zum deutschschweizerischen Verband der CVJT zusammengeschlossen.[41]

Einblicke in die Tätigkeiten des CVJF Glockenhof geben drei mit Zeichnungen und Postkarten gestaltete Gruppenbücher aus den Jahren 1963 bis 1970, die auch der Absenzenkontrolle dienten. Auf dem Programm standen Bibelabende, Referate, Basteln, Singen und sporadisch Ausflüge mit der Jungmännerabteilung. Es gab eine Montag- und eine Donnerstaggruppe mit je 8 bis 15 Personen. Die Teilnehmerinnen waren zwischen 17 und 30 Jahre alt; von Jugendarbeit kann deshalb nur bedingt gesprochen werden. 1966 beschloss der CVJM Zürich 1 nach einer Retraite, die Zusammenarbeit mit dem CVJF neu zu gestalten. So fanden einmal im Monat «offene» Abende statt, an denen Jugendliche beider Geschlechter miteinander diskutierten, Vorträge hörten und Filme anschauten.[42]

---

40 Nach dem Zusammenschluss zum deutschschweizerischen CVJM/CVJF-Bund 1973 wirkte Elsbeth Wiesendanger-Beck als erste Frau im Bundesvorstand mit. Danach betreute sie im Glockenhof das Ferienhaus Greifensee.Vgl. Hohl, Giovanni: Gratwanderung Frauen und Männer im Cevi, in: Schütz, Margrit / Ott, Eugen / Wehrli, Daniel: Cevi Linien, 1989, S. 19; Cevital, Nr. 3, 2000, S. 15

41 Egli, Karl: 75 Jahre Jugendarbeit, 1925, S. 80; Zinn, Inge: Frauen, in: Schütz, Margrit / Ott, Eugen / Wehrli, Daniel: Cevi Linien, 1989

42 Glocke, Nr. 4, 1966, S. 3

Hanni Hui: Die Seele des Vereinshauses

81 Hanni Hui bedient die Telefonzentrale im Glockenhof-Sekretariat, undatiert. Sammlung Hanni Hui

Die 1937 geborene Hanni Hui arbeitete 38 Jahre lang im Glockenhof und galt als «Seele des Vereinshauses»[43]. Aufgewachsen ist sie in Stein am Rhein, wo ihr Vater Adolf Hui einen CVJM gegründet hatte. Nach dem Besuch der Sekretärinnenschule in Winterthur fand sie dank der Kontakte ihres Vaters eine Stelle im Glockenhof. So fing sie 1960 im Büro von Verwalter Hermann Büchi an. Zu ihren Aufgaben gehörten neben den Sekretariatsarbeiten die Saal- und Zimmervermietung sowie die Betreuung des Schalters, der damals auch am Abend und am Wochenende geöffnet war.

Als der langjährige Buchhalter der Genossenschaft zum Glockenhaus, Diakon Hans Bachmann, 1973 in Pension ging, übernahm Hanni Hui seine Aufgabe. Ausserdem engagierte sie sich für den Bazar und den Frauentreff, war Mitglied des Zentralvorstands und amtete als Aktuarin des Stadtverbandes. Nach dem Umbau des Glockenhofs musste sie erneut mehr Verantwortung übernehmen, da Verwalter Claude Graber im Herbst 1997 verstarb. 1998 liess sie sich schliesslich pensionieren, doch noch heute ist sie dem Glockenhof sehr verbunden.[44]

---

43 Glocke, 4. Quartal, 1985, S. 21
44 Interview mit Hanni Hui vom 16.10.2009. Vgl. Cevital, Nr. 1, 1998, S. 13; Nr. 3 [Nr. 2], S. 14; Nr. 3, 2009, S. 11. Zu Adolf Hui vgl. Cevital, Nr. 1, 2003, S. 16

«Gloggi – quo vadis?»: Jugendarbeit nach 1968

Die Frage «Gloggi – quo vadis?» war bereits zu Beginn der 1960er-Jahre in der «Glocke» aufgetaucht.[45] Damals fehlte dem CVJM der Nachwuchs, und es kursierte sogar die Idee, den Glockenhof abzureissen und neu aufzubauen. Zehn Jahre später – im Gefolge der Jugendunruhen von 1968 – stellte Werner Fluck 1971 in der «Glocke» erneut die Frage «Gloggi – wohin?»[46]. Aktivmitglied Fluck kannte den Glockenhof seit 1954, als er als Zehnjähriger mit seinen Brüdern bei den Knappen mitgemacht hatte.

Der Glockenhof und der Aufstand der Jugend
Im Rahmen der Jugendunruhen von 1968 beschäftigte sich der CVJM unter anderem mit dem Kampf um das Globusprovisorium bzw. der «Aktion Bahnhofbrugg». Dabei ging es um die Schaffung eines Jugendhauses auf der Bahnhofbrücke in Zürich, wo sich das Provisorium der Globus-Warenhaus AG befand. Im Juni 1967 hatte Verwalter Hermann Büchi zusammen mit Vertretern anderer Jugendorganisationen an Gesprächen bezüglich des geplanten Jugendhauses teilgenommen. Dabei hatte der CVJM-Stadtverband jedoch entschieden, sich nicht weiter zu engagieren. Als der Stadtrat schliesslich Ende Juni 1968 das Globusprovisorium dem Lebensmittelverein Zürich (später Coop) vermietete, kam es zu Demonstrationen und Strassenschlachten.[47]

Ein Vereinsmitglied befürchtete nun, dass der CVJM auch hinter dieser Aktion stehe und den Behörden vorschreiben wolle, was sie zu tun hätten. In seiner Antwort betonte Hermann Büchi, der CVJM habe bereits vor einem Jahr auf die Mitarbeit verzichtet. Er fügte aber an: «Die Sache war ursprünglich wirklich wohl gemeint. Durch die radikalen Elemente, die sich einmischten, sind die Bestrebungen die-

---

45 Glocke, Nr. 2, 1961, S. 1f.
46 Glocke, Nr. 3, 1971, S. 1–10. Zwei Jahre später wanderte Fluck nach Deutschland aus, um dort mit der Bruderschaft der Christusträger zu leben, einer Anfang der 1960er-Jahre entstandenen ordensähnlichen Gemeinschaft. Vgl. Ordner Mitglieder, Beirat: Brief von Werner Fluck an den ZV vom 12.4.1973
47 Protokoll ZV 22.6.1967, S. 2. Der Globuskrawall vom 29./30.6.1968 verschärfte die Zürcher Protestbewegungen. Vgl. Hebeisen, Erika, u. a.: Zürich 68, 2008, S. 11–12, 217

ser ‹Aktion Bahnhofbrugg› in Misskredit geraten. […] Solche Ziele sollen auf demokratischem und rechtstaatlichem Wege verfolgt werden und nicht mit Krawallen.»[48]

Der «Aufstand der Jugend» war auch Thema des Jahresberichts des CVJM Zürich 1 von 1968/69. Jugendsekretär Hans Güttinger erklärte darin, dass der CVJM Problemen wie der ungerechten Verteilung von Armut und Reichtum auf der Welt nicht ausweichen wolle. Man müsse jedoch unterscheiden «zwischen echter Kritik, echter Beunruhigung, echter Ablehnung falscher Autoritäten und lediglich emotioneller Unzufriedenheit und Hass vieler Jugendlicher»[49]. Seiner Meinung nach könne man die Gesellschaft nur revolutionieren, wenn man bei sich selber beginne. Sich ändern könne man aber nur durch Christus, führte Güttinger weiter aus. Dabei war er wohl beeinflusst von der deutschen Bewegung «Offensive junger Christen» (OjC), zu deren Zielen die «Revolution der Liebe unter dem Kreuz Jesu Christi» zählte.[50] Angeregt von der OjC hatten einige CVJM-Mitglieder im Juni 1969 eine Tagung organisiert, um gesellschaftliche Fragen zu besprechen. Nach diesem Anlass befasste sich im Glockenhof eine Gruppe junger Männer weiterführend mit gesellschaftspolitischen und religiösen Themen.

Diskutiert wurde im Glockenhof – als Folge der Jugendunruhen? – aber auch in einem ungezwungenen Rahmen: Am Samstagabend trafen sich jeweils zwischen 30 und 40 junge Frauen und Männer im Foyer, um über Liebe, Protestsongs, Weltreligionen oder Aberglaube zu diskutieren. Sogar junge Menschen aus der Rockerszene fanden den Weg dorthin.[51]

Eine Frage der Rationalisierung
Diese Diskussionen und die gesellschaftlichen Veränderungen wirkten sich auch auf die Jugendarbeit des CVJM Zürich 1 aus. Nach Altersstufen getrennte Gruppen wie etwa der Jungtrupp oder die

---

48 Ordner Mitglieder, Beirat: Briefe vom 11. und 17.7.1968
49 JB CVJM, 1968/69, S. 1f.
50 JB CVJM, 1968/69, S. 3; Protokoll ZV 20.6.1969, S. 1; Glocke, Juli–September, 1969
51 Leuenberger, Markus: 100 Jahre CVJM/F, 1987, S. 11. Zum Foyer vgl. Rückblick in: Glocke, 1. Quartal, 1982, S. 14f.

Jungmännerabteilung zogen bei den Jugendlichen nicht mehr, weshalb der CVJM sie um 1970 eingehen liess. Heini Hollenweger, Vereinspräsident von 1961 bis 1975, stellte damals fest: «Uniformen und straff geführte Gruppen sind nicht mehr ‹in›. Man liebt das Bunte, trägt, wenn die Zeit da ist, auch Bärte, pflegt die lose Zusammenkunft im Foyer. Man will auch nicht mehr nur unter sich im Männerkreis sein, sondern sucht und pflegt Kontakte zum CVJF [...].»[52]

Die Geschlechtertrennung, die nebst der Alterstrennung infrage gestellt wurde, hatte bisher im CVJM-Bund als oberstes Gebot gegolten. Noch 1969 hatte der Bundesvorstand an einer Arbeitstagung daran festhalten wollen, doch die Delegierten der verschiedenen CVJM sprachen sich für die Einführung von gemischten Jugendgruppen aus. Auslöser dieses Wandels waren: Tendenz zur Koedukation und Emanzipation, der Kampf um Mitglieder sowie Vergleiche mit anderen Jugendverbänden. Für Werner Fluck, Aktivmitglied des CVJM Zürich 1 und einst engagierter Anhänger der Geschlechtertrennung, war die aufkommende gemischte Arbeit «eine Frage der Rationalisierung»[53]. Die zusätzlichen Mitarbeiterinnen würden nämlich den akuten Leitermangel entschärfen, meinte er 1971.

Mit diesem Wandel einher ging der Verlust einer weiteren Tradition. So schlug Jugendsekretär Hans Güttinger 1971 vor, dass im Vereinshaus ein Team von jungen Frauen und Männern wohnen sollte, das sich in seiner Freizeit mit den Jugendlichen und deren Problemen befasste.[54] Tatsächlich wurden die früher ausschliesslich für Männer reservierten Zimmer bald auch an Frauen vermietet. Dieser Tabubruch wurde nicht von allen gern gesehen, doch der Bedarf nach einer gemischtgeschlechtlichen Gloggi-Wohngemeinschaft war vorhanden.

Als die beiden Deutschschweizer Verbände CVJM und CVJF 1973 fusionierten, passte drei Jahre später auch der CVJM Zürich 1 seine Statuten an und änderte seinen Namen in Christlicher Verein Junger

---

52   JB CVJM, 1974/75
53   Glocke, Nr. 3, 1971, S. 4f.
54   Protokoll ZV 23.3.1971, S. 4.Vgl. Glocke, Nr. 2, 1971, S. 2–14

Männer und Frauen (CVJM/F) Zürich 1.[55] Damit wandelte sich die Zielgruppe des Vereins: Statt wie in den Statuten von 1955 «junge Männer, Burschen und Knaben» hiess diese nun «Erwachsene, Jugendliche und Kinder». Endlich durften die Frauen dem Verein beitreten und sich als Aktivmitglieder bewerben. Erst jetzt – als Aktivmitglied – wurde Lisbeth Zürrer-Seiler, die seit 1973 den CVJF an den Sitzungen des Zentralvorstandes vertreten hatte, in diesem Gremium stimmberechtigt. Die CVJF-Gruppe indes löste sich um 1979 auf, da sich das Schwergewicht im Glockenhof definitiv auf die gemischte Jugendarbeit verlagert hatte.[56]

Das Ende der Jungschar – und der Jugendarbeit?
In der Jungschar (10–15-Jährige) herrschte nach 1968 immer noch Mitgliedermangel. Um dagegen anzukämpfen, schaffte der CVJM Zürich 1 die Knappenabteilung (9–12-Jährige) ab und ersetzte den bisherigen «Feld-, Wald- und Wiesenbetrieb» durch Interessengruppen.[57] Diese waren nach den Gebieten Wald, Biologie, Sport, Fotografieren und Abend aufgeteilt. Auch auf der regionalen Stufe veränderte sich die Jungschararbeit: Ab 1970 führte der Jungscharsekretär der Region, Rolf Wehrli, nach Jahrgängen getrennte Gruppen und eine Reihe von Ausbildungskursen für Leiter ein. In der Jungschar Glockenhof kamen in dieser Zeit weitere Probleme hinzu, als Jugendsekretär Hans Güttinger bei den Gruppenführern «revolutionäre Ansätze» entdeckte, ohne diese jedoch genauer zu benennen.[58] Als Lösung schlug er vor, die jungen Leiter in die regionalen Ausbildungskurse des CVJM zu schicken.

---

55 Glocke, Nr. 1, 1976, S. 3. Zur Frage der gemischten Arbeit im CVJM-Bund vgl. Hohl, Giovanni: Gratwanderung Frauen und Männer im Cevi, in: Schütz, Margrit / Ott, Eugen / Wehrli, Daniel: Cevi Linien, 1989, S. 18f. Franz-Klausner, Olivia: CVJF, in: Schütz, Margrit / Ott, Eugen / Wehrli, Daniel: Cevi Linien, 1989. In der Region Zürich ging der CVJM Horgen 1965 mit einer gemischten Jugendgruppe voran. Vgl. Cevi Horgen: 150 Jahre, S. 16
56 Als Lisbeth Zürrer 1980 aus dem Vorstand zurücktrat, fand sich für ihre Nachfolge eine Zeit lang keine Frau mehr. Vgl. Protokolle ZV 6.3.1979, S. 4; 2.9.1980, S. 3f.
57 Protokoll ZV 28.11.1969, S. 4. Vgl. Glocke, Nr. 2, 1970, S. 15
58 Protokoll ZV 23.3.1971, S. 4. Zu Rolf Wehrli vgl. Cevital, Nr. 1, 2003, S. 6f. Laut Robert Rahm waren Wehrlis Ideen von der Pfadi inspiriert.

82 «Was wird uns der Leiter wohl sagen?» Knappenlager um 1970. Sammlung Robert Rahm
83 Verkleiden – auch im Knappenlager 1974 eine beliebte Beschäftigung. Sammlung Robert Rahm

Güttingers Nachfolger Robert Rahm unterstützte die Jungscharleiter noch einige Zeit beim Vorbereiten der Programme. Dennoch fragte er sich, ob der Glockenhof überhaupt noch eine eigene Jungschar brauche. Sollte man sich nicht eher auf junge Erwachsene konzentrieren wie die CVJM in den deutschen Städten oder auf die Gloggipfadi mit ihren Hunderten von Mitgliedern? 1973/74 löste er dann gemeinsam mit dem Abteilungsleiter schweren Herzens die Jungschar auf. Die rund fünfzehn verbliebenen Jungschärler verteilten sie auf die anderen Jungscharen in der Stadt. Über das Ende war der Zentralvorstand enttäuscht, denn die Jungschar galt als Standbein und Rekrutierungspool des CVJM, wie Vorstandsmitglied Paul Roth damals betonte: «Die meisten treuen Mitglieder sind ehemalige Jungschärler, und wenn dieses Reservoir fehlt, so werden wir schwierige Nachfolgeprobleme erhalten.»[59] Roth selbst war 1956 in die Jungschar eingetreten; von 2000 bis 2008 präsidierte er dann den Cevi Zürich.

---

59 Protokoll ZV 11.1.1974. Zur Auflösung der Jungschar vgl. Protokoll ZV 19.6.1973, S. 3; Interview mit Robert Rahm vom 15.10.2009

Die Auflösung der Jungschar bedeutete praktisch das Ende der eigentlichen Jugendarbeit des CVJM. Der Schwerpunkt verschob sich nun auf die über 14-Jährigen, die sich im Foyer und am «Stammtisch» im damaligen Gloggi-Kafi einfanden. Die ehemaligen Jungscharleiter waren vor allem in der Sportgruppe Tropsi – quasi ein Anagramm zum Wort Sport – aktiv und verbrachten auch sonst ihre Freizeit miteinander. Noch mehr als früher hing die Programmgestaltung des CVJM/F von Einzelpersonen ab: Jeder Wechsel bei den Jugendsekretären führte im Zentralvorstand zu intensiven Diskussionen über die Ausrichtung einer möglichen Jugendarbeit. Ausserdem war man mit dem Problem konfrontiert, zwar genügend Interessenten für Leiterfunktionen zu haben, aber zu wenig Teilnehmende.[60]

Jugend ohne Arbeit
Zwischen 1973 und 1976 erschütterte eine schwere Wirtschaftskrise die Schweiz, in deren Verlauf fast elf Prozent der Arbeitsplätze verloren gingen. Davon waren ausser Frauen, älteren Personen und Ausländern besonders junge Erwachsene betroffen. Im Kanton Zürich verzeichneten die 20–29-Jährigen mit 41 Prozent oder rund 2500 Personen den grössten Anteil an den Stellenlosen. Wie schon in der Weltwirtschaftskrise der 1930er-Jahren beschloss der CVJM Zürich 1, sich der Arbeitslosen anzunehmen. Ganz uneigennützig war dieses Engagement wohl nicht, denn nach der Auflösung der Jungschar musste sich der Verein neu orientieren. Konkret plante der Zentralvorstand unter Präsident Hugo Weber, im Sommer 1976 mehrwöchige Lager für stellenlose Schüler und Lehrlinge durchzuführen.[61]

Bei der Planung des Arbeitslosenlagers erhielt der CVJM Unterstützung von der Aktion 7 der Pro Juventute. Dieser seit 1961 bestehende Zusammenschluss von gemeinnützigen Institutionen koordinierte

---

60 Interview mit Karl Walder vom 5.10.2009
61 Protokoll ZV 30.1.1976, S. 4. Vgl. Degen, Bernard: Arbeitslosigkeit, in: HLS, Bd. 1, 2002; Pro Juventute, 1976, S. 3f. Zu den 1930er-Jahren vgl. Kapitel «Im Wellenschlag der Zeit» – der Erste Weltkrieg 1914–1918 und die Zwischenkriegszeit, S. 72

Sozialeinsätze und Überbrückungsangebote für Jugendliche. Zusammen mit der Aktion 7 fand der CVJM einen passenden Lagerort im Oberwallis. Im Dorf Grengiols sollten die Teilnehmerinnen und Teilnehmer eine Alpstrasse bauen, Wanderwege instand stellen und eine Burgruine ausgraben. Finanziert wurde das Projekt durch den Entlastungsfonds der Arbeitslosenversicherung; rund zehn Prozent steuerte der CVJM selber bei. Die Stellenlosen erhielten neben Kost und Logis entweder Stempelgelder oder konnten sich die Arbeitstage anrechnen lassen.[62]

Verantwortlich für das Lager war Jugendsekretär bzw. -berater Robert Rahm, der von Zürich aus wirken sollte. Als man jedoch keinen geeigneten Lagerleiter fand, sprang er selbst ein und fuhr mit seiner Frau und dem wenige Wochen alten Säugling ins Wallis. Aus seinem geplanten dreiwöchigen Einsatz wurde schliesslich ein halbes Jahr! Präsident Weber bot an, inzwischen im Glockenhof als Teilzeit-Mitarbeiter auszuhelfen. Der Zentralvorstand erklärte sich damit einverstanden, obwohl es nicht üblich sei, «dass der CVJM-Präsident gegen Entgelt CVJM-Arbeit tut»[63].

Im Wallis stiess das Leiterteam oft an seine Grenzen, wie Rahms mündlicher, vom Zentralvorstand protokollierter Schlussbericht zeigt: «Man war etwas unsicher, wie straff man die Zügel halten wollte; rückblickend würde er [Rahm] sagen, eine straffere Führung wäre besser gewesen [...].»[64] Das Lagerleben war durch die häufigen Wechsel der Teilnehmer belastet; zudem erschwerte der fehlende Telefonanschluss in der Unterkunft den Kontakt mit dem Glockenhof. Weitere Konflikte entstanden, als auch ältere Erwerbslose und Langzeitarbeitslose – darunter befanden sich Personen mit Drogen- und Alkoholproblemen – nach Grengiols geschickt wurden. Schliesslich lösten Rahm und Weber das Lager gegen Ende Oktober nach Plan auf, und der Zentralvorstand entschied ernüchtert, keine weiteren Arbeitslosenlager durchzuführen.

---

62 Vgl. Trachsler, Walter / Nordmann, Dani / Meyer, Marcel: Arbeit, 1977; Pro Juventute, 1976, S. 110, 316, 504, 506; Pro Juventute, 1977, S. 383
63 Protokoll ZV 27.4.1976, S. 4
64 Protokoll ZV 30.11.1976, S. 3f. Vgl. Trachsler, Walter / Nordmann, Dani / Meyer, Marcel: Arbeit, 1977, S. 29, 41; Protokoll ZV 22.2.1977, S. 6

Robert Rahm:
Vom Knappenführer zum Jugendberater

84 Robert Rahm 1976,
Ausschnitt. Sammlung Robert Rahm

Seit Kindheit ist der 1946 geborene Robert Rahm ein «Gloggianer». Mit neun Jahren trat er den Knappen bei. Danach war er Jungschärler und führte nach Leiterkursen selber eine Knappen-Gruppe an. 1966 erfolgte die Aufnahme als Aktivmitglied. Nach der Ausbildung zum Maschinenschlosser – diese kam ihm später als Verwalter des Ferienhauses Greifensee zugute – absolvierte er ein Praktikum in einem Kinderheim und anschliessend die Schule für Soziale Arbeit in Luzern. In dieser Zeit engagierte er sich auch in der Regionalleitung der Cevi-Jungscharen.

Als Jugendsekretär des CVJM Zürich 1 – Rahm bevorzugte die Bezeichnung Jugendberater – veranstaltete er ab 1972 diverse Kinder-, Jugend- und Familienlager, gründete den Gloggi-Kafi-Stammtisch, leitete die Korpsroverstufe der Glockenhof-Pfadi und wirkte bei den regionalen «Gää- und Nää-Treffen» mit. 1977 wandte er sich beruflich vom CVJM ab, um sich als Gemeindehelfer in der Kirchgemeinde Winterthur um Senioren zu kümmern. Privat blieb er dem CVJM als Vorstandsmitglied des deutschschweizerischen CVJM-Bundes treu. Ausserdem wurde er von der Diakonenschaft von Greifensee aufgenommen, worauf ihn die Zürcher Landeskirche zum Diakon ordinierte. Bis zu seiner Frühpensionierung 2009 war er über zwanzig Jahre lang Altersbeauftragter der politischen Gemeinde Horgen und Leiter des dortigen Seniorenzentrums.[65]

---

65 Interview mit Robert Rahm vom 15.10.2009. Vgl. Protokoll ZV 16.3.1972, S. 1; 26.4.1977, S. 1; Mitteilungsblatt Horgen, Nr. 118, 2008, S. 18f.

Jugendwochen, Ten Sing und Sport: Jugendarbeit nach 1980

«Die Not und Problematik der Stadt Zürich – am markantesten sichtbar geworden in den vergangenen Wochen der Jugendunruhen – sitzt tief und benötigt eine längerfristige Neuorientierung und Aufbauphase.»[66] Diese Gedanken äusserte Vereinspräsident Hugo Weber 1981 in der «Glocke». Ab Ende Mai 1980 war es in Zürich zu Auseinandersetzungen um die Schaffung eines Autonomen Jugendzentrums (AJZ) gekommen. Im März 1981 übernahmen die Landeskirchen und die Pro Juventute die Trägerschaft für das AJZ. Der Zentralvorstand des CVJM/F Zürich 1 beschloss im Dezember, den Theologen Werner Kramer einzuladen, damit er über das AJZ informiere. Der Direktor des Evangelischen Lehrerseminars Zürich-Unterstrass war Vizepräsident des Kirchenrates des Kantons Zürich und präsidierte die Trägerschaft des AJZ. Doch schon im März 1982 gab diese auf, da auf dem AJZ-Areal Drogen konsumiert wurden.[67]

Jugendwochen statt Jugendunruhen?
Als Reaktion auf die Jugendunruhen von 1980 organisierte der CVJM Zürich 1 zusammen mit kirchlichen Organisationen eine Jugendwoche. Der im November 1981 durchgeführte Anlass stand unter dem Motto «Antwort auf die Krise der Jugend oder der Kirche punkto Jugend?».[68] Während der Vorbereitungen entwickelte sich der Glockenhof zur Drehscheibe der Jugendwoche. Zur Trägerschaft gehörten unter anderem Vereinspräsident Hugo Weber und der sozial engagierte Pfarrer Ernst Sieber, welcher der Öffentlichkeit durch seine Auftritte in der Fernsehsendung Wort zum Sonntag bekannt war. Ziel der Jugendwoche war, die Jugendarbeit innerhalb der reformierten Landeskirche zu beleben. Als Referenten engagierte man nebst Sieber den

---

66 Glocke, 1. Quartal, 1981
67 Protokoll ZV 1.12.1981, S. 1. Vgl. Nigg, Heinz: Jugendunruhen, 2001; Kramer, Werner: Dienst, in: Nigg, Heinz: Jugendunruhen, 2001
68 Glocke, 4. Quartal, 1981, S. 1–4. Die ersten Jugendwochen innerhalb des Regionalverbandes waren in den 1950er-Jahren durchgeführt worden als Jugendevangelisation. Vgl. Geissberger: Werden, 1968, S. 90

deutschen Jugendpfarrer und Evangelisten Ulrich Parzany, den späteren Generalsekretär des CVJM-Gesamtverbandes in Deutschland. Am Jugendgottesdienst nahmen ungefähr 600 Personen teil. Die anschliessend vom CVJM gesammelten Einschätzungen zeigen, wie unterschiedlich die beiden Referenten vom Publikum wahrgenommen wurden: «Parzany: unbeherrscht, nicht zu pastoral, wahr, zum Nachdenken anregend; Sieber: schlagfertig, originelle Art, ä chli vil Show, anregend für Gespräche.»[69] Als gelungen bezeichnete CVJM-Präsident Weber die Jugendwoche insgesamt, da auch die Jugendlichen zu Wort gekommen seien. In der Folge planten die Organisatoren, viermal pro Jahr einen gesamtstädtischen Jugendgottesdienst im Grossmünster durchzuführen. Zudem setzte sich eine aus Pfarrern bestehende Jugendkommission mit der Jugendarbeit auseinander. Für 1982 war eine weitere Jugendwoche geplant. Der Zentralvorstand des CVJM befürwortete zwar einen erneuten Einsatz, wollte den Aufwand aber dieses Mal beschränken.

Unruhe herrschte aber nicht nur in den Strassen Zürichs, sondern auch im Glockenhof: Aufgrund von Meinungsverschiedenheiten kam es zu Beginn des Jahres 1983 zu einem Präsidentenwechsel.[70] Die Generalversammlung wählte mit Hans-Peter Christen erstmals seit rund hundert Jahren – nach Kaufleuten, Prokuristen, Bankangestellten und Architekten – wieder einen Pfarrer an die Spitze des Vereins. Der letzte Pfarrer war Edmund Fröhlich von St. Anna gewesen, der dem CVJM Zürich 1 von 1887 bis 1892 vorgestanden hatte. Hans-Peter Christen war wie seine Vorgänger ein «alter Gloggianer», obwohl er im Glarnerland aufgewachsen war. Dort hatte er als Kind im Ferienheim Restiberg an Lagern des CVJM teilgenommen. Während seines Theologiestudiums in Zürich hatte er dann den Jungtrupp des Glockenhofs geleitet. In den 1960er-Jahren hatte er als Vizepräsident des deutschschweizerischen CVJM-Bundes gewaltet und war zum Beirat des CVJM Zürich 1 ernannt worden.[71]

---

69 Glocke, 1. Quartal, 1982, S. 2.Vgl. Protokoll ZV 1.12.1981, S. 1; 2.3.1982, S. 5f.; Glocke, 4. Quartal, 1982, S. 5
70 Protokoll ZV 30.11.1982, S. 1, 7; Protokoll Beirat, 28.6.1983, S. 1
71 Nach seiner Amtszeit als CVJM-Präsident rief Christen den Gebets-Trägerkreis des Cevi Zürich ins Leben, in dem sich auch seine Frau Sylvia Christen-Müller engagierte.Vgl. Cevital, Nr. 1, 2000, S. 14; Nr. 2, 2003, S. 12f.

85 «Lueg mi aa»: So hiess 1993 die Show des Ten Sing Gloggi. Archiv Cevi Zürich
86 Zwei Spielerinnen des Volleyballclubs CVJM Glockenhof 1982. Archiv Cevi Zürich

Sport und Singen

Nach 1980 spiegelte die Jugendarbeit des CVJM/F Zürich 1 die sich spezialisierende Freizeitentwicklung, wie Jugendsekretär Markus Leuenberger 1988 bemerkte: «Unsere Gruppen verfolgen eigentlich alle spezielle Interessen, vom Unihockey, Volleyball, Fitnessturnen, Bergsteigen bis zum Ten Sing Chor.»[72] Eine Jugendgruppe im traditionellen Sinn gab es hingegen im Glockenhof nicht mehr. Sport und Gesang hatten indessen im Verein ebenfalls eine lange Tradition: Schon früh existierten im Glockenhof eine Gesangs-, eine Orchester-, eine Turnsektion sowie eine Männerriege. Dazu gesellten sich in den 1970er-Jahren der «Gloggi Gaudi Fitness Club» und der «Fitness Club junger Frauen». 1988/89 schloss sich der Cevi Alpin, der seine ersten Bergsteiger- und Tourenlager Ende der 1970er-Jahre organisiert hatte, offiziell dem CVJM/F Zürich 1 an. Zudem trainierte von 1981 bis 1995 der Volleyballclub Glockenhof in der Turnhalle und nahm an Meisterschaften teil. Im Unihockeyclub spielten Mitte der 1990er-Jahre rund 80 Junioren sowie eine Damenmannschaft mit.

---

72 Glocke, 4. Quartal, 1988, S. 5. Vgl. Protokoll ZV 13.1.1981, S. 10; 28.8.1995; Glocke, 2. Quartal, 1995

Der Ten Sing Gloggi startete im Herbst 1986, nachdem ein norwegischer Ten-Sing-Chor im Glockenhof aufgetreten war. Über diesen Auftritt hiess es in der «Glocke»: «Wer von den Besuchern ein typisches harmloses Cevi-Chörli erwartet hatte, wurde bald eines Besseren belehrt [...].»[73] Vielmehr handelte es sich um eine von Jugendlichen aufgeführte Show mit Gesang, Musikband, Lichteffekten und christlicher Botschaft. In der Folge nahm CVJM/F-Mitglied Helene Henry an einem Ten-Sing-Seminar in Norwegen teil und gründete danach im Glockenhof mit rund 30 Interessierten einen eigenen Chor. Als die Norweger im Juni 1987 – im Jahr des 100-Jahr-Jubiläums des CVJM/F Zürich 1 – wieder in Zürich gastierten, erlebte der Ten Sing Gloggi sein Debüt als Vorgruppe. Schon bald reiste der Gloggi-Chor selbst für Tourneen ins Ausland.

Vereinzelt waren auch kritische Stimmen zu hören, die sagten, der «Ten Sing sei eine Gratwanderung, und man müsse aufpassen, um nicht von Gott und seinem Auftrag wegzurutschen»[74]. Nach einigen Jahren liess zudem die Begeisterung der Mitwirkenden etwas nach, und das Publikum war von den zahlreichen Ten-Sing-Chören übersättigt, die an vielen Orten entstanden waren. Dazu kamen die hohen Kosten für die technische Ausrüstung und die Tatsache, dass die Jugendlichen jeweils nur für eine Tournee verbindlich mit dabei waren. In den 1990er-Jahren übernahm der Cevi-Ausschuss der Region Zürich-Schaffhausen-Glarus die Koordination der verschiedenen Ten-Sing-Gruppen, die zusammen mit anderen Arbeitsgebieten die sogenannte Offene Cevi Arbeit (OCA) bildeten. Schliesslich entwickelte sich daraus ein Theaterprojekt für arbeitslose Jugendliche: das RATS, dessen Name für Regionaler Ausschuss Ten Sing steht.[75]

---

73 Glocke, 1. Quartal, 1987, S. 4. Vgl. Glocke, 4. Quartal, 1986, S. 18–22. Die Idee des Ten Sing (Teenager singen) stammte ursprünglich aus Norwegen.
74 Glocke, 2. Quartal, 1987, S. 6
75 Interview mit Karl Walder vom 5.10.2009. Vgl. Protokoll ZV 21.3.1989; Glocke, 2. Quartal, 1992; 1. Quartal, 1995. Seit 1997 ist RATS ein nationales Weiterbildungsprogramm für Stellensuchende mit Interesse am Kulturbereich. Vgl. RATS: Über uns, 1.6.2010

Umbauten, Konzepte und Visionen: Jugendarbeit nach 1990

Rund achtzig Jahre nach der Einweihung des Glockenhofs traten im Vereinshaus verschiedene «Alterserscheinungen» auf; der Betrieb hatte etwa in den Logierzimmern und bei den sanitären Anlagen seine Spuren hinterlassen.[76] Vom notwendig gewordenen Umbau erhoffte sich der CVJM/F Zürich 1 neue Impulse für die Jugendarbeit. 1990 nahm deshalb eine Planungskommission, bestehend aus Vertretern des Vereins, der Pfadfinder und der Hauskommission, welche zuständig war für die Verwaltung des Glockenhofs, ihre Arbeit auf. Ferner veränderte sich im CVJM/F Zürich 1 in den folgenden Jahren bezüglich Organisation einiges: Der Zentralvorstand hob 1991 wegen Teilnehmermangels die Männerabteilung auf. Sodann übernahm der CVJM/F Zürich 1 1998 die Aufgaben des fünfzig Jahre zuvor gegründeten Stadtverbandes und funktioniert seither unter dem Namen Cevi Zürich als Dachverband der Stadtabteilungen sowie anderer Cevis ausserhalb von Zürich.[77]

Ein Umbau und viele Konzepte
Parallel zur erwähnten Planungskommission beschäftigten sich viele Einzelmitglieder des CVJM/F mit dem Umbauvorhaben. In unzähligen Sitzungen diskutierten sie ihre Vorstellungen zur künftigen Jugendarbeit und erarbeiteten Konzepte. Die dabei besprochenen Ideen reichten vom Glockenhof als Jugendkulturzentrum und Treffpunkt für Interessengruppen bis zum Dienstleistungszentrum als Sekretariat des eigenen Vereins, des Stadtverbandes und des Nationalverbandes des CVJM/F. Laut einem weiteren Konzept plante man, die Quartiervereine im Bereich Jugendarbeit zu ergänzen, Veranstaltungen für Erwachsene zu organisieren, Ausbildungs- und Weiterbildungskurse durchzuführen sowie sich sozial zu engagieren. Andere Überlegungen gingen ebenfalls von einem Mix von Angeboten

---

76 Glocke, 3. Ausgabe, 1995
77 Protokoll ZV 26.11.1991, S. 3; Cevital, Nr. 1, 1998, S. 16. Zum Stadtverband vgl. Glocke, Nr. 9, 1948.

aus wie Jugendkaffeebetrieb, Konzerte, Treffpunkte, Sportgruppen, Wohngruppen, Mitarbeitertreffen, Schulung und Tagungen.[78]

Diese Diskussionen sowie die Absprachen zwischen den verschiedenen im Glockenhof involvierten Gremien verliefen nicht immer harmonisch. Zu unterschiedlich waren teilweise die Ansichten der Beteiligten über die künftige Nutzung des Vereinshauses. Während die jüngeren Cevi-Mitglieder etwa die Logierzimmer im zweiten Stock als Wohngemeinschaft erhalten wollten, entschied die mehrheitlich aus Pensionierten bestehende Hauskommission, diese Räume zu Büros umzunutzen. Der Stiftungsrat der Stiftung zum Glockenhaus hingegen reagierte kritisch auf die Pläne, das Foyer über Mittag für Verpflegungen zu öffnen, und sorgte sich, wegen des Hotelbetriebs, über laute Abendveranstaltungen. Zu guter Letzt redete auch der Zentralvorstand des CVJM/F noch beim Umbau mit: Er beschloss beispielsweise, auf das bisherige Vereinshaus-Restaurant im ersten Stock zu verzichten – was wiederum viele Mitglieder bedauerten.

Die ständigen Diskussionen und Auseinandersetzungen zehrten wohl auf die Dauer an den Kräften der Beteiligten, weshalb ein Mitglied sich 1994 wünschte, «dass aus plötzlichem Geldmangel der Vereinshausumbau mit Jugendlichen in Fronarbeit realisiert» werde.[79] Dies traf jedoch nicht ein, denn im September 1994 bewilligte der Stiftungsrat den Kredit für den Umbau.

Das definitive Konzept zur Jugendarbeit verkündete der CVJM/F schliesslich Ende 1995: «Neben den offenen Begegnungsmöglichkeiten im Spielbereich und im Cevifoyer werden wir im stärkeren Ausmass Anlässe (z. B. Konzerte in der Mehrzweckhalle oder im mittelgrossen Mehrzweckraum im Untergeschoss) planen. Daneben bauen wir weiterhin auf aktive Gruppen wie den Ten-Sing-Jugendchor oder die

---

78 Vgl. Ordner Protokolle ZV u. a. 1987–1998: Konzept für die CVJM-Arbeit im Glockenhof vom 23.5.1990; Ordner Büro, ZV, GV 1995–1997: Wey, Johannes: Ideen für eine Zukunft im Gloggi, 4.12.1995; Walder, Karl: Arbeitspapier vom 12.10.1995

79 Glocke, 2. Quartal, 1994. Vgl. Protokoll ZV 7.9.1994; 20.11.1995. Zur Generationenfrage vgl. Interview mit Jean Bacher, Stiftungsrat und Mitglied der Hauskommission, in: Glocke, 2. Quartal, 1991, S. 3. Vgl. Kapitel Von der Genossenschaft zur Stiftung zum Glockenhaus, S. 179

Unihockey-Juniorenarbeit.»[80] Mithilfe des Jugendfoyers im Erdgeschoss, des Spielbereichs im Zwischengeschoss sowie der Mehrzweckräume wollte man ein «Begegnungszentrum» und – im Sinne der Gründer des Glockenhofs – «ein Stück Heimat» realisieren.[81]

Neustart der Jugendarbeit?
Der Umbau des Vereinshauses begann im Januar 1996 und dauerte über ein Jahr. In dieser Zeit blieben die Türen für Besucher geschlossen, und die rund 120 Leiterinnen und Leiter des Pfadikorps Glockenhof hielten ihre Sitzungen in einem Zeughaus der Zürcher Kaserne ab. Während dieser Phase entstand im CVJM/F der Wunsch, statt eines Jugendsekretärs einen Zentrumsleiter anzustellen und diese Position auf die Wiedereröffnung hin neu zu besetzen. So kehrte Jugendsekretär Markus Leuenberger im Sommer 1996 nach zehn Jahren Glockenhof in seinen ursprünglichen Beruf als Primarlehrer zurück. Sein Nachfolger, nun im Amt des Zentrumsleiters, wurde Johannes Wey, der bisher im CVJM-Stadtverband gearbeitet hatte. Dessen Familie war dem Glockenhof seit Langem verbunden: Wie schon der Grossvater war auch der Vater, Fritz Wey, CVJM-Mitglied gewesen.[82]

Als frisch gewählter Zentrumsleiter machte sich Johannes Wey im Herbst 1996 daran, ein neues Betriebskonzept und Leitbild für den Cevi Zürich zu erarbeiten. Gemeinsam mit Vertreterinnen und Vertretern des Ten Sing, des Unihockeys, der städtischen Jungscharen, des Zentralvorstands und der evangelischen Landeskirche erstellte er ein Konzept, laut dem der Glockenhof als Cevi-Zentrum ein Ort der Begegnung für Jugendliche und Erwachsene werden sollte mit den Schwerpunkten Freizeitangebote, Weiterbildung und soziale Projekte.[83]

---

80 Glocke, Nr. 3, 1995. Zum Umbau vgl. Gasal, Corinne: Gutachten, 2008, S. 11
81 Glocke, Nr. 3, 1995
82 Fritz Wey (1920–2007) war 1936 in den Jungtrupp eingetreten, hatte später die Jungmännerabteilung geleitet und in der Firma Pestalozzi am Münsterhof gearbeitet, deren Teilhaber ebenfalls eine Glockenhof-Tradition aufwiesen. Seine Enkelin Julia, Johannes Weys Tochter, absolvierte 2009 ein Praktikum im Cevi Zürich. Vgl. Cevital, Nr. 2, 1999, S. 12f.; Nr. 1, 2007, S. 16; Nr. 2, 2009, S. 15. Zur Firma Pestalozzi vgl. Kapitel Der CVJM – eine zweite Heimat?, S. 102
83 Protokoll ZV 13.3.1996; Protokoll GV 25.9.1996.Vgl. CVJM/F Zürich 1: Betriebskonzept 1997

87 *Wie soll es nach dem Umbau des Glockenhofs weitergehen? Zukunftswerkstatt des CVJM/F Zürich 1 im Ferienhaus Greifensee im September 1996. Archiv Glockenhof*

Der erhoffte Neustart der Jugendarbeit blieb nach der Wiedereröffnung des Glockenhofs im April 1997 jedoch aus: «Nur gerade der damalige Ten Sing fand sich zu seinen Proben wieder im Hause ein.»[84] In der Folge schuf Johannes Wey neue Angebote und suchte geeignete Mitarbeitende. Als er nach zehn Jahren 2006 zurücktrat, bestand wieder ein breites Spektrum an Aktivitäten: Plausch-Sport, Unihockey, Töpfer-Atelier, Cevi-Lunch, Senioren-Bibelkollegium, Trägerkreis, Roundabout-Tanzgruppe (ein Präventionsprojekt für junge Frauen), Osterlager, Wintercamp, Armenien-Partnerschaft, Lern- und Berufshilfe. Allerdings musste der Cevi Zürich wenig später den Ten Sing Gloggi einstellen. Während zu Beginn des Ten Sing das Mikrofon die Jugendlichen noch gelockt hatte, waren sie nun von Casting Shows im Fernsehen anderes gewohnt.[85]

84 Cevital, Nr. 2, 2006, S. 14
85 Cevi Zürich: Ten Sing, 18.1.2010; freundliche Mitteilung von Adrian Künsch-Wälchli

88 Am 30. Oktober 2010 hatte das christliche Kindermusikfestival «GUMP» in der Glockenhof-Turnhalle Premiere. Archiv Cevi Zürich

Vision 2012

Die Vorarbeiten für die «Vision 2012» hatten bereits zu Zeiten von Johannes Wey begonnen. Mit diesem Grobkonzept zur Umgestaltung des Vereinshauses bezwecken die Initianten, die Dreifach-Nutzung zu entflechten, also Cevi Zürich, Verwaltung und Hotel räumlich voneinander zu trennen. Angebote und Aktivitäten wie Frühgebet, Männer-Zmorge, Weiterbildungskurse, Hauskreis, Cevi-Lunch, Lernhilfe, Sport, Cevi-Kafi, Jungschar, Gottesdienst und Abendveranstaltungen sollen den Glockenhof von Montagmorgen bis Sonntagabend füllen. Als Zielgruppe des Cevi Zürich bezeichnet die Vision hauptsächlich «Jugendliche ab 16 Jahren, welche aus einem gut sozialisierten Umfeld stammen und nach einer Beheimatung suchen»[86]. Zudem will der Cevi Zürich als Dachverband den anderen Cevi-Gruppen und -Vereinen Platz für Veranstaltungen zur Verfügung stellen. Für Gäste und Cevi-Mitglieder sollen kostengünstige Unterkünfte zur Verfügung stehen.

---

86 Cevi Zürich: Vision 2012

Unter der Leitung von Weys Nachfolger entwickelte der Cevi Zürich 2008 ausserdem neue Statuten und abermals ein neues Leitbild. Dieses lautet auszugsweise: «Der Cevi Zürich ist eine offene christliche Gemeinschaft in der Stadt Zürich. Wir fördern mit unseren Aktivitäten, die allen offen stehen, die Begegnung von Menschen untereinander und mit dem christlichen Glauben. Unser Ziel ist, Menschen ganzheitlich, das heisst Körper, Geist und Seele, anzusprechen.»[87] Das Programm des Cevi Zürich umfasst gemäss Statuten Freizeitangebote, Weiterbildung und soziale Projekte, wie es schon das Betriebskonzept von 1997 festhielt. Als der neue Zentrumsleiter – inzwischen hatte der Cevi die Funktion in Geschäftsleiter umbenannt – 2008 nach nur zwei Jahren kündigte, übernahm Adrian Künsch-Wälchli interimsweise diese Funktion. Seit Sommer 2009 teilt er sich die Geschäftsleitung mit seiner Frau Andrea Künsch-Wälchli.[88]

Im April 2009 erteilte die Generalversammlung dem Zentralvorstand den Auftrag, die «Vision 2012» umzusetzen. Doch in Gesprächen der Stiftung zum Glockenhaus mit Ralph Müller, Cevi-Präsident seit 2008 (seit 2009 teilt er sich das Präsidium mit David Zürrer), zeigte sich, dass die Umsetzung der geplanten Umbauschritte «weitaus komplizierter» sei als bisher angenommen.[89] An einer ausserordentlichen Generalversammlung im November 2009 beauftragten deshalb die Cevi-Mitglieder Ralph Müller, die drei Varianten «Vision 2017», Alternativstandort und dezentrale Angebote in den Quartieren weiterzuführen. Obwohl der Glockenhof vorderhand in seinem bisherigen Zustand bleibt, entwickelte das Cevi-Leitungsteam neue Angebote: So ist das Vereinshaus seit Januar 2010 am Samstag für das Cevi-Kafi geöffnet, und seit August 2010 besteht dienstags und samstags ein Kinderhütedienst. Mit diesen Neuerungen hat der Cevi Zürich

---
87 Cevi Zürich: Leitbild 2008
88 Der studierte Medienwissenschafter Adrian Künsch-Wälchli hatte in den 1990er-Jahren den Ten Sing Gloggi mitgeleitet, engagierte sich danach in der schweizweiten Ten-Sing-Ausbildung und baute das Armenienprojekt des Cevi Zürich auf. Die ehemalige Sonderschullehrerin Andrea Künsch-Wälchli, deren Vater Ten-Sing-Sekretär im Kanton St. Gallen gewesen war, arbeitete 2010 als Co-Geschäftsleiterin in der Projektleitung der Cevi Lernhilfe mit.Vgl. Cevital, Nr. 3, 2008, S. 10; Cevital, Nr. 2, 2009, S. 14
89 Cevital, Nr. 2, 2009, S. 13; freundliche Mitteilung von Adrian Künsch-Wälchli

89 Neu im Glockenhof:
Der Cevi-Kinderhütedienst
Gloggespiel. Flyer 2010.
Cevi Zürich

seine Zielgruppe erweitert von Jugendlichen auf Kinder, Erwachsene und – mit dem seit den 1990er-Jahren bestehenden Bibelkollegium – Senioren.

Die Jugendarbeit des Cevi Zürich, der seit 1911 im Glockenhof domiziliert ist, wandelte sich im Laufe der Jahre stetig. Dabei verschlossen sich die Verantwortlichen nicht vor Veränderungen in der Gesellschaft; vielmehr versuchten Mitarbeitende, Ehrenamtliche und Aktivmitglieder, das Programm an die Bedürfnisse der jungen Männer und später auch Frauen anzupassen. 2010 konnten die Jugendlichen im Glockenhof zum Beispiel Einzelunterricht oder Prüfungsvorbereitung in der Cevi-Lernhilfe belegen, an den monatlichen Friday-Night-Parties Bekannte treffen oder in der Mehrzweckhalle einen Film schauen. Die Personen wiederum, die sich in der Jugendarbeit engagierten und engagieren, sind zumeist selbst schon seit Langem mit dem Glockenhof und dem Cevi verbunden. Sie alle wissen aus eigener Erfahrung, wie viel Einsatz und Motivation es braucht, um eine Jugendarbeit zu machen, die Körper, Geist und Seele der Jugendlichen anspricht.

DER GLOGGI IM GLOGGI – DAS PFADFINDERKORPS GLOCKENHOF UND DER CEVI ZÜRICH

Das Pfadfinderkorps Glockenhof wurde 1912 als eine Abteilung des Christlichen Vereins Junger Männer (CVJM) Zürich 1 gegründet. In den folgenden Jahrzehnten entwickelte sich die erste Pfadfindergruppe auf dem Platz Zürich zu einer der grössten Abteilungen der Schweiz mit über 1500 (überwiegend männlichen) Mitgliedern. 2010 zählte das Korps – inzwischen gehören Mädchen-, Knaben- und gemischte Pfadigruppen dazu – mit knapp 650 Aktiven immer noch zu den stärksten im Kanton Zürich. Im «Gloggi» zusammengeschlossen sind die Abteilungen Gryfensee, Hadlaub, Lägern, Manegg, PTA (Pfadi Trotz Allem) Hutten, Seepfadi und Wildert; deren Einzugsgebiet umfasst die Stadt Zürich sowie die Regionen Glatt- und Wehntal. Als Vereinshaus dient dem Korps das Cevi-Zentrum Glockenhof.[90]

---

90 Egli, Karl: 75 Jahre Jugendarbeit, 1925, S. 28; Pfadikorps: Allgemeines, 28.7.2010

90 *Der Gründer der Glockenhof-Pfadfinder: Der 18-jährige Emil Dändliker im Jahr 1912. Stadtarchiv Zürich: VII.155:2.1*

91 *Mit Krawatte, Anzug und einem (!) Hut: «Pfadfinderische Übungen» der CVJM-Knabenabteilung am Greifensee im Frühling 1912. Stadtarchiv Zürich: VII.155: 2.1*

Die Pfadi im Glockenhof

Als Gründer der Glockenhof-Pfadfinder gilt Emil Dändliker, der 1911 als 17-jähriger Bürogehilfe auf dem Sekretariat des CVJM Zürich 1 arbeitete. Durch die Bekanntschaft mit einem Pfadfinder aus Stuttgart gelangte Dändliker in den Besitz von Unterrichtsmaterialien der dort im Jahr zuvor entstandenen CVJM-Pfadfindergruppe. Neuartig an der 1907 vom Briten Robert Baden-Powell gegründeten weltweiten Pfadfinderbewegung waren die Grundsätze «Jugend führt Jugend» sowie «learning by doing».[91] Im Frühling 1912 begann Dändliker, mit den älteren Mitgliedern der Knabenabteilung, in der er sich in seiner Freizeit als Hilfsleiter betätigte, «einzelne Spar-

---

91 Auch Baden-Powell arbeitete mit dem CVJM zusammen: 1908 organisierte er eines der ersten Jugendlager mit Hilfe des YMCA (Young Men's Christian Association) in Birkenhead bei Liverpool. In der Schweiz übernahmen CVJM-Kommissionen in der Romandie ab 1912 die Pfadfindermethode. Vgl. Wehrli, Edwin: Pfadfinder, in: Jugendkomitee CVJM (Hrsg.): Jugendwerk, 1931, S. 85; Leuenberger, Markus: 100 Jahre CVJM/F, 1987, S. 9

ten des Pfadfinderprogramms zu pflegen»[92]. Die Jugendlichen bauten unter anderem Stege und Seilbrücken über Bäche und Kanäle. Aus dieser noch lockeren Gemeinschaft entstand schliesslich eine Pfadfindergruppe, zu deren offiziellen Gründungstag Dändliker den 1. August 1912 bestimmte.

Der CVJM Zürich 1 zeigte vorerst wenig Interesse an den Pfadfindern, doch im Juni 1913 besuchten Vereinssekretär Karl Egli und Jugendsekretär Richard Pestalozzi eine Pfadfinder-Tagung in Stuttgart. In der Folge beantragte Pestalozzi am 4. Juli 1913 dem Zentralvorstand des CVJM, «die Pfadfindersache als Arbeitszweig unseres Vereins, speziell der jüngeren Abteilung, aufzunehmen und die bereits bestehende aus der Knabenabteilung hervorgegangene Gruppe weiter auszubilden»[93]. Damit wollte man der für Lehrlinge konzipierten (jüngeren) Abteilung wieder Schwung verleihen. Zu diesem Zweck bestellte der Zentralvorstand eine Pfadfinderkommission – allerdings ohne Dändliker miteinzubeziehen, welcher dem CVJM wohl zu jung schien für diese Aufgabe. Doch Dändliker wehrte sich, sodass der Vorstand schliesslich ihn und Pestalozzi als Pfadfinderleiter gleichstellen musste. Zudem erweiterte der Zentralvorstand die Pfadfinderkommission auch noch durch drei Elternvertreter.[94]

Obwohl die Pfadfinder einen «Zweig» des CVJM Zürich 1 bildeten, waren sie nicht verpflichtet, dem Verein beizutreten. Gleichwohl gestaltete der Zentralvorstand die neue Abteilung mit. Zum Beispiel schlug Karl Egli im Dezember 1913 vor, dass sich die Pfadfinder dem neu gegründeten Schweizerischen Pfadfinderbund angliederten.[95] Ferner mussten die Glockenhof-Pfadfinder dem Zentralvorstand ihre Satzungen zur Genehmigung vorlegen. So ist dessen Einfluss etwa im ersten Paragraphen

---

92 ASZ: Dändliker, Emil: Gründungsgeschichte, um 1982, S. 3, Sig.:VII.155.:1.3.Vgl. Dändliker, Emil: Die ersten Pfadfinder, in: Der Goldene Pfeil, 1932
93 Protokoll ZV 4.7.1913.Vgl. Pestalozzi, Richard: Anfangsjahre Pfadiabteilung, in: Der Goldene Pfeil, 1932. Richard Pestalozzi stammte aus einer bekannten Zürcher Familie: Sein Vater war Pfarrer, und seine Mutter war die Tochter des letzten Antistes (Vorsteher) der Zürcher Kirche. Im April 1915 verliess Pestalozzi den Glockenhof, um eine Pfarrstelle anzutreten. 1955 wurde er zum Kirchenratspräsidenten des Kantons St. Gallen gewählt.Vgl. Egli, Albert / Diener, Hans: Andenken Pestalozzi, 1963
94 Protokoll ZV 31.10.1913. 1928 entstand daraus die heute noch bestehende Elternkommission.Vgl. Schüle, Ruedi: Abteilungschronik, in: Der Goldene Pfeil, 1962, S. 61
95 Protokoll ZV 5.12.1913

92 Erfolgreiche Abteilung: 1914 zählte die noch junge Pfadi-Abteilung bereits rund 80 Mitglieder. Stadtarchiv Zürich: VII.155: 2.1

der Statuten von 1914 erkennbar: «Die Pfadfinderabteilung des CVJM Zürich 1 hat zum Zweck, ihre Mitglieder zu praktischen und tüchtigen Menschen heranzubilden, ihren Körper zu stählen und ihren Charakter im Sinne des Evangeliums Jesu zu entwickeln und zu festigen.»[96]

Von der CVJM-Abteilung zum Pfadi-Korps

Obwohl kurz nach der Gründung der Pfadfinderabteilung Glockenhof mehrere Führer eigene Gruppen gegründet hatten, entwickelte sich die neue Jugendarbeit prächtig. So expandierte die Abteilung schon bald von der Stadt aufs Land, indem einige Führer 1930 in Wallisellen den Zug Olymp gründeten.[97] In den 1930er-Jahren stiegen die Zürcher mit rund 600 Führern und Pfadfindern dann zur grössten Pfadfinderabteilung der Schweiz auf.[98] Wegen Leitermangels auf der Stufe der Jüngsten, der «Wölfe», setzte man damals schon Mädchen als Führerinnen ein.[99]

---

96 Protokoll ZV 19.2.1914
97 Daraus entstand später der Stamm bzw. ab 1965 die Abteilung Gryfensee. Vgl. Wüthrich, Peter: Gryfensee, 2 Bände, 1990–1992; Wüthrich, Peter: Olymp, 2005
98 Egli, Edwin / Egli, Walter / Stutz, Jakob: Jubiläumsbericht 50 Jahre CVJM, 1937, S. 38
99 Wüthrich, Peter: Gryfensee, Bd. 1, 1990, S. 44; Wüthrich, Peter: Olymp, 2005, S. 57. Der Einsatz von Wolfsführerinnen bewährte sich und wurde vielerorts beibehalten. Zu den Stufen vgl. Zimmermann: Pfadfinderbewegung

93 Frauen waren in der Gloggi-Pfadi schon früh dabei und zwar als Leiterinnen der Jüngsten, der «Wölfli». In: Der Goldene Pfeil, Nr. 5, 1962, S. 31

Nach dem Zweiten Weltkrieg zählte die Gloggi-Pfadi bereits über tausend Aktive. Nicht nur im Glatttal breitete sie sich nun aus, sondern auch im Wehntal sowie in Oerlikon und Schwamendingen, was ihr 1953 den Vorwurf des «Kindlifressers» einbrachte.[100]

Der Gloggi bevölkerte das Land in und um Zürich, und mit dem 1958 gegründeten Seepfadfinderzug Odysseus auch das Wasser. Nach dem Vorbild der englischen Sea Scouts trugen diese Pfader Pullover und Matrosenmütze statt Hemd und Hut. Fünf Jahre bevor ab 1987 Mädchen bei der Seepfadi offiziell mitmachen durften, bekleidete Heidi Schütz (Pfadiname Skippy) 1982 das Amt des Admirals.[101] Nur ein Jahr nach der Gründung der Seepfadi nahm der Zug Wulp seinen Betrieb auf, der sich unter dem in der Pfadi schweizweit gebräuchlichen Motto «Pfadi Trotz Allem» (PTA) behinderten Knaben widmete. Eine

---

100 Der Goldene Pfeil, Nr. 4, 1953, S. 100. Im selben Jahr taufte der Gloggi seine fünf Stämme auf die Namen Manesse, Hutten, Hadlaub, Salander und Gryfensee – nach Figuren aus Werken von Gottfried Keller und Conrad Ferdinand Meyer. Vgl. Der Goldene Pfeil, Nr. 3, 1953 S. 53–55
101 In einem Rapport der Pfadi Glockenhof an den Kantonalverband wird ein Seekorps bereits 1934 erwähnt; auch die Genfer hatten einst für kurze Zeit eine Seepfadi. Vgl. ZB: Brief von Hans Rosenberger an den SPB vom 18.6.1958; Brief des SPB an den KVZP vom 30.6.1958, Sig.: Ms. KVZP W 53.23.19; Dossier Seepfadfinder, Sig.: Ms. KVZP W 53.23.23; Seepfadi: Geschichte, 9.8.2010

94 Pfadfinder trotz Allem (PTA): Der 1959 gegründete Zug Wulp der Pfadfinderabteilung Glockenhof. In: Der Goldene Pfeil, Nr. 5, 1962, S. 44

Vorläufergruppe unter Abteilungsleiter Raymond Spengler (Päng) hatte bereits ab 1946 existiert; damals besuchten die Pfadiführer alle zwei Wochen Knaben, die für mehrere Wochen oder Monate in der Orthopädischen Universitätsklinik Balgrist hospitalisiert waren.[102]

Bis Mitte der 1960er-Jahre wuchs die Pfadfinderabteilung Glockenhof auf 1500 Mitglieder an, womit sie mehr Aktive zählte als alle anderen Abteilungen in der Stadt Zürich. Aus diesem Grund erfolgte 1965 die Reorganisation zum Korps: Aus den ehemaligen Stämmen wurden Abteilungen, bestehend aus den nach Alter getrennten Wolfs-, Pfadi- und Roverstufen. Die bisherigen Züge bildeten neu Stämme, die sich aus den einzelnen Gruppen zusammensetzten.[103] Gleichzeitig veränderten sich mit dem Wegzug von Familien aus der Stadt Zürich die Strukturen des Korps: Während die städtischen Stämme Mitglieder verloren und deshalb zum Teil aufgelöst wurden, vergrösserten sich die ländlichen Abteilungen oder entstanden sogar neu, wie zum Bei-

---

[102] 2010 bestand die PTA-Abteilung Hutten aus 13 Pfadis und Wölfen. Vgl. PTA Gloggi: Über uns, 9.8.2010. Vgl. Der Goldene Pfeil, Nr. 2, 1947, S. 31f.; Nr. 3, 1959, S. 53f.
[103] Protokoll ZV 1.3.1965, S. 1; Wiesel: Gloggichronik, in: Der Goldene Pfeil, 1972, S. 95–99; Pfadikorps: Chronik, 9.8.2010

spiel 1983 die Abteilung Wildert in Volketswil und Schwerzenbach. Ab den 1970er-Jahren arbeitete das Korps mit Pfadfinderinnen der Region Manegg zusammen, etwa in gemischten Ausbildungslagern. 1987 leitete mit Laurence von Schulthess (Soli) erstmals eine Frau das Korps, und Ende 2003 schloss sich die Manegg dem Glockenhof an.[104]

«De Gloggi im Gloggi»

Der 1911 eingeweihte Glockenhof oder «Gloggi» ist nicht nur das Vereinshaus des Cevi Zürich, sondern auch des 1912 gegründeten Pfadikorps Glockenhof, ebenfalls «Gloggi» genannt. Die Pfadfinder haben ihr Reich im Zwischenstock, wo in den Anfangszeiten «in Dutzenden von unergründlichen Kästen und Gelassen» das Material für die Übungen und Lager wie Seile, Pflöcke, Zelte und Kochgeschirr untergebracht war.[105] Damals trafen sich die Gruppenführer der Stufe Pfadi am Mittwochabend zu Besprechungen im Glockenhof, während der Donnerstag für die Führerinnen der Stufe Wölfli reserviert war. Als die Abteilung expandierte, fanden nur noch die Höcks der Leiter – und nicht mehr aller Gruppenführer – im Gloggi statt.

Den Pfadileitern standen ein Sekretariat und ein Führerstübli mit Telefon und Vervielfältigungsapparat zur Verfügung. Dabei sorgten langjährige Sekretärinnen wie Frau M. Wuhrmann für einen ordentlichen Betrieb. Das System der Postfächer, die von jedem Leiter wöchentlich geleert werden sollten, brachte an den Mittwochabenden viel Betrieb ins Vereinshaus. Als in den 1970er-Jahren einige Abteilungen eigene Führerzentren einrichten wollten, unterstützte dies der Korpsleiter nicht: «Ganz offen gesagt, ist es nicht schade, dass sich die Führer des ganzen Gloggi noch immer am selben Ort treffen.»[106]

---

104 1987 fusionierten der Schweizerische Pfadfinderbund und der Bund Schweizerischer Pfadfinderinnen zur Pfadibewegung Schweiz mit gemischten und traditionellen Abteilungen. Vgl. Manegg: Geschichte, 9.8.2010
105 Glocke, Nr. 10, 1929, S. 39
106 ZB: Standortbestimmung von Matthias Zimmermann vom 15.3.1972, S. 10, Sig.: Ms. KVZP W 53.23.10. Vgl. Büchi, Hermann: Tuchfühlung, in: Der Goldene Pfeil, 1987, S. 6; Der Goldene Pfeil, Nr. 5, 1962, S. 70; Wiesel: Gloggichronik, in: Der Goldene Pfeil, 1972, S. 97

Eine christliche Abteilung?

Abenteuer, körperliche Ertüchtigung, militärische Disziplin, Patriotismus – dies suchten in den Anfangsjahren viele junge Männer in der Pfadfinderabteilung Glockenhof. Als der CVJM die Abteilung näher an sich zu binden versuchte, traten einige Führer aus und eröffneten selbstständige, zum Teil stärker militärisch organisierte Abteilungen. Unter den «Separatisten» befand sich auch der Gründer der Glockenhof-Pfadfinder, Emil Dändliker. Seinen Abgang begründete er 1916 in einem Brief an die Eltern der Pfadfinder: «Neuerdings macht der CVJM wieder stärkere Anstrengungen, um die Pfadfinderabteilung noch enger an sich anzugliedern. Speziell soll dies durch vermehrte, ausgesprochen religiöse Beeinflussung geschehen.»[107]

Für den damaligen Abteilungsleiter Rudolf Egli (Dogg) stand ausser Frage, dass der Gloggi eine christliche Abteilung sei. Je nach Einstellung bedeutete dies einen Vor- oder einen Nachteil für die Pfadfinderarbeit.[108] Dabei führte vor allem «die Frage nach der Pflege des religiösen Lebens in der Pfadfinderbewegung der CVJM» laufend zu Diskussionen.[109] Wie man zum Beispiel die Pfadfinder zur Religiosität erziehen könnte, beschäftigte Abteilungsleiter Edwin Wehrli im Jahr 1920. Die Lösung sah er in Pfadfinderversprechen und -gesetz, die «eigentlich nichts anderes […] als eine dem Knaben besser entsprechende Formulierung der Bergpredigt» seien und zum «Hauptziel» Jesus Christus hinführten.[110] Die Bergpredigt, eine im Matthäusevangelium überlieferte Rede von Jesus, enthält Seligpreisungen («Wohl dem, der …»), die mit Themen wie Demut, Barmherzigkeit oder Gerechtigkeit verknüpft sind.

---

107 ASZ: Brief von Emil Dändliker vom 19.8.1916, Sig.: VII.155:1.2. Dändliker gründete die Abteilung Libertas mit. Weitere von ehemaligen Gloggi-Pfadfindern gegründete Abteilungen: Patria, Winkelried, Amicitia, Freie Pfadfinderabteilung Zürich. Vgl. ASZ: Dändliker, Emil: Gründungsbericht, 1982, Sig.: VII.155.:1.1. Zu den Abspaltungen vgl. Bernet, Fritz: Tagebuch, in: Der Goldene Pfeil, 1932, S. 119; Egli, Karl: 75 Jahre Jugendarbeit, 1925, S. 28f.
108 Egli, Rudolf: Auszug Brief 50 Jahre Gloggi-Pfadi, in: Der Goldene Pfeil, 1962, S. 12
109 Pestalozzi, Richard: Anfangsjahre Pfadiabteilung, in: Der Goldene Pfeil, 1932, S. 113
110 Wehrli, Edwin: Erziehungsfragen, 1920, S. 4. Vgl. Egli, Karl: 20 Jahre Pfadfinderabteilung, in: Der Goldene Pfeil, 1932, S. 129

Das Pfadfinderversprechen (alte Version)

«Ich verspreche auf meine Ehre nach Kräften zu sein: treu Gott und dem Vaterland, hilfreich dem Nächsten, gehorsam dem Pfadfindergesetz.»[111]

Das Pfadfindergesetz (alte Version)

«Des Pfadfinders Wort ist wahr. Der Pfadfinder ist treu. Der Pfadfinder hilft, wo er kann. Der Pfadfinder ist ein guter Kamerad. Der Pfadfinder ist höflich und ritterlich. Der Pfadfinder schützt Tiere und Pflanzen. Der Pfadfinder gehorcht willig. Der Pfadfinder ist tapfer; er überwindet schlechte Laune. Der Pfadfinder ist arbeitsfreudig und genügsam. Der Pfadfinder hält sich rein in Gedanken, Wort und Tat.»[112]

Christliche Anliegen vertraten noch andere Pfadfinder zu dieser Zeit. Willy Lutz, späterer Sekretär des CVJM Bern, «der mit ganzem Herzen in beiden Bewegungen drin stand», gründete 1917 zusammen mit weiteren Pfadiführern aus Zürich und St. Gallen eine CVJM-Pfadfinderarbeitsgemeinschaft.[113] Zweck war, junge Leiter in ihrer Entwicklung zu unterstützen. Aus diesem losen Zusammenschluss entstand in den frühen 1930er-Jahren die Arbeitsgemeinschaft Evangelischer Pfadfinder (AEP). Dazu gehörten ausser dem Glockenhof die Pfadfinderabteilungen Bubenberg aus Bern, Hospiz aus St. Gallen sowie Johanniter aus Basel. 1965 erklärte der Korpsleiter der Glockenhof-Pfadi, der ein ehe-

---

111 Pfadfinderabteilung: Satzungen, 1929. Die aktuelle Version des Versprechens der Pfadibewegung Schweiz lautet: «Ich verspreche, mein Möglichstes zu tun, um mich immer von neuem mit dem Pfadigesetz auseinanderzusetzen, nach Sinn und Ziel meines Lebens zu suchen, mich in jeder Gemeinschaft einzusetzen, in der ich lebe. (Im Vertrauen auf Gott und) Zusammen mit Euch allen versuche ich, nach diesem Versprechen zu leben.»
112 Der Goldene Pfeil, Nr. 1, 1952. Das aktuelle Gesetz der Pfadibewegung Schweiz lautet: «Wir Pfadi wollen offen und ehrlich sein, Freude suchen und weitergeben, unsere Hilfe anbieten, uns entscheiden und Verantwortung tragen, andere verstehen und achten, miteinander teilen, Sorge tragen zur Natur und allem Leben, Schwierigkeiten mit Zuversicht begegnen.»
113 Egli, Walter: Pfadfinder und CVJM, in: Der Goldene Pfeil, 1952, S. 40

maliges Vorstandsmitglied der AEP war, dass für ihn Pfadfinderei und Religion keinen Widerspruch bedeute: «Wirklich Pfadfinder sein kann man ja nur, wenn man eine Religion hat und sich um den Glauben bemüht (Baden-Powell).»[114]

Geben und Nehmen

Zwischen der Pfadi und dem CVJM herrsche ein Geben und Nehmen, stellte Walter Egli, der Verwalter der Genossenschaft zum Glockenhaus, 1952 zum 40-Jahr-Jubiläum der Pfadfinderabteilung fest: «Der CVJM, der anfänglich mehr der Gebende war, durfte auch der Empfangende werden. Seine eigenen Jugendabteilungen, die angesichts der wachsenden Grossstadt mehr und mehr das Bedürfnis empfinden, die Knaben und Burschen aus der Stadtluft hinauszuführen, lernen, ohne zu kopieren, viel Gutes von der Pfadi, während diese wieder für die Räumlichkeiten dankbar sind, die ihnen das CVJM-Vereinshaus bietet.»[115] Besonders froh war Egli um die blühende Pfadiabteilung, wenn er auf die Frage von amerikanischen CVJM-Sekretären nach den Mitgliederzahlen des Vereins auch deren Bestände nennen konnte. Denn mit bald tausend Mitgliedern seien die Pfadfinder sogar «amerikanischen Dimensionen» nahe gekommen.[116]

Ganz so ausgeglichen, wie Verwalter Egli es schilderte, war die Beziehung zwischen der Glockenhof-Pfadi und dem CVJM jedoch nicht. Da die Pfadi als Abteilung des CVJM gegründet worden war, musste sie – wie erwähnt – ihre Statuten dem CVJM-Zentralvorstand zur Genehmigung vorlegen und von diesem auch die Wahl des Abteilungs- bzw. ab 1965 Korpsleiters bestätigen lassen. Zudem war der Korpsleiter verpflichtet, dem CVJM als Aktivmitglied beizutreten; im Gegenzug nahm er im Zentralvorstand Einsitz. Der Zentralvorstand wiederum entsandte eine Delegation in den Korpsvorstand der Pfadi. Bei dieser gegenseitigen

---

114 AG: Aufnahmegesuch von Jürgen Meyer als Aktivmitglied vom 25.5.1965, Sig.: Ordner Mitglieder, Beirat. Zur AEP vgl. Geissberger: Werden, 1968, S. 81; Schüle, Ruedi: Abteilungschronik, in: Der Goldene Pfeil, 1962, S. 61. 1994 wurde die AEP aufgelöst.
115 Egli, Walter: Pfadfinder und CVJM, in: Der Goldene Pfeil, 1952, S. 41
116 Egli, Walter: Pfadfinder und CVJM, in: Der Goldene Pfeil, 1952, S. 41

Vertretung in den jeweiligen Vorständen ging es einerseits um Kontrolle. Andererseits bot sich damit die Gelegenheit, Einblick zu nehmen in die Tätigkeiten und Probleme des anderen Vereins. Ausserdem funktionierte das Pfadikorps wegen seiner Grösse meist relativ autonom.[117]

Zu Spannungen führte vor allem die Bestimmung, dass der Abteilungs- bzw. Korpsleiter Aktivmitglied des CVJM sein müsse. Um als Aktivmitglied aufgenommen zu werden, mussten sich die Kandidaten zur sogenannten Pariser Basis bekennen. Diese formuliert seit 1855 das Ziel der weltweiten CVJM-Bewegung, junge Männer bzw. Menschen für Christus zu gewinnen. Während des Aufnahmeverfahrens interviewte der Zentralvorstand jeweils die Korpsleiter zu ihrer christlichen Einstellung. Indessen relativierte ein Vorstandsmitglied 1965 diese Praxis: «Selbstverständlich haben wir in unserem Dienst als CVJM niemanden nach dem Bekenntnis zu fragen, der bei uns mitmachen will. Hier sind wir für alle jungen Leute offen [...].»[118]

Doch stellte in derselben Diskussion ein anderes Mitglied des Zentralvorstandes die langjährige Struktur infrage: «Wäre es nicht besser, wenn sich die Pfadfinderabteilung trennen würde?» Seiner Meinung nach bestünden zwischen Pfadi und CVJM keine Gemeinsamkeiten; einzelne Kontakte existierten höchstens auf Stufe der Leiter. Dennoch löse sich die Pfadi nicht vom CVJM, weil sie «den Vorteil der Hausbenützung nicht verscherzen» wolle. Dieser Provokation hielt der damalige Pfadfinder-Korpsleiter jedoch entgegen, dass die Pfadileitung sich sehr wohl verpflichtet fühle gegenüber dem «Geistesgut» des CVJM.[119]

Laut den Statuten des Cevi Zürich von 2008 ist die Cevi-Mitgliedschaft nicht mehr obligatorisch für die Korpsleitung. Es ist aber erwünscht, dass der Korpsrat (der die Korpsleitung wählt) dem Cevi beitritt.[120]

---

117 Protokoll ZV 23.9.1969, S. 3. Vgl. Pfadfinderabteilung: Satzungen, 1929; Pfadfinderkorps: Statuten, 1965
118 Protokoll ZV 1.3.1965, S. 2. Zur Pariser Basis vgl. Kapitel Evangelische Spiritualität und Laientheologie, S. 214
119 Protokoll ZV 1.3.1965, S. 5. Der CVJM war in der Anwendung seiner Statuten nicht immer strikt: Zum Beispiel bestätigte der Zentralvorstand 1971 einen neuen Korpsleiter, der die Pariser Basis nicht anerkannte und deshalb nicht Aktivmitglied wurde. Vgl. Protokoll ZV 23.3.1971, S. 1–3
120 Cevi: Statuten, 2008

95 *Richard Pestalozzi, Abteilungsleiter 1914. In: Der Goldene Pfeil, Nr. 5, 1962, S. 13*
96 *Edwin Wehrli, Abteilungsleiter 1919–1920. In: Der Goldene Pfeil, Nr. 5, 1962, S. 13*
97 *Rudolf Egli, Abteilungsleiter 1929–1933. In: Der Goldene Pfeil, Nr. 5, 1962, S. 13*

Verbindungsmänner

Enge personelle Verflechtungen zwischen der Gloggi-Pfadi und dem CVJM Zürich 1 bestanden insbesondere in der ersten Hälfte des 20. Jahrhunderts. Damals waren mehrere Abteilungsleiter der Pfadi zugleich im CVJM Zürich 1 tätig oder aus diesem hervorgegangen.[121] Dazu gehörte etwa Rudolf Egli, der die Abteilung von 1929 bis 1933 leitete, danach die Elternkommission der Pfadi präsidierte und sich in der Jugendabteilung des CVJM engagierte. Einer seiner Vorgänger in der Abteilungsleitung, Edwin Wehrli, galt gar als «Verbindungsmann» zwischen den beiden Vereinen.[122] Anschliessend an die Zeit als Pfader

---
121 Egli, Walter: 50 Jahre Glockenhaus, 1961, S. 26
122 Glocke, Nr. 3, 1953. Zu Edwin Wehrli vgl. AG: Brief von Karl Egli an den ZV vom 23.10.1926, Bestand: Protokolle ZV, Bd. 5, S. 264/265. Vgl. JB CVJM, 1945/46, S. 11; 1946/47, S. 17–19; JB CVJM, 1952/53, S. 1f.; Glocke, Nr. 3, 1953; Der Goldene Pfeil, Nr. 1, 1947, S. 8f.; Nr. 1, 1953, S. 14; Egli, Walter: 40 Jahre CVJM-Arbeit, 1958, S. 23f.; Jubiläumsbericht 75 Jahre CVJM, 1962, S. 6, 10. Vgl. auch Kapitel Zweiter Weltkrieg im Glockenhof, S. 94

und Abteilungsleiter (1919–1920) absolvierte Wehrli ein Praktikum auf dem Glockenhof-Sekretariat. Ab 1922 arbeitete er als Sekretär des CVJM Bern, für welchen er die CVJM-Pfadfinderabteilung Bubenberg leitete. 1927 holte ihn Generalsekretär Karl Egli nach Zürich zurück, um ihm die Verantwortung für die Knabenarbeit des CVJM zu übertragen. Nach Eglis Tod 1936 übernahm Wehrli dann für zehn Jahre das Amt des Vereinssekretärs. Der Pfadfinderabteilung blieb er dennoch verbunden als Aktuar der Elternkommission.

Auch die Jugendsekretäre des CVJM standen oft mit der Pfadi im Kontakt. Als der Zentralvorstand dieses Amt mitten im Zweiten Weltkrieg neu besetzen musste, suchte er ausdrücklich nach einem Pfadfinderführer, der als Bindeglied zwischen dem CVJM und dem Gloggi walten sollte.[123] Jahrzehnte später interessierte sich CVJM-Jugendsekretär und -berater Robert Rahm Mitte der 1970er-Jahre für die Pfadfinder. Er übernahm die Leitung der Roverstufe, der dritten Stufe nach den Wölfen und den Pfadern. Ausgestattet mit einem Pfadinamen (Mutz), arbeitete er in Ausbildungskursen mit und traf regelmässig mit dem Korpsstab zusammen. Davon angetan war Korpsleiter Peter Stünzi, der sich heute im Beirat des Cevi Zürich engagiert: «Vor allem im Jugendberater Mutz habe ich einen Gesprächspartner für Jugendfragen gefunden. Wenn immer möglich, nahm ich an den Zentralvorstandssitzungen teil.»[124]

Ein weiterer Verbindungsmann zwischen der Pfadi und dem CVJM war Hermann Büchi. 1935 der Pfadi beigetreten, arbeitete er ab 1953 als Stellvertreter von Walter Egli, dem Verwalter der Genossenschaft zum Glockenhaus. Von 1958 bis 1989 war Büchi dann alleiniger Verwalter. Nach Anfangsschwierigkeiten – 1958 beklagte sich der Korpsleiter beim Zentralvorstand über Büchi, dass dieser die Pfadi als «zweite Garnitur» behandle – verbesserte sich das Verhältnis.[125] Von da an unterhielt Büchi stets eine «enge Tuchfühlung» mit den

---

123 Glocke, Nr. 4, 1942
124 ZB: Jahresrapport Korpsleiter 1974, S. 6, Signatur: Ms. KVZP W 53.23.10. Vgl. ebenda: Jahresrapport 1975, S. 3f.; 1976, S. 3. Zu Robert Rahm vgl. AG: JB Korpsroverstufe 1976, Sig.: Ordner CVJM. Vgl. Kapitel Cevi Zürich – Jugendarbeit damals und heute, S. 122
125 Protokoll ZV 7.2.1958

98

99

98 Gloggi-Pfader unterwegs von Zürich nach Bern. Wanderlager 1978. Sammlung Hansjürg Büchi
99 Lagerfeuer-Romantik anno 1979 im Calancatal. Sammlung Hansjürg Büchi

Pfadfindern.[126] So kannte er von den 32 Abteilungs- bzw. Korpsleitern 25 persönlich. Sogar den Gründer der Pfadiabteilung, Emil Dändliker, hatte er einmal im Glockenhof getroffen. Die Korpsleiter dankten Büchi und seinem Team in ihren Jahresrapporten jeweils für das Verständnis und die Unterstützung. Als Büchi 1989 in Pension ging, ernannten ihn die Pfadfinder zum Ehrenmitglied.

Familienabende im Glockenhof

Der langjährige Verwalter des Glockenhofs, Hermann Büchi, erinnerte sich 1987 anlässlich des 75-Jahr-Jubiläums der Gloggi-Pfadi an die legendären Familienabende. An diesen Anlässen führten die Abteilungen und Stufen – Wölfli, Pfader und Rover – vor ihren Eltern und Bekannten Theaterstücke und Sketchs auf. Aufgrund seiner eigenen Pfadivergangenheit brachte Büchi Verständnis auf für diese hektischen Veranstaltungen: «In den für höchstens 450 Personen berechneten Saal wurden 600 Personen hineingepfercht. Das Gedränge in der Pause in den viel zu engen Räumlichkeiten war beängstigend und der Lärm, vor allem das Geschrei der sich heiser brüllenden Teebon-, Eiscrème- und Losverkäufer, ohrenbetäubend. Wenn dann die Abendvorstellungen mit grosser Verspätung – in seltenen Fällen wurde es Mitternacht – zu Ende gingen, lief auf dem Verwaltungssekretariat das Telefon heiss. Da sollte man gefälligst sofort das Wölfli Knirps, Pinggi, Foxli, oder wie sie alle hiessen, aus dem überfüllten Saal holen und sie schleunigst aufs Tram spedieren. [...] Trostlos war jeweils das Bild, das der Gloggi nach dem Fest bot. Er hat jeweils über diese zwei Wochenenden um Jahre gealtert. [...] Dafür nahm von diesen turbulenten Abenden mancher Wolf und mancher Pfadi eine bleibende Erinnerung mit.»[127]

---

126 Büchi, Hermann: Tuchfühlung, in: Der Goldene Pfeil, 1987, S. 6. Zu Hermann Büchi vgl. S. 181f.
127 Büchi, Hermann: Tuchfühlung, in: Der Goldene Pfeil, 1987, S. 6. Später fanden die Familienabende im Stadthof 11 in Oerlikon und anderen Lokalitäten statt.

Und die Zukunft?

Seit 1912 ist der Gloggi mit dem im Jahr zuvor eingeweihten Glockenhof verbunden und identifiziert sich auch mit ihm. Die Beziehung zwischen der Gloggi-Pfadi und dem Cevi Zürich läuft einerseits auf einer institutionellen Ebene ab, wobei die christliche Grundlage des Letzteren eine entscheidende Rolle spielt. Andererseits bestanden – und bestehen – zahlreiche persönliche Kontakte zwischen den beiden Vereinen. Für das gegenseitige Verständnis scheint es nach wie vor von Nutzen zu sein, wenn einzelne Vereinsmitglieder sich sowohl in der Pfadi wie auch im Cevi engagieren. Es bleibt zu hoffen, dass das Vereinshaus mitten in der Zürcher Innenstadt auch in Zukunft Raum und Atmosphäre bietet für die Pfadfinder und die Cevianer, die beide mit ihren Angeboten den Menschen ins Zentrum ihres Wirkens stellen.

DER GLOCKENHOF MACHT FERIEN – VON FERIENHEIMEN, LAGERHÄUSERN UND SPIELWIESEN

Das Ferienheim Restiberg im Glarnerland

Die Mitglieder des CVJM Zürich 1 verbrachten einen grossen Teil ihrer Freizeit in der Stadt Zürich. Für Ferienlager suchten sie jedoch – noch vor der Eröffnung des Glockenhofs – ein Haus in den Bergen. So mietete der CVJM ab 1905 im Glarnerland die abgelegene Liegenschaft Restiberg, die sich oberhalb von Linthal auf 1000 Metern über Meer befand. 1909 erwarb der Verein dann das Ferienhaus; Hausvater wurde der von allen «Papa Bremi» genannte Jakob Bremi-Uhlmann.[128] 1914 bauten die Glockenhof-Pfadfinder neben dem Ferienheim eine Hütte und führten dort ihr erstes Sommerlager durch.[129] Vorwiegend genossen aber erwachsene CVJM-Mitglieder Ferien auf dem Restiberg.

---

128 Zu Jakob Bremi-Uhlmann vgl. Kapitel Der CVJM – eine zweite Heimat?, S. 102. Zum Ferienheim vgl. Ordner Ferienheimgenossenschaft Restiberg 1905–1955
129 Pestalozzi, Richard: Anfangsjahre Pfadiabteilung, in: Der Goldene Pfeil, 1932, S. 113; Bernet, Fritz: Tagebuch, in: Der Goldene Pfeil, 1932, S. 121

100

101

102

100 50 Jahre lang, von 1905 bis 1955, diente der Restiberg im Glarnerland dem CVJM Zürich 1 als Ferienheim, undatierte Postkarte. Archiv Glockenhof

101 Allzeit bereit: Ab 1913/14 besassen auch die Glockenhof-Pfadfinder eine Hütte auf dem Restiberg, undatiert, um 1914? Stadtarchiv Zürich: VII.155: 2.1

102 Familienfeier des CVJM Zürich 1 auf der Spielwiese Entlisberg in Wollishofen im August 1919. Archiv Glockenhof

103 Ballspiele beim Ferienhaus Greifensee, undatiert. Archiv Glockenhof
104 Gää- und Nää-Treffen des CVJM Zürich 1 im Ferienhaus Greifensee um 1973/75. Sammlung Robert Rahm

Edwin Wehrli, der im CVJM für die Knabenarbeit verantwortlich war, organisierte 1928 erstmals ein Knabenlager auf dem Restiberg. Nach der ersten Woche verlängerten die meisten Teilnehmer ihren Aufenthalt, sodass in der zweiten Woche die Neuankömmlinge «auf ihren Strohsäcken und an den Tischen» enger zusammenrücken mussten.[130] Ab Ende der 1930er-Jahre nahmen Wehrli und seine Frau unter Vereinspräsident Walter Pfister das frühere Erwachsenenprogramm wieder auf mit Touren-, Besinnungs-, Bibel- und Missionswochen. Dabei hätten sich mindestens «50 glückliche Ehepaare» gefunden.[131] Trotz dieser Bilanz verkaufte der CVJM Zürich 1 im Jahr 1955 das nicht elektrifizierte Ferienheim an das Basler Jugendwerk vom Blauen Kreuz. Zugleich regten die Zürcher im deutschschweizerischen CVJM-Bund an, in Wengen eine CVJM-Ferienheimstätte im Ganzjahresbetrieb zu eröffnen.[132]

Die Spielwiese Entlisberg

Nach dem Bezug des Glockenhofs im Jahr 1911 schaute sich der CVJM Zürich 1 nach einem Ort in der Nähe um, wo die Mitglieder ihre Wochenenden draussen verbringen konnten. Auf Anregung der Turnsektion pachtete der CVJM 1914 dann die Spielwiese Entlisberg in Wollishofen.[133] Die Turner bauten eine Bocciabahn, und die Pfadfinder errichteten eine weitere Hütte, das «Eigenwärch».[134] Früh am Sonntagmorgen schob Walter Egli, der Verwalter der Genossenschaft zum Glockenhaus, im Sommer jeweils den «schweren Hotel-Zweiräder-Karren» mit Getränken und Verpflegung vom Glockenhof nach Wollishofen. Auf der Spielwiese

---

130 Glocke, Nr. 9, 1928, S. 34
131 Egli, Walter: 40 Jahre CVJM-Arbeit, 1958, S. 4
132 JB CVJM, 1954/55, S. 11–13; Jubiläumsbericht 75 Jahre CVJM, 1962, S. 5; Geissberger, Gottfried: Werden, 1968, S. 86
133 Protokoll ZV 12.2.1914, 2.4.1914; Egli, Walter: Notizen, um 1962 (?)
134 Die Pfadihütte brannte 1959 nieder, vermutlich durch Brandstiftung. Vgl. Protokoll ZV 18.9.1959, S. 3

«fanden sich alle, von der Knabenabteilung bis zu den Männern mit ihren ganzen Familien, Freunden und Bekannten, ein»[135].
Im Winter feierten einige Abteilungen des CVJM in der Hütte auf dem Entlisberg Waldweihnachten. Der Leiter der Jüngeren Abteilung (15–18-Jährige), Rudolf Zürcher, beschrieb einen solchen Anlass 1926: «Ein paar Tische standen bereit mit Kerzen, dieselben standen in ganz modernen Kerzenhaltern, nämlich in ausgehöhlten Äpfeln. Auch ein Tannenbäumchen wurde angezündet, ein ganz einfaches, aber doch schönes. Einige unserer Mitglieder spielten einige Stücke und begleiteten die Weihnachtslieder. Da taute dann auch der letzte auf und vergass seine Alltagssorgen.»[136]

Das Ferienhaus Greifensee

«In den [19]20er-Jahren entstand eine neue sportliche Modeströmung: Viele waren des ‹ewigen Bergsteigens› müde geworden und fanden es ringer, zu baden und zu plegern.»[137] So erklärte Verwalter Walter Egli rückblickend, wieso der CVJM Zürich 1 – zusätzlich zum Ferienheim Restiberg – im Oktober 1928 ein Grundstück am östlichen Ufer des Greifensees kaufte und darauf ein Ferienhaus errichten liess. Die Einteilung des Gebäudes hielt der CVJM als «für die Zukunft wegweisend»[138]. Im Erdgeschoss befanden sich ein Essraum mit Cheminée, Küche und Leiterzimmer, im oberen Stock untergebracht waren ein Schlafraum für 50 bis 60 Personen, der Estrich sowie ein Zimmer für die Köchin (!) mit separatem Aufgang von der Küche her.

Der CVJM nutzte die im Mai 1929 eingeweihte Liegenschaft auf vielfältige Weise, indem er dort Vereinssonntage, Familienausflüge, Ausbildungskurse, Mitarbeiterwochen, Bundeslager und Jungschartrefftage veranstaltete. Selbst das Weltgeschehen machte vor dem neuen

---

135 Egli, Walter: 40 Jahre CVJM-Arbeit, 1958, S. 14
136 Das Glockenseil, Nr. 2, 1927, S. 15f.
137 Egli, Walter: 40 Jahre CVJM-Arbeit, 1958, S. 6
138 Glocke, Nr. 5, 1929, S. 23. Vgl. Protokoll ZV 8.6.1928, 21.9.1928

Domizil nicht Halt: Während des Zweiten Weltkrieges organisierte der CVJM in Greifensee Landhilfelager, und nach dem Ungarnaufstand von 1956 diente das Ferienhaus als Unterkunft für Flüchtlinge.[139] Als der CVJM in den 1950er-Jahren seine Freizeitarbeit weiter ausbaute, führte er jeden Monat ein «freies» Wochenende in Greifensee durch. Jugendsekretär Hans Güttinger befand sich deshalb 1963 im Clinch, ob er «Unterhaltungsmanager» sein oder das Evangelium verkündigen solle: «Es kann nie darum gehen, dass man nur nach Greifensee geht, um es einen Sonntag ‹glatt› zu haben.»[140]

In den 1970er- und 1980er-Jahren fanden im Ferienhaus die beliebten «Gää- und Nää-Treffen» der Offenen Cevi Arbeit (OCA) statt, an denen sich CVJM-Mitglieder mit Referenten über Glaubens- und Lebensfragen austauschten.[141] Eine Renovation des einfach eingerichteten, aber gut ausgelasteten Hauses drängte sich nun auch wegen der Zunahme der gemischtgeschlechtlichen Jugendarbeit auf: Getrennte Waschräume und Toiletten wurden nötig. Der CVJM entschied sich indessen für einen Neubau und liess das Gebäude 1986 abbrechen. Die Einweihung des neuen Ferienhauses fand dann im Juni 1987 statt, als der CVJM/F Zürich 1 sein hundertjähriges Bestehen feierte.[142]

---

139 Glocke, Nr. 7, 1943; Protokoll ZV 30.11.1956
140 Protokoll ZV 25.3.1963, S. 4. Vgl. JB CVJM, 1956/57, S. 5f.
141 Protokoll ZV 23.5.1984, S. 3
142 Glocke, 1. Quartal, 1986, S. 23; 2. Quartal, 1987, S. 10

Andréa Kaufmann

DIE NICHT GRAUEN EMINENZEN

VON DER GENOSSENSCHAFT ZUR STIFTUNG ZUM GLOCKENHAUS

Die Stiftung zum Glockenhaus verwaltet das Vereinshaus des Cevi Zürich, das Hotel Glockenhof sowie die Ladenlokale an der Sihlstrasse 31 und 33 in Zürich. Sie war 1908 bei der Planung des Glockenhofs als Genossenschaft gegründet worden, um die Vereinsleitung des CVJM Zürich 1 von der Liegenschaftsverwaltung zu entlasten. Indessen bestanden zwischen der Genossenschaft und der Vereinsleitung personelle Überschneidungen, denn die volljährigen Mitglieder des CVJM-Zentralvorstandes und des Beirates zählten zu den Genossenschaftern. (Der Beirat unterstützte den CVJM als «moralische Stütze» und setzte sich damals «aus christlich gesinnten Männern verschiedener Berufszweige» zusammen.)[1] In den Ausschuss der Genossenschaft wiederum – eine Art Verwaltungsrat – berief man «erfahrene Senioren aus dem Beirats- und Freundeskreis», die ihr Amt meist über Jahrzehnte ausübten.[2]

---

1 Die Genehmigung des Beirates ist u. a. erforderlich bei Veränderung der Vereinssatzungen, bei der Wahl des Vereinspräsidenten oder bei der Auflösung des Vereins. Vgl. CVJM: Statuten (1955), Art. 26
2 JB CVJM, 1946/47, S. 15. Vgl. Egli, Walter: 50 Jahre Glockenhaus, 1961, S. 1

Die Verwaltung der Genossenschaft zum Glockenhaus übernahm ein vollamtlicher Sekretär des CVJM Zürich 1, der zudem als Hausverwalter wirkte. Diese Funktion übten nacheinander aus: Ernst Kradolfer, Karl Egli (von 1918 bis 1936 Vereins- und Verwaltungssekretär!), Walter Egli und Hermann Büchi (bis 1989).

Zu Beginn der 1970er-Jahre verschlechterte sich das Verhältnis zwischen dem Ausschuss der Genossenschaft und dem Zentralvorstand des CVJM. Dabei spielte die Generationenfrage eine Rolle, denn während der Ausschuss wie erwähnt vor allem aus älteren Mitgliedern bestand, veränderte sich die Zusammensetzung des Zentralvorstandes stetig durch Aufnahme der häufig wechselnden, jungen Abteilungsleiter. Konkreter Anlass für die Unstimmigkeiten waren unterschiedliche Ansichten über die Nutzung des Vereinshauses Glockenhof. Der Ausschuss befürchtete den Verlust seines «Stützpunktes» in der Zürcher Innenstadt, falls bei einer Auflösung des CVJM auch die Genossenschaft «liquidiert» würde.[3]

In der Folge beschloss der Ausschuss 1976, die Genossenschaft in eine Stiftung umzuwandeln, um so eine «Unterwanderung durch gewisse Kräfte» zu verhindern und den Glockenhof langfristig zu erhalten.[4] Diesem Wechsel der Gesellschaftsform stimmte die Generalversammlung des CVJM zu, womit die künftige Nutzung des Glockenhofs durch den Verein gesichert war. Trotzdem blieben die Strukturen kompliziert. So bestand innerhalb des Stiftungsrates, des früheren Ausschusses, weiterhin eine Hauskommission, die sich um die betriebstechnischen Angelegenheiten von Hotel und Vereinshaus kümmerte. Die Amtsdauer war sowohl im Stiftungsrat wie auch in der Hauskommission unbeschränkt. Der 1909 geborene Adolf Mathys etwa wirkte 56 Jahre lang als Stiftungsrat.[5]

---

3 Ordner Ausschuss Genossenschaft/Stiftung (1970–1982): Protokoll 21.6.1974, S. 1
4 Ordner Ausschuss Genossenschaft/Stiftung (1970–1982): Protokoll 14.1.1976, S. 3
5 Adolf Mathys war 1922 der Knabenabteilung des CVJM beigetreten und durchlief anschliessend die Abteilungen Jungtrupp, Männerabteilung und Turnsektion. 1944 erfolgte seine Wahl in den Ausschuss der Genossenschaft; im Jahr 2000 wurde er als Stiftungsrat verabschiedet. Vgl. Cevital, Nr. 3, 2000, S. 12

Hermann Büchi (1923–1997):
Vom Jugendsekretär zum Vereinshausverwalter

105 *Hermann Büchi 1996/97,*
Vereinshausverwalter und CVJM-Verwaltungssekretär.
Sammlung Hansjürg Büchi

Der im Zürcher Industriequartier geborene Hermann Büchi trat 1935 in die Gloggi-Pfadi ein. 1940 begann er in einer jüdischen Textilhandelsfirma eine kaufmännische Lehre, die er jedoch für einen neunmonatigen Kuraufenthalt in Davos unterbrechen musste. In dieser Zeit beschäftigte er sich mit Lebens- und Glaubensfragen, weshalb er sich nach seiner Rückkehr dem CVJM Zürich 1 anschloss. Als Jugendsekretär des Vereins organisierte er von 1947 bis 1950 Anlässe und Ferienlager. 1949 absolvierte er ein zehnwöchiges Seminar für Jugendleiter im Internationalen CVJM-Institut Schloss Mainau, wo Weltbundsekretär Carl von Prosch dozierte.

Nach einem Englandaufenthalt und einer Anstellung in der mit der Basler Mission verbundenen Handelsfirma Union Trading Company kehrte Büchi 1953 in den Glockenhof zurück: Zuerst war er Stellvertreter von Walter Egli, dem Verwalter der Genossenschaft zum Glockenhaus, 1958 dann dessen Nachfolger. Zu Büchis Aufgaben gehörten die Liegenschaftsverwaltung, das Klären von Bau- und Finanzfragen sowie die Leitung des Vereinshauses. Gleichzeitig war er Verwaltungssekretär des CVJM Zürich 1. In dieser Doppelfunktion war er Vermittler zwischen dem CVJM und seinem Zentralvorstand, dem Stiftungsrat und häufig auch der Pfadi Glockenhof. Dabei war ihm das Vereinsleben stets ein «Herzensanliegen»[6]. So verwaltete er lange Jahre das CVJM-Ferienhaus Greifensee, organisierte die Zusammenkünfte für alleinstehende Männer und gestaltete die Bibelabende mit.

6 Wey, Fritz, in: Glocke, 1. Quartal, 1989, S. 3

Im vereinseigenen Ferienhaus Restiberg im Glarnerland lernte Hermann Büchi dann auch Anni Müller kennen, die er 1956 heiratete. Von 1956 bis 1971 unterhielt er als nebenamtlicher Sekretär des Schweizerischen Nationalverbandes des CVJM weltweite Kontakte und nahm an Tagungen im Ausland teil. Anlässlich seiner Pensionierung 1989 erkoren ihn die Gloggi-Pfadfinder zum Ehrenmitglied, und etwas später wurde er auch zum Glockenhaus-Stiftungsrat ernannt. In dieser Funktion begleitete er den Umbau des Glockenhofs 1996/97 aktiv. Zudem engagierte er sich in der Evangelisch-reformierten Landeskirche Zürich, zuletzt als Präsident der Bezirkskirchenpflege, aber auch im Vorstand der Baugenossenschaft Waidberg sowie in der Johann-Heinrich-Ernst-Stiftung, die in Zürich-Wollishofen ein Altersheim für Männer betreibt.[7]

Schliesslich beauftragte die Stiftung im Jahr 2002 ein Beratungsunternehmen mit einer Untersuchung. Grundlage der Studie bildeten Interviews mit Personen, die in verschiedenen Funktionen wie Stiftungsrat, Beirat, Jugendarbeit, Zentrumsleitung oder Hoteldirektion im Glockenhof wirkten. Zu den Stärken der Stiftung zählten die Befragten die gesunden Finanzen, das «unermüdliche» Engagement der ehrenamtlichen Mitglieder, das «starke ideelle Fundament» und die Kontinuität. Bei den Schwächen nannten die Interviewten: komplizierte Strukturen, konservative Einstellung, «Angst vor Veränderungen» sowie «konfliktbeladene Verzahnung» von Jugendarbeit und kommerziellem Betrieb.[8]

Als Ergebnis dieser Analyse hob die Stiftung die Hauskommission auf und verkleinerte die Stiftungsversammlung (heute Stiftungsrat) von 40 auf 25 Personen sowie den Stiftungsrat (heute Stiftungsratsausschuss) von 14 auf 7 Personen. Zudem beschränkte man im Stiftungsrat das Alter auf 72 Jahre. In diesem verfügt der Cevi Zürich über die Mehrheit, da er 15 der 25 Mitglieder wählt.[9]

---

7   Glocke, Nr. 10, 1942; Nr. 9, 1947, S. 3; 1. Quartal, 1989, S. 3f.; Cevital, Nr. 1, 1997, S. 9; freundliche Mitteilung von Hansjürg Büchi
8   Boston Consulting Group: Führungsprinzipien, 2002, S. 13f.
9   Boston Consulting Group: Führungsprinzipien, 2002, S. 11, 44; Cevital, Nr. 1, 2003, S. 13; JB Stiftung zum Glockenhaus, 2005, S. 3

Zwei Jahre nach der Restrukturierung übernahm Karl Walder 2004 von seinem Vorgänger die Geschäftsführung der Stiftung zum Glockenhaus. Walder ist seit seiner Zeit als Jungschärler Ende der 1960er-Jahre konstant aktiv im Glockenhof. «Als ein Dienen für den Stiftungszweck» versteht er seine Arbeit: die Verwaltung und den Betrieb der Liegenschaften an der Sihlstrasse auf gemeinnütziger Grundlage, damit der Cevi Zürich seine Tätigkeit ausüben kann.[10]

106 Treppe des Vereinshauses sowie
107 Sitzbank in der Eingangshalle des Vereinshauses im Jubiläumsjahr 2011.
Fotos: Fabienne Morgenegg, Fällanden

---

10 Cevital, Nr. 2, 2004, S. 16. Nach der Aufhebung der Jungschar leitete Karl Walder die Sportgruppe Tropsi. 1975 wurde er Aktivmitglied des CVJM; 1983 erfolgte die Wahl in den Zentralvorstand. Seine Frau Annette Walder engagiert sich im Trägerkreis des Cevi Zürich.

HAUSMÜTTER, HAUSWARTE UND HAUSBURSCHEN

Für einen reibungslosen Betrieb im Vereinshaus war das Hauspersonal zuständig. Ab Eröffnung des Glockenhofs 1911 übernahmen Sekretär Karl Egli und seine Frau Ida als Hausvater und -mutter die Verwaltung. Dabei führte Ida Egli «ein strammes Regiment unter den Bewohnern des Jungmännerheims und unter den weiblichen Angestellten», weshalb sich die jüngeren CVJM-Mitglieder vor ihr fürchteten.[11]

Ebenfalls ab 1911 war Hauswart Gottlieb Bosshard tätig, der zuvor als Pfleger im Krankenasyl Neumünster gearbeitet hatte.[12] Im Glockenhof standen ihm Hausburschen zur Seite. Sie bereiteten Versammlungszimmer für Mitglieder und Besucher vor, sorgten für Ordnung, machten Reparaturen und fungierten als Portiers. Oft war das Vereinshaus so gut ausgelastet, dass erst spätabends Ruhe einkehrte: «Wenn dann der Portier alle Lichter gelöscht und um 11 ¼ Uhr das eiserne Tor vor die Haustüre gezogen hat, dann senkt sich die Ruhe über das Haus und ein später Gast hört vielleicht zum ersten Mal den kleinen

---
11 Egli, Walter: 40 Jahre CVJM-Arbeit, 1958, S. 18
12 Nachruf in: Glocke, Nr. 4, 1938

108 Das Vereinshauspersonal auf der Terrasse des Glockenhofs, 1960er-Jahre. Links aussen steht die Büroequipe der Genossenschaft zum Glockenhaus: Hermann Büchi, Hans Bachmann und Hanni Hui. Daneben das Haus- und Servicepersonal. Sammlung Hansjürg Büchi

Brunnen in der Halle, dessen trauliches Plätschern im Stimmengewirr des Tages untergeht.»[13]

Lange Zeit waren die Hausburschen beziehungsweise Hilfshauswarte einfache Schweizer Männer, etliche von ihnen aus ländlichen Gebieten in die Stadt zugewandert und vom Schicksal nicht eben begünstigt. Zu den Originalen unter ihnen zählte der 1923 geborene Otto Graf. Er war in bescheidenen Verhältnissen in Bauma aufgewachsen und blieb sein Leben lang ledig. Über Jahrzehnte arbeitete «Otti», wie er von allen genannt wurde, im Glockenhof. Wenn er schlechter Laune war, ging er mit den Besuchern des Glockenhofs etwas ruppig um. Er liess sich jedoch stets rasch wieder besänftigen, wenn man ihm etwas Wertschätzung entgegenbrachte. Um sich mit ihm gut zu stellen, gab zum Beispiel die Pfadileitung ihm – als Einzigem im Glockenhof – jede Weihnacht ein kleines Geschenk. In seiner Freizeit fuhr Graf oft mit dem Zug nach Bellinzona, trank dort einen Kaffee und kehrte anschliessend nach Zürich zurück. Er tat dies so häufig, dass ihn der Stationsvorstand in Bellinzona mit Namen kannte.[14]

13 Wehrli, Edwin: Vom Vereinshaus Glockenhof, um 1944, S. 3
14 Freundliche Mitteilung von Hansjürg Büchi

109 Hilfshauswart Otto Graf, 1984. Sammlung Hansjürg Büchi

Während der Arbeit im Glockenhof kam es hin und wieder zu speziellen Situationen. So erinnerte sich Verwalter Hermann Büchi an einen Logiergast aus Österreich, der den Portier – Otto Graf – per Telefon beauftragen wollte, seine Schuhe zum Reinigen zu holen. Als dieser ablehnte, wurde der Besucher wütend und fragte ihn nach seinem Namen. Wie immer stellte sich Otto Graf mit seinem Nachnamen voran vor, also mit: «Graf Otto». Nun fühlte sich der verärgerte Gast, anscheinend ein verarmter Graf, vom Portier gefoppt und beschwerte sich über ihn. Hermann Büchi gelang es nur mit Mühe, den Gast zu besänftigen.[15]

Im Glockenhof hing übrigens bis zum Umbau 1996/97 an einem der Logierzimmer ein Schild mit der Aufschrift «Dr. Otto Graf Bademeister».[16]

---

15 Büchi, Hermann: Rückblick Hauspersonal (Typoskript), 1989, S. 7
16 Glocke, 3. Ausgabe, 1995

110 Weihnachts-/Neujahrsgrusskarte Hotel Glockenhof 1912, Ära Mousson-Eidenbenz, Aussenseite. Archivbestand Hotel Glockenhof

111 Faltbare/r Postbrief/-karte Hotel Glockenhof, undatiert, Ära Rothe, Aussenseite. Archivbestand Hotel Glockenhof

112

113

114

112 Titelseite, 113 Ausschnitt Innenseite und 114 Rückseite,
Werbeschrift, undatiert, Ära Weissenberger. Archivbestand Hotel Glockenhof

Aurelia Kogler

HOTEL GLOCKENHOF IM WANDEL DER ZEIT

Rückblick auf die ersten fünfzig Jahre – das Hotel Glockenhof von 1911 bis 1961

«Die Geschichte bekannter Gasthäuser verkörpert oftmals auch ein Stück lokaler – und Zeitgeschichte.» So beginnt Walter Egli seine Chronik «1911–1961 50 Jahre Glockenhof», die Festschrift zum fünfzigsten Jubiläum der Gründung des Glockenhofes in Zürich. Dieser Satz hat seither nichts an Richtigkeit und Aktualität eingebüsst. Die Hotelimmobilie hat seit den 1960er-Jahren etliche Phasen baulicher Erneuerung miterlebt. Es ist nicht zuletzt der Standort Zürich und seine wirtschaftliche Entwicklung, die sich auch in der baulichen Veränderung und der Erfolgsentwicklung des Hotels widerspiegeln.[1]

Am Sonntag, dem 25. Juni 1911 wurde das «Familienhotel Glockenhof» mit seinen damals 90 Betten und 43 Mitarbeitern in aller Stille eröffnet. Bis heute erwirtschaftet das Hotel die finanzielle

---

1   Egli, Walter: 50 Jahre Glockenhof, 1961

Basis für den gesamten Glockenhof und sein Werk. Die christliche Grundhaltung, die «das Fundament der Arbeit des Christlichen Vereins Junger Männer» darstellt, sollte sich auch in der Geschäftsführung des Hotels widerspiegeln,[2] welches aber gleichzeitig profitorientiert geführt werden musste.

Das Hotel schloss sich bereits zu Beginn seines Bestehens dem Schweizerischen Verband christlicher Hospize an, und in seinen Zimmern lag den Verbandsstatuten entsprechend die Bibel auf. Gleichzeitig trat das Hotel auch dem Zürcher und dem Schweizer Hotelierverein bei. Zu jener Zeit wurden im Hotelführer Zimmerpreise zu damals durchaus üblichen 3 bis 5 Franken publiziert. Frühstück war für 1.25 Franken und Mittag- und Abendessen für 2.50 bzw. 2 Franken zu haben. Zum Vergleich: im Baur au Lac kostete das Zimmer damals 4 Franken und im Dolder Grand Hotel kostete die «volle Pension» 10 Franken.[3]

Bereits in den ersten beiden Vollbetriebsjahren lag die durchschnittliche Jahresauslastung bei rund 70 Prozent, ein angesichts der relativen Unbekanntheit des jungen Hotels beachtlicher Wert, der während des Ersten Weltkrieges durch die Zahl an kriegsbedingten Flüchtlingen in Zürich noch anstieg.[4] Nach Kriegsende erholte sich die Wirtschaft langsam von den Kriegs- und Krisenfolgen und die Nachfrage im Glockenhof erhöhte sich nochmals stark. Gleichzeitig hatte das Hotel jedoch mit der Mangelwirtschaft der Nachkriegszeit zu kämpfen; Brennmaterial war knapp und entsprechend teuer, die Lebensmittelpreise waren auf einem Höchststand. Vor allem Fleisch hatte eine «horrente Teuerung» erfahren, und zu allem Überfluss traten die Köche in Streik, sodass relativ teure Hilfskräfte fast drei Monate lang die Arbeit der Profis verrichten mussten.[5]

In den frühen 1930er-Jahren wirkte sich die Weltwirtschaftskrise verhängnisvoll auf den Tourismus aus. Nach einer Währungsanpassung

---

2   Egli, Walter: 50 Jahre Glockenhof, 1961, S. 17
3   Egli, Walter: 50 Jahre Glockenhof 1961, S. 18
4   Egli, Walter: 50 Jahre Glockenhof, 1961
5   Brief Georg Mousson an die Mitglieder des Vorstands Genossenschaft zum Glockenhaus, o. D. Genossenschaft zum Glockenhaus, R.B, 1921

erholte sich die Situation im Schweizer Tourismus vorübergehend.[6] Im Glockenhof entschloss man sich damals zu umfassenden Modernisierungsmassnahmen: Alle Zimmer wurden mit fliessendem Wasser und Telefonanschluss versehen. In 15 Zimmern wurde ein eigenes «Cabinet de toilette»[7] mit WC und in weiteren 15 Zimmern ein sogenanntes Privatbad mit Dusche und WC eingebaut. Durch diese Komfortsteigerungen stieg der Glockenhof von der Hotelkategorie IIB in die Kategorie IIA auf.[8]

Als die Stadt Zürich im Jahr 1939 die Schweizerische Landesausstellung beherbergte, dürfte die Freudenstimmung der Touristiker durch den Beginn des Zweiten Weltkrieges mehr als getrübt worden sein.[9] Bereits 1940 kam der internationale Reiseverkehr fast vollständig zum Erliegen.[10] Insgesamt verbesserte sich die Nachfragesituation im Laufe der weiteren Kriegsjahre jedoch. Die steigende Teuerung stellte das Hotel allerdings vor weitere Herausforderungen. Nach dem Krieg trugen unter anderem die Demobilmachung der Schweizer Truppen und die «Urlauberaktion» für die amerikanische Armee zu einem Aufwärtstrend des Reiseverkehrs bei. Im Rahmen dieser Aktion verbrachten über 157'000 Angehörige der amerikanischen Armee auf Kosten der US-Regierung einen Erholungsurlaub in der Schweiz.[11] Der unter anderem dadurch initiierte Aufwärtstrend setzte sich fort, die Zürcher Beherbergungsbetriebe verzeichneten im Jahr 1946 eine Bettenbesetzung von über 84 Prozent, der Glockenhof sogar von rund 94 Prozent. Einen der Meilensteine der wirtschaftlichen Entwicklung des gesamten Raumes Zürich und auch des Glockenhofs stellte der Anschluss Zürichs an das interkontinentale Flugnetz im Jahr 1948 dar.

---

6   Kaspar, Claude: Fremdenverkehrslehre, in: St. Galler Beiträge Fremdenverkehr, Bd. 1, 1975
7   Egli, Walter: 50 Jahre Glockenhof, 1961
8   Egli, Walter: 50 Jahre Glockenhof, 1961
9   Ziegler, Beatrice: Katamaran, in: Schweizerische Zeitschrift für Geschichte SZG, 51, 2001
10 Kaspar, Claude: Fremdenverkehrslehre, in: St. Galler Beiträge Fremdenverkehr, Bd. 1, 1975
11 Beschlussprotokoll der Sitzung des Bundesrates, 10.4.1945, zit. in: Möckli, Daniel: Neutralität, in: Zürcher Beiträge, 2000, S. 99; Vgl. Zürcher Hotelier Verein (Hrsg.): Tourismus Zürich, in: Hotel Zürich, 2005

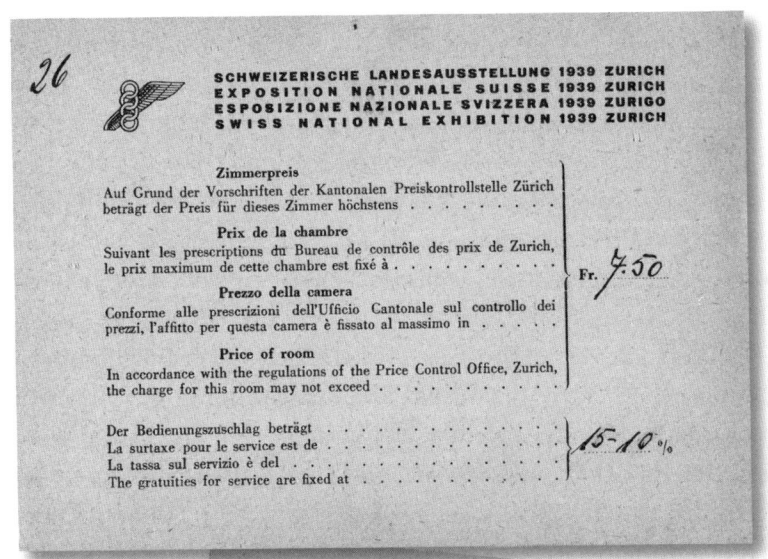

115 Schweizerische Landesausstellung 1939 in Zürich. Kantonale Zimmer- und Servicerichtpreise. Archivbestand Hotel Glockenhof
116 Weihnachts-/Neujahrskarte 1937/38, Start Ära Weissenberger. Archivbestand Hotel Glockenhof

Beständigkeit lohnt sich – das Hotel Glockenhof und seine Direktoren

Das Hotel Glockenhof hat sich seit seiner Gründung stetig weiterentwickelt und behauptet seit Jahrzehnten erfolgreich seine Position in der Zürcher Spitzenhotellerie. Einer der Gründe für diese Beständigkeit darf auch in der Kontinuität der Hotelführung gesehen werden. Nur sechs Direktoren haben das Hotel seit dessen Eröffnung im Jahre 1911 geführt.

Dienstjahre der Direktoren

1911–1921	Mousson, Georg Konrad (1872–1922)
1921–1937	Rothe-Winzeler, Otto (1873–1941)
1937–1965	Weissenberger-Banz, Hans (1890–1973)
1965–1994	Hediger, Walter (1929–1998)
1994–2006	Schmidtpeter, Josef Peter (1942–)
2007–	Sutter, Matthias (1962–)

Bereits der erste Gastgeber des Hotels, Direktor Georg Mousson, führte den Hotelbetrieb rund elf Jahre, von 1911 bis 1921.[12] Diesem Direktorium folgte 1921 das Ehepaar Rothe-Winzeler mit einer Dienstzeit von 16 Jahren bis ins Jahr 1937. Direktor Hans Weissenbergers[13] Amtszeit dauerte bis 1965. Eine für die schnelllebige Hotellerie ungewöhnlich lange Periode. Auf Direktor Weissenberger folgte für die anschliessenden 29 Jahre Walter Hediger. Nach ihm leitete Direktor Josef Peter Schmidtpeter für 12½ Jahre – von 1994 bis Ende 2006 – die Geschicke des Hotels. Auch er hatte das Haus stark geprägt und übergab zum Jahreswechsel 2006/2007 die Führung an den jetzigen Direktor Matthias Sutter. Auch diese Direktorenwahl scheint typisch für die Un-

---
12 Brief Georg Mousson an die Mitglieder des Vorstands Genossenschaft zum Glockenhaus, o. D. Genossenschaft zum Glockenhaus, RB, 1921
13 Bruder, August, in: Stiftung Glockenhaus, RB, 1986, in: RB 1964

ternehmensphilosophie der Stiftung zu sein: Direktor Sutter war bereits mehrere Jahre lang stellvertretender Direktor des Hotels, kannte also den Betrieb bestens, als die Wahl auf ihn fiel.[14] Jeder dieser Direktoren stand vor den ganz unterschiedlichen Herausforderungen seiner Zeit, die nicht auf die lokale Hotellerie beschränkt waren, sondern mitunter sogar globale Dimensionen besassen: Sowohl die Tourismuswirtschaft im Allgemeinen als auch der Städtetourismus in Zürich im Speziellen haben sich im Laufe der Jahrzehnte massiv verändert. Noch nie war der Wettbewerb unter den Destinationen so hart wie heute, noch nie buhlten so viele Betriebe gleichzeitig um Kundschaft, noch nie stand ein derartig grosses und breitgefächertes Angebot an Gästebetten in den Wirtschaftsmetropolen weltweit zur Verfügung. Und stets gilt es, sich gleichzeitig auf bestehenden Herkunftsmärkten zu behaupten und auch neue Märkte zu erschliessen und erfolgreich zu bearbeiten. Direktor Hediger hatte in seiner Direktorenzeit (1965–1994) als einer der Pioniere der Zürcher Hoteliers den japanischen Markt durch viel persönliche Präsenz und Kontaktpflege für den Glockenhof umworben. So reiste er z. B. 1973 nach Tokyo, um vor Ort Werbung für den Glockenhof zu machen bzw. Logiernächte zu verkaufen.[15] Aufgrund der Härte des Wettbewerbs um den japanischen Gruppenmarkt war er jedoch noch im Laufe dieser Reise zur Preisanpassung nach unten gezwungen, um mit den «Kampfpreisen» anderer Zürcher Hoteliers mithalten zu können.[16]

---

14   Schäppi, Peter, in: Stiftung Glockenhaus, RB, 2006
15   Mündliche Information von Direktor Matthias Sutter vom 2. April 2009
16   Büchi, Hermann, in: Genossenschaft Glockenhaus, RB, 1973

117

195

HOTEL GLOCKENHOF IM WANDEL DER ZEIT

118

119

117 Hotelwerbeschrift, Titelseite, undatiert 1910er-Jahre. Archivbestand Hotel Glockenhof
118 Hotel Kunstpostkarte, undatiert, 1950er-Jahre. Archivbestand Hotel Glockenhof
119 Hotel Kunstpostkarte (Nacht), undatiert, 1930er-Jahre. Archivbestand Hotel Glockenhof

Von Baustellen, Sternen und anderen Auszeichnungen – das Hotelkonzept im Wandel der Zeit

Das Best Western Premier Hotel Glockenhof begrüsst seine Gäste heute als Vierstern-Superior-Hotel von internationalem Rang und Standard. Das war nicht immer so, in der Hotelgeschichte wurde jedoch immer besonderes Augenmerk auf die Weiterentwicklung der Hotelausstattung und auf deren Qualitätsniveau gelegt. So wurden beispielsweise Anfang der 1960er-Jahre Privatbäder bzw. Duschen sowie Toiletten in insgesamt 12 Hotelzimmern eingebaut, um den Wünschen der immer anspruchsvoller werdenden Gäste gerecht zu werden. Zu Beginn der 1960er-Jahre besassen somit von insgesamt 80 Zimmern rund die Hälfte Privatbäder oder Dusche mit WC.[17] Dieser Aufwertung der Hotelsubstanz wurde auch marketingtechnisch Rechnung getragen, da damit auch gehobene Gästeschichten angesprochen werden konnten. Bis dahin hatten vielfach Reisegruppen zwar für gute Auslastung gesorgt, aber auch für eine gewisse Unruhe im ansonsten gediegenen Haus. Hinkünftig war eine Konzentration auf Geschäftsreisende angestrebt, was gleichzeitig mit besserer Preisdurchsetzung verbunden war.[18]

Die Standardverbesserungen und die damit verbundene Änderung der Zielgruppenstrategie führten zu deutlichen Mehrerlösen im Hotel, Direktor Hediger drängte daher zum Einbau weiterer Bäder und Duschen.[19] Im Jahr 1968 schliesslich begannen grössere Baumassnahmen zur Komfortsteigerung. Neben Serviceeinrichtungen und der Modernisierung der gesamten Haustechnik standen vor allem Umbauten auf der Etage auf dem Programm. Nach Abschluss dieses zwei Millionen Schweizer Franken kostenden Projektes[20] verfügte das Hotel über 61 Zimmer mit Bad und WC, 10 Zimmer mit Dusche und WC sowie über 15 Zimmer mit Toilettenraum.[21] Doch schon Ende des Jahres 1970 be-

---

17 Egli, Walter: 50 Jahre Glockenhof, 1961
18 Hediger, Walter, in: Genossenschaft Glockenhaus, RB, 1961
19 Durch eine kurz zuvor errichtete neue Heizungsanlage war genügend Warmwasser zur Versorgung weiterer Nasszellen vorhanden (Hediger, Walter, in: Genossenschaft Glockenhaus, RB, 1967).
20 Büchi, Hermann, in: Genossenschaft Glockenhof, RB, 1968
21 Hediger, Walter, in: Genossenschaft Glockenhof, RB, 1968

gann bereits die nächste grössere Umbauphase: Im 5. Stockwerk des Hauses wurden 18 neue Gästezimmer mit insgesamt 23 Betten sowie 3 neue Personalzimmer errichtet.[22] Von April 1977 an gab es im Glockenhof nur noch Zimmer mit Bad, Dusche und WC.[23] Die beschriebenen Komfort- und Angebotssteigerungen wurden ab den 1970er-Jahren immer wichtiger, da sich der Wettbewerb angesichts der enorm gestiegenen Bettenkapazitäten in Zürich und Umgebung bei gleichzeitig sinkender Nachfrage verschärft hatte. Vorbei seien die Zeiten, in denen in Zürich kein freies Bett zu finden war, beklagte Direktor Walter Hediger im Rechenschaftsbericht für das Jahr 1974. «Der Kampf um's Bett in Zürich ist in vollem Gang»[24], schrieb er weiter.

Ein aussergewöhnliches Geschäftsmodell hat Erfolg

Der Glockenhof, bestehend aus Vereinshaus und Hotel, wurde von der für diesen Zweck ins Leben gerufenen «Genossenschaft zum Glockenhaus» gegründet.[25] Ziel dieses Unterfangens war es, auf der Basis eines Hotelbetriebes eine möglichst gewinnbringende Bewirtschaftung der Immobilie zu gewährleisten. Der Profit aus dem Hotelbetrieb stellt dabei die wirtschaftliche Basis für die gesamte Genossenschaft dar, insbesondere auch für die gemeinnützige Arbeit des CVJM.[26] Auch heute noch bekennt sich die «Stiftung zum Glockenhaus» zu diesem aussergewöhnlichen Modell: «Um den Stiftungszweck zu erfüllen, betreiben wir an der Sihlstrasse 31 das Hotel Glockenhof, dessen Ertrag dazu dient, das Cevi-Zentrum an der Sihlstrasse 33–35 zu unterhalten.»[27]

Durch dieses mehr als ungewöhnliche Geschäftsmodell ergeben sich teilweise fundamentale Interessenkonflikte, da die christlichen und moralischen Werte des CVJM mit dem profitorientierten Wirtschaften des Hotelbetriebs nicht immer mit-

---

22 Büchi, Hans, in: Genossenschaft Glockenhaus, RB, 1970
23 Hediger, Walter, in: Stiftung Glockenhaus, RB, 1977
24 Hediger, Walter, in: Genossenschaft Glockenhaus, RB, 1974, S. 19
25 Egli, Walter: 50 Jahre Glockenhaus, 1961, S. 12; mündliche Information von Karl Walder vom 15. Februar 2010; Stiftung zum Glockenhaus: Strategie, o. J.
26 Mündliche Information von Karl Walder vom 15. Februar 2010
27 Stiftung zum Glockenhaus: Strategie, o. J.

einander harmonieren.²⁸ Diese Spannungen sind unter anderem in einem Konflikt rund um ein Personalfest der Firma Sprüngli im Jahr 1965 dokumentiert: Damals soll es laut Augenzeugen zu «Auswüchsen» gekommen sein, die bei den Mitgliedern des Zentralvorstandes des CVJM auf Empörung gestossen seien.²⁹ «Junge Burschen in schwerem Rauschzustand» und das «gebotene Programm», das nach Ansicht der Verfasser eines dazu vorliegenden Briefes dazu geeignet war, die zahlreich anwesenden Minderjährigen in «sexueller Hinsicht» zu verführen, waren für den CVJM zu viel.³⁰ Der Zentralvorstand des CVJM forderte ein Verbot derartiger Anlässe im Glockenhof. Vonseiten des Hotels hingegen wurde daraufhin besorgt auf den durch ein entsprechendes Verbot drohenden Umsatzausfall hingewiesen.³¹ In der Stellungnahme wird die wirtschaftliche Bedeutung dieses «ausgesprochen privaten, geschlossenen» Anlasses betont, der dem Hotel jährlich rund 10'000 Schweizer Franken eingebracht hatte. Hoteldirektor Weissenberger warb in dieser Situation mit einem Vergleich für Verständnis: «Auch Jesus hat mit Sündern verkehrt, auch er ist versucht worden, aber [...] hat selbst keinen Schaden erlitten.»³²

Sittliche und Religiöse Forderung

Unser Hospiz in der Grossstadt Zürich sei sauber in jeder Beziehung!
Was sich mit unserm christlichen Familiensinn nicht verträgt, darf nicht unter unserm Dache bleiben.

Die Trinkgeldablösung ist eine sittliche Notwendigkeit zur Verbesserung der Moral im Hotelwesen.
Jeder Arbeiter ist seines Lohnes wert, er sei jedoch innerlich frei, dadurch freundlich und fröhlich bei der Arbeit. Der Gast aber bezahle für alle Dienstleistungen, wie es recht ist, auf der Hotelrechnung 10%.
(Gepäcktransport siehe Zimmeranschlag.)

Unser Hospiz dient in erster Linie den Evangelischen Volkskreisen zu Stadt und Land. Auch unsere katholischen Glaubensbrüder sind uns herzlich willkommen. Israeliten aber bitten wir freundlich andere Hotels aufzusuchen, und den Zweck unseres Hauses anzuerkennen.

Morgenandacht
für die Hausgemeinde im kleinen Speisezimmer ¾ 8 Uhr. Unsere Gäste sind stets herzlich willkommen.

Die Hospizdirektion im Glockenhof.

120 «Hausordnung» aus der Frühzeit des Hospizes Glockenhof, undatiert. Archiv Glockenhof

---

28 Mündliche Information von Karl Walder vom 15. Februar 2010
29 Brief des Präsidenten und des Sekretärs des Zentralvorstandes des CVJM an den Ausschuss der Genossenschaft zum Glockenhaus vom 3. Februar 1965
30 Brief des Präsidenten und des Sekretärs des Zentralvorstandes des CVJM an den Ausschuss der Genossenschaft zum Glockenhaus vom 3. Februar 1965
31 Brief von Direktor Weissenberger an August Bruder, Präsident des Ausschusses der Genossenschaft zum Glockenhaus, vom 5. Februar 1965
32 Brief von Direktor Weissenberger an August Bruder, Präsident des Ausschusses der Genossenschaft zum Glockenhaus, vom 5. Februar 1965

Im Jahr 1979 erhielt der Glockenhof den vierten Stern vom Schweizer Hotelier-Verein. Bis dahin war er «ein recht teures 3-Stern-Hotel [...] und nun gelten wir als preisgünstiges 4-Stern-Hotel[33], was uns im Verkauf sicher zu Gute kommt»[34]. Der Glockenhof sollte als Erstklassehotel für Geschäfts- und Freizeitreisende positioniert werden, in welchem «für gutes Geld»[35] all jener Komfort geboten wird, den Gäste in dieser Kategorie erwarten durften, wie eben Zimmer mit Bad oder Dusche und WC, Selbstwahltelefon, Mini-Bar[36], Radio und Farbfernseher[37]. Letztere waren erst im Jahr 1982 für sämtliche Gästezimmer angeschafft worden.[38] Ein Doppelzimmer mit Bad im Glockenhof kostete im Jahr 1983 übrigens gut 150 Schweizer Franken, ein Einzelzimmer mit Bad 102 Schweizer Franken.[39]

Das Thema «Hotelsterne» prägte die Geschehnisse im Glockenhof auch im Jahr 1988. Das Hotel war damals noch der Kette «Ambassador Swiss» angeschlossen, die ihre Mitgliedshäuser in diesem Jahr inspizierte. Der Glockenhof hat bei dieser Kontrolle nicht den Anforderungen der Kette entsprochen, sodass ein Ausschluss drohte. Gleichzeitig drohte der Entzug des vierten Hotelsterns durch den Hotelier-Verein, da dieser seine Qualitätsniveaus für die Sterneklassifizierung angehoben hatte. So waren nun beispielsweise die Doppelzimmer im Glockenhof nicht gross genug. Auf Beschluss des Stiftungsrates wurden deshalb Wände verschoben, um die zusätzlich notwendigen Zimmerflächen zu gewinnen. In diesem Zusammenhang stand auch der Entscheid, für die Einrichtung keine Konfektionsmöbel mehr zu verwenden. Es wurde beschlossen, das Mobiliar

---

33 In einem Viersten-Hotel heute nicht mehr vorstellbar ist, dass im Jahr 1986 noch ein Zimmer ohne eigene Toilette an Gäste vermietet wurde. Diese mussten die Nasszelle mit den Mitarbeitern des Hotels teilen! Dieser Zustand wurde geändert, als die betreffenden Mitarbeiterzimmer aufgelöst und zu Gästezimmern umgebaut wurden. (Büchi, Hermann, in: Stiftung Glockenhaus, RB, 1988)
34 Hediger, Walter, in: Stiftung Glockenhaus, RB, 1979, S. 21
35 Hediger, Walter, in: Stiftung Glockenhaus, RB, 1979, S. 21
36 Seit 1974 verfügen sämtliche Glockenhof-Zimmer über eine Minibar. Die Glockenhofleitung hatte erkannt, dass mit der Minibar nicht nur eine zusätzliche Dienstleistung für den Gast angeboten, sondern auch Geld verdient werden kann. (Hediger, Walter, in: Genossenschaft Glockenhaus, RB, 1974)
37 Hediger, Walter, in: Stiftung Glockenhaus, RB, 1983
38 Büchi, Hermann, in: Stiftung Glockenhaus, RB, 1982
39 Hediger, Walter, in: Stiftung Glockenhaus, RB, 1983

künftig nach den Plänen des Innenarchitekten Jo Brinkmann fertigen zu lassen, was gemäss Direktor Hediger einem Umstieg von VW auf Mercedes gleichkäme.[40] Die entstehenden Mehrkosten waren auch durch den verhinderten Abstieg in die 3-Sterne-Kategorie gerechtfertigt. Hätten die Preise pro Logiernacht aufgrund dieses Abstieg auch nur um fünf Schweizer Franken gesenkt werden müssen, hätte das bei rund 50'000 Jahresnächtigungen bereits einen Mindererlös in der Höhe einer Viertelmillion Schweizer Franken verursacht, argumentierte Hermann Büchi im Rechenschaftsbericht.[41]

Im Laufe der folgenden Jahre wurde das Hotel durch etliche weitere Renovierungs-, Modernisierungs- und Umbauetappen in den verschiedensten Bereichen (z. B. der Hotelhalle, im Garten, auf der Etage) auf international konkurrenzfähigem Stand gehalten. 1999 erreichte der Glockenhof dann auch bei der Qualitätskontrolle der Best Western Hotels mit 960 von 1'000 Punkten das beste Ergebnis aller Best Western Hotels in der Schweiz.[42] Es konnte sich in dieser Hotelkette gleich mehrmals an erster Stelle in Bezug auf die Gesamteinnahmen und den höchsten Umsatz pro Zimmer platzieren.[43] Im Jahr 2001 wurden die Qualitätsbemühungen des Hotels zudem mit der Qualitätsauszeichnung «QQ» von Schweiz Tourismus belohnt.[44] Dieses Zertifikat wird erst nach Kontrolle und Bewertung von Dienstleistung, Ausstattung und Qualität des gesamten Hotels verliehen.[45] Aufgrund seiner ausgezeichneten Ausstattungsmerkmale erhielt der Glockenhof ausserdem den Zusatz «Superior» verliehen und ist heute ein Hotel der Kategorie «Vierstern Superior».[46]

Dass im Glockenhof gerne gebaut wird, bestätigte sich auch jüngst. Das in die Jahre gekommene Hotelrestaurant «Glockenstube»

---

40   Hediger, Walter: Stiftung Glockenhaus, RB, 1989
41   Büchi, Hermann, in: Stiftung Glockenhaus, RB, 1988
42   Schmidtpeter, Josef, in: Stiftung Glockenhaus, RB, 1999
43   Schmidtpeter, Josef, in: Stiftung Glockenhaus, RB, 2004, 2005; Sutter, Matthias, in: Stiftung Glockenhaus, RB, 2008
44   Schmidtpeter, Josef, in: Stiftung Glockenhaus, RB, 2001
45   Schweizer Tourismusverband, o. J., http://www.swisstourfed.ch/index.cfm?parents_id=1055
46   Walder, Karl, in: Stiftung Glockenhaus, RB, 2009; Schäppi, Peter, in: Stiftung Glockenhaus, RB, 2006

wurde im Sommer 2007 einer «Auffrischung» und Neu-Positionierung unterzogen. Die neue Bezeichnung «Restaurant Conrad» betont die Eigenständigkeit des Gastronomie-Betriebes sowie dessen Unabhängigkeit vom Hotelbetrieb. Von der kompletten Erneuerung des Lokals sowie der veränderten Angebotspalette – es werden vor allem Produkte aus der Schweiz angeboten – werden positive Imageeffekte für Restaurant und Hotel erwartet.[47]

Im Spannungsfeld internationaler Wirtschaft und Politik – der Glockenhof im globalen Geschehen

Der Glockenhof ist ein auf internationale Gäste spezialisiertes Hotel und steht entsprechend unter dem Einfluss des weltweiten Geschehens. Globale politische und wirtschaftliche Ereignisse, aber auch Seuchen wie z. B. die ansteckende Lungenkrankheit SARS[48] und deren mediale Präsenz, wirken sich auf die Hotellerie in Zürich aus. Ein Umstand, der sich auch im «Auf und Ab» der Auslastungsentwicklung des Glockenhofs ablesen lässt (siehe hier und im Weiteren Grafik 1).

Anfang der 1960er-Jahre herrschte in der Schweiz anhaltende Hochkonjunktur mit Vollbeschäftigung. Auch der internationale Tourismus setzte seinen Boom ungeachtet der instabilen politischen Weltlage unvermindert fort. Die internationale Union der offiziellen Touristik-Organisationen spricht in diesem Zusammenhang vom «Anbruch des Zeitalters des Massentourismus» und führt die gestiegene Reiseintensität auf höheres Einkommen und zunehmende Kaufkraft sowie mehr Freizeit für breite Bevölkerungsteile zurück.[49] Dieser Tourismusboom macht sich auch auf dem Platz Zürich bemerkbar: In der zweiten Hälfte der 1960er-Jahre existierten zahlreiche Pläne für Hotelneubauten in Zürich und der Zürcher Peripherie.[50] Im Glockenhof sah man sich angesichts der günstigen Innenstadtlage unweit des Bahnhofes, der

---

47 Relly, Peter, in: Stiftung Glockenhaus, RB, 2007; Sutter, Matthias, in: Stiftung Glockenhaus, RB, 2007
48 Schweres Akutes Respiratorisches Syndrom
49 Spode, Hasso: Reiseweltmeister, 2003
50 Hediger, Walter, in: Stiftung Glockenhaus, RB, 1967

Banken und der Bahnhofstrasse durch diese Entwicklung jedoch nicht bedroht.

Zu den gravierendsten weltpolitischen Ereignissen, die im Glockenhof Frequenz- und Ertragseinbussen befürchten liessen, gehörten beispielsweise der Vietnamkonflikt, die Feindseligkeiten zwischen Israel und den arabischen Staaten und der Sechstagekrieg im Jahr 1967. Die erwarteten Einbussen blieben im Glockenhof letztlich jedoch aus, und das Geschäftsjahr konnte mit fast 39'000 Logiernächten sogar einen neuen Nächtigungsrekord verzeichnen.[51] Im darauffolgenden Jahr verursachten weltpolitische Einflüsse aber regelrechte Erschütterungen in der Schweizer Tourismuswirtschaft. Anfang des Jahres 1968 wurden nämlich Pläne der US-Regierung bekannt, Auslandsreisen für US-Bürger durch eine besondere Besteuerung uninteressant zu machen und die amerikanische Bevölkerung zum Urlauben im eigenen Land anzuhalten. Auf diese Weise sollten dringend benötigte Devisen gespart werden.[52] Obwohl dieses Vorhaben letztlich nicht realisiert wurde, hatten viele US-Bürger Anfang des Jahres auf Buchungen von Auslandsreisen verzichtet. Das so verlorene amerikanische Gruppengeschäft konnte im Laufe des gesamten Sommers 1968 nicht mehr aufgeholt werden,[53] was sich im Glockenhof in einem Rückgang der Logiernächte um rund 1'000 Nächte niederschlug.

Anfang der 1970er-Jahre hatte die Schweiz als Reisedestination eine gewisse Sättigung erreicht. Zudem konnten wichtige Ausländernationen als Folge nationaler wirtschaftlicher Schwierigkeiten und Währungskrisen nicht wie bisher verreisen.[54] Durch internationale Währungsmassnahmen wurde versucht, die Überkonjunktur zu dämpfen. Währungen mussten einerseits abgewertet, andernorts aufgewertet werden.[55] Die dabei im Jahr 1973 verfügte Abkehr vom stabilen Wechselkurs führte zu einer massiven Höherbewertung des

---

51 Hediger, Walter, in: Genossenschaft Glockenhaus, RB, 1967
52 Hamburger Abendblatt, 3./4. Februar 1968, S. 1
53 Hediger, Walter, in: Genossenschaft Glockenhaus, RB, 1968
54 Kommission für Konjunkturfragen, 1970, S. 6f
55 Kommission für Konjunkturfragen, 1970, S. 10ff

Frankens gegenüber den Währungen der wichtigsten Herkunftsländer[56] und damit zu einem Wettbewerbsnachteil für die Schweizer Hotellerie. Die Erdölkrise sowie Kriegsgeschehen im Nahen Osten taten ein Übriges, um die Stimmung zu dämpfen. 1974 hatte die Schweiz nach den USA, Westdeutschland und anderen Ländern erstmals seit Jahrzehnten mit einem – branchenmässig segmentierten – Beschäftigungsrückgang zu kämpfen.[57] Die wirtschaftlich turbulenten Zeiten während der 1970er-Jahre schmälerten auch den betrieblichen Erfolg des Glockenhofs. Hohe Inflation und konjunkturelle Anspannung, verbunden mit höherem Lohn- sowie Warenaufwand, führten bei gleichzeitig tendenziell stabilen bis sogar steigenden Frequenzen zu sinkenden Gewinnmargen.[58] Zum Vergleich: Im Jahr 1969 betrug der Betriebsüberschuss noch rund 18,9 Prozent bezogen auf den Umsatz, im Jahr 1971 war dieser auf unter 14 Prozent gesunken, um im Jahr 1974 auf unter 11,5 Prozent zu fallen,[59] trotz massiv gestiegener Anzahl an Logiernächten und Einnahmen pro Logiernacht. Zur Bekämpfung der Inflation mussten auf nationaler Ebene konjunkturpolitische Massnahmen ergriffen werden. Zwischen Nationalbank und Schweizerischer Bankiervereinigung wurde daher eine Beschränkung der Kreditzuwachsraten vereinbart.[60] Glücklicherweise war der erforderliche Kredit für den Umbau des 5. Stocks des Hotels vorher rechtzeitig gesichert worden, sodass diese Regelung den Glockenhof nicht direkt betraf.[61]

Das Jahr 1975 war das der schwersten Rezession der Nachkriegsgeschichte des 20. Jahrhunderts.[62] Überraschenderweise war das Hotel Glockenhof im Gegensatz zur gesamten Zürcher Hotellerie relativ wenig betroffen. Das Hotel konnte über 47'000 Logiernächte verzeichnen, und der Betriebsüberschuss lag wieder bei über 13 Prozent des Umsatzes. Es ging also aufwärts, zumindest für den Glockenhof.

56 Schweizerische Nationalbank, S. 10, o. J.
57 Sheldon, George: Schweizer Arbeitsmarkt, in: Seco (Hrsg.): Volkswirtschaft, o. J.
58 Hediger, Walter, in: Genossenschaft Glockenhaus, RB, 1970
59 Im Jahr 1974 wurden «nur» rund 44'900 Logiernächte gezählt, im Vergleich dazu waren es 1972 noch mehr als 48'000.
60 Historisches Lexikon der Schweiz, o. J. und vgl. Kommission für Konjunkturfragen, 1970, S. 3
61 Büchi, Hermann, in: Genossenschaft Glockenhaus, RB, 1970
62 Hediger, Walter, in: Genossenschaft Glockenhaus, RB, 1968, 1975

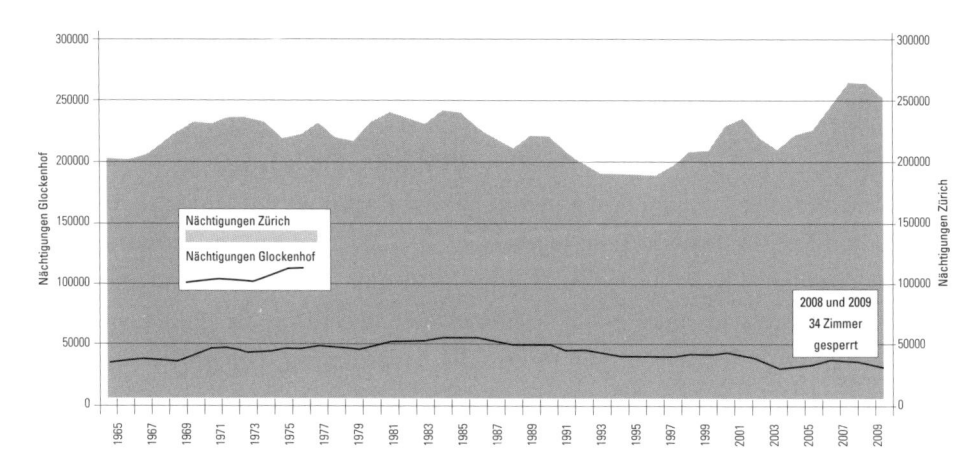

Grafik 1: Auslastungsentwicklung in Zürich und im Hotel Glockenhof. Eigene Darstellung (Datenquellen: BfS, 2009 und Rechenschaftsberichte Glockenhof 1960–2008).

Im Glockenhof konnte in den Folgejahren die Frequenz trotz Rezession und entgegen allen Trends in der Schweiz insgesamt sogar nochmals gesteigert werden. Dies was primär auf Preissenkungen zurückzuführen. Gleichzeitig wurde der Werbeaufwand intensiviert.[63] Das Jahr 1977 brachte dann gar einen Betriebsüberschuss in Rekordhöhe, nämlich von rund einer dreiviertel Million Schweizer Franken, was 14,4 Prozent des Umsatzes entspricht.

Auch die allgemeine Stimmung in der Wirtschaft und der Gesellschaft begann sich langsam wieder zum Positiven zu wenden, was vor allem bei den Geschäftsreisen Wirkungen zeigte.[64] Die Freude über diese Trendwende währte allerdings nur kurz. Bereits die Folgejahre 1978 und 1979 drückten aufgrund des starken Schweizer Frankens, vor allem gegenüber D-Mark und US-Dollar, die Stimmung auch in der Hotellerie. Gäste aus wichtigen Herkunftsmärkten blieben aus.[65]

---

63 Hediger, Walter, in: Genossenschaft Glockenhaus, RB, 1975
64 Büchi, Hermann, in: Stiftung Glockenhaus, RB, 1977; Hediger, Walter, in: Genossenschaft/Stiftung Glockenhaus, RB, 1968, 1977
65 Hediger, Walter, in: Stiftung Glockenhaus, RB, 1978, 1979

Der Anteilder Gäste aus den USA war von über 14 Prozent im Jahr 1977 auf unter 10 Prozent im Jahr 1979 gefallen. Das ungünstige Währungsverhältnis führte auch bei Gästen aus Deutschland zu erheblichen Nachfrage-Einbussen. Das Jahr 1981 beispielsweise brachte einen Rückgang des Anteils deutscher Gäste von 10,2 Prozent (1980) auf 8,7 Prozent (1981).

Insgesamt gestalteten sich die Jahre 1980 und 1981 ebenso wie die Folgejahre für den Glockenhof dennoch als sehr erfolgreich, ein Grund dafür sind sicherlich intensivierte Marketingbemühungen. In Grafik 1 wird deutlich, wie sich die Auslastung des Glockenhofs ab dieser Zeit bis zur Jahrtausendwende von jener der restlichen Zürcher Hotellerie abhebt. Globale Phänomene, wie z. B. Preissteigerung in Griechenland, Hotelstreiks in Italien und Spanien, und Bombendrohungen in beliebten Reisezielen, führten Anfang der 1980er wieder zu verstärkter Nachfrage in der als vergleichsweise «sicher» geltenden Schweiz.[66]

Wirtschaftsaufschwung und eine während der Rezession aufgestaute Konsumnachfrage vor allem in den USA führten zwar zu einem Ansteigen des Dollarkurses. Dennoch blieben von 1985 bis 1991 die amerikanischen Gäste mehrheitlich fern. Die Gründe dafür dürften primär mediale Berichte über Terroranschläge in den Schweizer Nachbarländern[67] sowie die Angst der amerikanischen Gäste vor den Auswirkungen des atomaren Unfalles in Tschernobyl auch auf Mitteleuropa gewesen sein.[68]

Der Golfkrieg Anfang 1990 führte zu hohen kriegsbedingten Frequenz- und Umsatz-Einbussen auch im Glockenhof. Bereits kurz nach Kriegsende hatte sich die Buchungssituation zwar wieder normalisiert, die erlittenen Einbussen konnten jedoch nicht mehr wettgemacht werden. Zum Golfkrieg kam die Rezession, speziell in den USA. Aber auch wirtschaftliche Schwierigkeiten in England, Frankreich, Skandinavien und Japan trugen dazu bei, dass das Jahr 1991 für Hotellerie

---

66 Hediger, Walter, in: Stiftung Glockenhaus, RB, 1980, 1981
67 Zum Beispiel: «Angst vor Terrorakten? Amerikanische Touristen meiden Europa» (Neue Zürcher Zeitung, 8. März 1986); Hediger, Walter, in: Stiftung Glockenhaus, RB, 1985
68 Schweizerische Verkehrszentrale (Hrsg.): Lagebericht, 1986

und Tourismus im Allgemeinen zu einem «annus horribilis» wurde, was die Entwicklung der Gästeankünfte und Logiernächte anbelangt.[69] Paradoxerweise führte die Rezession zu positiven Effekten im Glockenhof: Buchten Banken und Industrie ihre Kunden und Mitarbeiter früher im Luxussegment ein, also im Baur au Lac, im Savoy oder auch im Dolder, führte die Rezession zu höherem Kostenbewusstsein und zur Umbuchung in vergleichsweise preisgünstigere Hotels wie dem Glockenhof, wie auch die Auslastungsentwicklung des Glockenhofs im Vergleich zur Situation in der restlichen Hotellerie in Grafik 1 verdeutlicht.[70] 1995 wurde in der Schweiz die Mehrwertsteuer eingeführt,[71] was zu einer vermehrten Konsum-Zurückhaltung der Hotel- und Restaurantgäste führte.[72] Zudem wurden in vielen Unternehmen die Spesen deutlich gekürzt, was gemeinsam mit den allgemeinen Schwierigkeiten des Wirtschaftsplatzes Schweiz weniger Reisen und Restaurantbesuche zur Folge hatte. Ausserdem wichen viele Schweizer Gäste in das günstigere Ausland aus.[73]

Trotz des insgesamt stark angestiegenen Wettbewerbs in Zürich – internationale Hotelketten hatten sich angesiedelt[74] – konnten im Glockenhof in den Jahren 1999 und 2000 gestiegene Zimmer- und Bettenbelegung bei erhöhten Durchschnittserlösen pro Logiernacht verzeichnet werden.[75] Im Folgejahr 2001 kam mit den terroristischen Anschlägen in New York am 9. September der grosse Schock. Doch während im internationalen Tourismus daraufhin teilweise ruinöse Nachfrage-Einbrüche verzeichnet werden mussten, war der Geschäftsgang für das Hotel Glockenhof vergleichsweise erfreulich.[76] Für die internationale Tourismuswirtschaft hingegen stiegen die Herausforderungen zunehmend: Die globale Konjunktur schwächelte. Zusätzlich

69 Bundesamt für Statistik, 2009
70 Hediger, Walter, in: Stiftung Glockenhaus, RB, 1990, 1991
71 Eidgenössisches Finanzdepartment, 2008
72 Schmidtpeter, Josef, in: Stiftung Glockenhaus, RB, 1995
73 Schmidtpeter, Josef, in: Stiftung Glockenhaus, RB, 1995, 1996
74 Die Hotels Nova-Park wurden von Intercontinental, Zürich Hotel von Marriott und Neues Schloss von Arabella übernommen. (Schmidtpeter, Josef, in: Stiftung Glockenhaus, RB, 1997)
75 Schmidtpeter, Josef, in: Stiftung Glockenhaus, RB, 1999, 2000
76 Schmidtpeter, Josef, in: Stiftung Glockenhaus, RB, 2001

sorgten der Irak-Krieg und die verschlechterten Beziehungen Amerikas zum «Alten Europa» für schlechte Stimmung. Die allgemeine Angst vor dem Fliegen nach den Anschlägen in New York, Anschlagsdrohungen gegen Amerikaner und andere Industriestaaten sowie der tiefe Dollarkurs trugen das ihre zu schlechten Ergebnissen bei. Zu allem Überfluss erreichte die Lungenkrankheit SARS teilweise grosse Verbreitung und insbesondere grosse mediale Aufmerksamkeit. Die mediale Berichterstattung zu SARS fand ihren Höhepunkt im Frühjahr 2003, also genau während der Uhren- und Schmuckmesse in Basel. Das Bundesamt für Gesundheit verbot daraufhin per Bescheid Ausstellern aus verschiedenen asiatischen Ländern die Teilnahme an der Messe. Der Glockenhof war dadurch stark von Buchungsausfällen betroffen.[77]

Insgesamt sind die vergangenen Jahre für das Hotel Glockenhof sehr zufriedenstellend verlaufen. Die Auslastung Mitte des ersten 2000er-Jahrzehnts war dank guter Konjunktur und positiver Wachstumsaussichten in Europa und speziell in Deutschland relativ erfreulich.[78] Der Glockenhof konnte im Jahr 2006 sowohl die Auslastung als auch die Preise steigern, sodass der Verlust einiger Zimmer zugunsten von Grundriss-Optimierungen abgefangen werden konnte. Vor allem moderne und grössere Zimmer waren in den letzten Jahren stark nachgefragt.[79] Eine Bestätigung für die richtige Entscheidung zu mehr Qualität und grösseren Zimmern.

Auch 2008 war trotz Umbauarbeiten im Hotel ein wirtschaftlich erfolgreiches Jahr. Erst Mitte November 2008 begannen sich die Aus-wirkungen der weltweiten Finanzkrise im Hotel Glockenhof in Form von massiven Frequenzeinbussen bemerkbar zu machen. Vor allem Gäste aus den USA, England und Deutschland blieben aus. Die Preise konnten dank der Investitionen der letzten Jahre trotzdem weiter angehoben werden. Aufgrund der baubedingt eingeschränkten Zimmerkapazität (in den Monaten November und Dezember

---

77 Jaag, Tobias: Staatshaftung, 2003
78 Sutter, Matthias, in: Stiftung Glockenhaus, RB, 2006
79 Sutter, Matthias, in: Stiftung Glockenhaus, RB, 2006

standen nur 56 Zimmer zur Verfügung) war das Hotel wochentags dennoch meist ausgebucht.[80]

Zusammenfassung und Ausblick

Der Glockenhof hat Zeit seines Bestehens «gute und andere»[81] Zeiten erlebt. Insgesamt konnte sich das Hotel jedoch auch in Krisenzeiten erfolgreich auf dem Markt behaupten. Dank der ständigen Bemühungen der verantwortlichen Entscheidungsträger in Hotel und Stiftung, den Betrieb konzeptionell und qualitativ stetig weiterzuentwickeln, kann sich das Hotel heute als moderner Vierstern-Superior-Betrieb präsentieren. Den stetigen Erneuerungen ist es auch zu verdanken, dass durch die architektonische Verbindung aus «Alt und Neu», aus Traditionellem und Zeitgenössischem, das besondere Ambiente des Glockenhofs entstanden ist. Die Gastronomie-Betriebe des Glockenhofs sind gleichzeitig Dienstleistung für Hausgäste, Frequenz- und Umsatzbringer für das Unternehmen und nicht zuletzt die Visitenkarte des Hauses nach aussen. Vor allem der Gastgarten im Innenhof ist an sonnigen Tagen ein beliebter Treffpunkt für Hausgäste und Einheimische.

Dank der laufenden Zimmerupdates konnte der Glockenhof vermehrt Individualreisende ansprechen und so höhere Preise als auf dem Gruppenmarkt erzielen. Die Zimmer im Glockenhof werden heutzutage unter der Woche hauptsächlich von Geschäftsleuten und an den Wochenenden und Feiertagen immer mehr auch von Feriengästen gebucht.[82]

Ein weiterer und vor allem wesentlicher Faktor für den langfristigen Erfolg des Betriebes ist in der Kontinuität der Hotelführung zu sehen. Nur wenige Direktoren sind seit der Eröffnung des Hotels an der Spitze gestanden. Kurzlebigkeit war nie die Sache des Glockenhofs. Management-Entscheidungen und Strategien hatten Zeit, sich kontinuierlich zu entwickeln. Der Kontinuität im Qualitätsstreben, im

---

80 Sutter, Matthias, in: Stiftung Glockenhaus, RB, 2008
81 Egli, Walter: 50 Jahre Glockenhof, 1961, S. 12
82 Sutter, Matthias, in: Stiftung Glockenhaus, RB, 2007, 2009 (mündliche Information)

Marketing und im Management ist es zu verdanken, dass der Glockenhof auch in wirtschaftlich turbulenten Zeiten erfolgreich war.

Es ist sicherlich ebenso die überaus prosperierende Entwicklung des Wirtschaftsstandortes Zürich, die zum Erfolg des Glockenhofs beigetragen hat. Die wirtschaftliche Stärke des «Platzes Zürich» beruht zu einem wesentlichen Teil auf der Internationalität der Stadt an zentraler Lage in Europa und der sehr guten Erreichbarkeit auf dem Land- und Luftweg.[83] In den letzten Jahrzehnten hat sich Zürich als Finanz- und Bankenplatz einen internationalen Namen gemacht. Gleichzeitig hat sich ein Ambiente entwickelt, in welchem Kultur, Kunst, Sport und Unterhaltung der verschiedensten Prägungen entstehen konnten. Gerade diese Kombination aus professionellem Umfeld und vielfältigem Freizeitangebot scheint die spezielle touristische Anziehungskraft auszumachen.[84]

In den letzten Jahrzehnten ist in der Zürcher Hotellerie kontinuierlich investiert worden. Heute sind zahlreiche namhafte internationale Hotelbrands in der Stadt vertreten, insbesondere in der Peripherie kommen laufend neue hinzu. Dieser strukturelle Wandel der Hotellerie in der Schweiz wird sich fortsetzen, kleinere Familienbetriebe und Einzelunternehmen werden zunehmend durch grössere Hotelbetriebe, die von Ketten oder Konzernen geführt werden, ersetzt. So aufgestellt, wie sich der Glockenhof heute präsentiert, dürfte er sich jedoch auch in Zukunft im Wettbewerb behaupten.

---

83 Zürcher Hotelier Verein (Hrsg.): Attraktiver Standort, in: Hotel Zürich, 2005
84 Zürcher Hotelier Verein (Hrsg.): Tourismus Zürich, in: Hotel Zürich, 2005

121

122

121 Hotel Glockenhof, Hotelhalle und 122 Zimmer, ca. 1911, Ära Mousson-Eidenbenz.
Archiv Glockenhof

123

124

125

126

123 Hotel Glockenhof, Hotelhalle, Ära Weissenberger. Archivbestand Hotel Glockenhof
124 Hotel Glockenhof, Zimmer, 1937, Ära Weissenberger, Baugeschichtliches Archiv der Stadt Zürich
125 und 126 Hotel Glockenhof, Nasszelle, Garderobe, Schlafzimmer, Ära Weissenberger. Archivbestand Hotel Glockenhof

127 Hotel Glockenhof, Hotelhalle, 128 Zimmer und 129 Nasszelle, Ära Hediger (1970–1980er-Jahre). Archivbestand Hotel Glockenhof

130 Hotel Glockenhof, Hotelhalle, 131 Zimmer und 132 Frontansicht, 2005. Bestand Hotel Glockenhof

Wilhelm Schlatter

EVANGELISCHE SPIRITUALITÄT UND LAIENTHEOLOGIE

Die Pariser Basis des CVJM lautet: «Die Christlichen Vereine Junger Männer haben den Zweck, solche junge Männer miteinander zu verbinden, welche Jesus Christus nach der Heiligen Schrift als ihren Gott und Heiland anerkennen, in ihrem Glauben und Leben seine Jünger sein und gemeinsam danach trachten wollen, sein Reich unter den jungen Männern auszubreiten.»[1]

Auf diese Formel einigten sich 1855 die Vertreter von 9 Nationalverbänden des CVJM für den zukünftigen Weltbund. Sie waren am Rande der Pariser Weltausstellung zusammengekommen, unter ihnen George Williams, der Gründer des CVJM aus London, und der Genfer Henry Dunant[2]. Das Dokument gilt seitdem als verbindliche Grundlage für sämtliche Nationalverbände des CVJM welt-

---

1 Z. B. Wikipedia, Artikel «Pariser Basis»; dies ist die verbreitete Fassung in Kürzung des Pariser Originals, das zunächst eine Allianz der Jünglingsvereine vorsah. Siehe auch: Egli, Karl: 75 Jahre Jugendarbeit, 1925, S. 75 ff., dort Faksimile des Originals mit der Liste der Unterschriften, unter ihnen Herny Dunant und George Williams.
2 Dunant, Henry (1828–1910): Gründer des Roten Kreuzes, erster Träger des Friedensnobelpreises

Alliance ~~Confederation~~
des ~~des~~
~~Unions~~ Chrétiennes de Jeunes Gens.

Nous, délégués des *diverses* Unions Chrétiennes de Jeunes
Gens d'Europe & d'Amérique, réunis en conférence à
Paris le 22 Août 1855,

reconnaissant que ~~les Associations travaillent~~ ~~dans chaque pays sont tra-~~
~~vaillant~~ à une même œuvre dans le même esprit évangélique,

pénétrés du devoir de manifester cette unité
tout en conservant dans l'organisation une complète
indépendance *et des sociétés*

persuadés
~~vivement désireux~~ qu'aucune divergence
d'églises ou d'opinions, étrangères à notre œuvre *ne puisse venir*
troubler notre accord fraternel : *en tout qu'elle n'atteint pas la base évangélique*

Proposons à nos sociétés respectives de s'unir
en confédération sur ce principe fondamental : —

„ Les Unions Chrétiennes *dites* réunissent dans une
„ même association les jeunes gens qui, regardant
„ Jésus-Christ comme leur sauveur & leur Dieu
„ selon les Écritures, veulent être ses disciples dans
„ leur ~~doctrine~~ *foi* & dans leur vie, & travailler
„ ensemble à étendre parmi les jeunes gens le
„ règne de leur Maître." —

Fait & signé à Paris le   Août 1855

133 Pariser Basis 1855. CVJM

weit. Sein Wortlaut ist Programm. Auch die Jugendarbeit des CVJM Glockenhof steht auf diesem Fundament. Die Pariser Basis ist in theologischen Auseinandersetzungen die Marke, die es ermöglicht, die eigene Arbeit immer wieder neu auszurichten.

Die Pariser Basis formuliert das theologische Kurzprogramm des CVJM. Sie steht fest auf dem Boden evangelischer Theologie pietistischer Prägung. Drei Dimensionen des christlichen Glaubens werden benannt: die Liebe zur Bibel («nach der Heiligen Schrift»), die Gemeinschaft («junge Männer miteinander verbinden») und das Priestertum aller Gläubigen («sein Reich unter den jungen Männern auszubreiten»), genau jene Felder, die als die «drei bleibenden Leistungen des Pietismus» gelten.[3] Die Knabenjungschar fasste die Pariser Basis unter den drei Worten «Sammlung, Ausrichtung, Sendung» zusammen.

Da der Cevi am Glockenhof sich selber eng mit der evangelischen Theologie verbunden und als pietistisches Werk sieht, liegt es nahe, diese dreifache Grundlage der ursprünglichen CVJM-Jugendarbeit in ihrer Ausprägung durch Raum und Zeit zu verfolgen. Wie änderten sich diese drei Pfeiler der Pariser Basis im Laufe der Geschichte des Glockenhauses? Was heisst «Sammlung» konkret? Wie geschah die Ausrichtung am biblischen Christus? Wie stand es mit der missionarischen Sendung? Wurde der Glockenhof seinem Selbstverständnis gerecht?[4]

Klar ist: Der CVJM konnte seine Identität nur bewahren, indem er sie veränderte und seinen Bedürfnissen anpasste – oft unkonventionell und erfrischend unkompliziert, oft zäh ringend, manchmal wohl auch im Abseits. Konflikte nach innen und nach aussen waren deshalb unvermeidlich.

---

3   Lehmann, Hartmut (Hrsg.): Geschichte des Pietismus, Bd. 4, 2004, S. 669
4   Die Untersuchung bewegt sich von der Gründerzeit bis in die 80er-Jahre des letzten Jahrhunderts, da sich in den letzten 20 Jahren der Cevi «postmodern» quasi neu erfunden hat, was eine eigene Untersuchung nötig machte.

Liberal versus konservativ – Positionen im 19. Jahrhundert

Die Gründung des schweizerischen Bundesstaates ist dem Sieg der fortschrittlichen liberalen Bewegung des Freisinns zuzuschreiben, die weitgehend kirchenfeindlich gesinnt war. Sie trat für die Freiheit des Individuums und gegen die diese Freiheit gefährdenden Dogmen in Philosophie und Religion auf. Als Erbe der positiven[5] Theologie – zwar nicht der Sache, aber dem Namen nach ein helvetisches Spezifikum – stand der CVJM von Anfang an in Opposition zur liberalen Bewegung.

In den 1830er-Jahren hatte die Zürcher Obrigkeit zentrale Posten des öffentlichen Dienstes mit Liberalen besetzt, um der liberalen Gesinnung zum Durchbruch zu verhelfen, so namentlich in der Lehrer- und Pfarrerausbildung. Für liberale Pfarrer war die Bibel ein geschichtlich gewachsenes Buch, von Menschen geschrieben und auf natürlichem Wege, ohne Offenbarung, entstanden und deshalb nach wissenschaftlichen Methoden analysierbar. Für sie war Jesus bloss ein Mensch mit einem besonderen Selbstbewusstsein. «Positive» Christen hielten die Bibel für Gottes offenbartes Wort, das «von aussen» an die Menschen herantrat, der Glauben an den Opfertod Jesu als Sohn Gottes war zentral.

Die liberale Regierung machte den Fehler, einen berühmten und seiner liberalen Theologie wegen umstrittenen Theologen, David Friedrich Strauss, an die Theologische Fakultät nach Zürich zu berufen. Dieser Entscheid liess sich nicht durchsetzen. Der Widerstand, vor allem auf dem Lande, war zu stark. Strauss trat den Posten an der Universität nie an und wurde sogleich pensioniert. Doch einmal losgetreten, rollte die Lawine weiter. Die Gegner aus den Landgemeinden trafen sich zum bewaffneten Aufstand in der Hauptstadt. Nach diesem «Züriputsch» von 1839 trat die liberale Regierung zurück. Dieser Sieg währte aber nur kurz, wenige Jahre später waren

---

5 Nicht zu verwechseln mit dem Positivismus, einer Philosophie, die ausschliesslich auf beobachtbaren Fakten beruht und vor allem in den Naturwissenschaften wichtig wurde; der Positivismus entstand etwa zur gleichen Zeit wie die obigen Bewegungen in der ersten Hälfte des 19. Jahrhunderts.

die Liberalen wieder an der Macht. Und auch der positive Widerstand gegen die Liberalen erstarkte wieder. So standen sich in den deutschschweizerischen reformierten Kirchen die «Liberalen» und die Positiven schroff gegenüber. Dazwischen gab es vermittelnde Positionen in allen Nuancen. Die liberale Theologie blieb aber bis zum Ersten Weltkrieg die führende Strömung in der Kirche.

Der CVJM als Gründung des Pietismus

«Der CVJM, der [in Zürich] 1887 auf den Plan trat, war [...] ein Kind des Pietismus.» Sein Interesse galt dabei nicht nur dem frommen Jüngling, sondern dem «indifferenten und im Glaubensleben verwahrlosten jungen Mann». Ihn, «der einst christlich unterrichtet, wieder an das Wort Gottes heranbringen [...] und ihn so zum christlich bewussten und tätigen Glied der Kirche machen», war Zweck der Arbeit[6]

Der Pietismus war «eine Erneuerungs- und Frömmigkeitsbewegung im [...] Protestantismus, und zwar die bislang bedeutendste».[7] Er war eine breite Strömung, der eine Vielfalt an Gruppierungen, Bewegungen und freien Kirchen hervorbrachte, sowohl auf lutherischem als auch auf reformiertem Gebiet. Theologisch war er eine Reaktion auf die erstarrte Orthodoxie im Protestantismus des 17. und 18. Jahrhunderts vor allem im deutsch- und englischsprachigen, aber auch im frankophonen Raum. Als orthodox, also «rechtgläubig», bezeichnete sich die obrigkeitlich dekretierte Religion evangelischer Prägung. Gehorsam vor dem Wort war zentrales Element, eine persönliche Erfahrung war nicht vorgesehen.

Der Pietismus brachte Gefühl und Individualismus in den protestantischen Glauben. Er erfand den «Hauskreis», fromme Zusammenkünfte ausserhalb der Kirche, welche verboten waren, weshalb die Pietisten gelegentlich von der Obrigkeit verfolgt wurden. Die Pie-

---

6 Stutz, Jakob (ehemals Pfarrer, Basler Missionar in Kamerun, ab 1918 Jugendsekretär und 15 Jahre lang Redaktor der «Jungschar», dort unter dem vulgo «Sango», später Zürcher Taubstummenseelsorger und mit 70 Hausvater auf dem Restiberg), in: Egli, Edwin / Egli, Walter / Stutz, Jakob: Jubiläumsbericht 50 Jahre CVJM, 1937, S. 7

7 Jung, Martin H.: Pietismus, 2005, S. 3

tisten betätigten sich als Dichter und Liedkomponisten und gestalteten ihre Zusammenkünfte gemütvoll (bis ins 20. Jahrhundert hinein bildeten Erweckungslieder einen Kern geistlicher Massenerweckung). Sie erfanden die «Tageslosung», den täglichen Bibelvers und die «Bekehrung» (= «Wiedergeburt»), das heisst, die Neuausrichtung der Biografie nach einem einschneidenden geistlichen Erlebnis, und brachten so die persönliche Erfahrung mit Gott in den christlichen Glauben ein. Ihre Versammlungen können als eine Art kollektive Mystik verstanden werden. Sie sahen sich als Heilige eines «Kirchleins» innerhalb der grossen, nur «äusserlichen» Kirchen, wobei einige pietistische Strömungen sich von der Kirche bewusst lösten und andere die Kirche von innen her erneuern wollten. So stand der Pietismus, zumindest theoretisch, den konfessionellen Grenzen kritisch gegenüber. Die Pietisten pflegten eine Art «persönliche» Beziehung zum auferstandenen Christus, den sie als ihren «Herrn und Heiland» liebten und dessen Idealen, Leben und Sterben sie nachfolgen wollten. Diese Nachfolge, ein ursprünglich mönchisches Ideal der alten Kirche, wurde zum dynamischen Element im Leben eines Gläubigen.

Die Pietisten hielten nichts von der altprotestantischen Lehre, wonach jeder Christ gleichzeitig Sünder und Heiliger sei. Sie wollten sichtbare Zeichen ihrer Erlösung in der Nachfolge Christi. Sie wollten wissen, ob sie auf dem von Jesus sogenannten schmalen Weg, der zum Leben führte, waren.[8] Die Nachfolge verlangte, dass man als Mensch, dem die Sünde vergeben war, sein Leben der Heiligung und Vervollkommnung widmete. Diese Dynamik brachte weitreichende pädagogische Vorstellungen mit sich und führte, konsequent zu Ende gedacht, zum Bedürfnis der steten Selbstprüfung, aber auch der Mis-

---

8 Vgl. Mt 7, 13 und 14. Bis weit ins 20. Jahrhundert hing in evangelischen Wohnungen folgende Bildillustration der deutschen Diakonisse Charlotte Reihlen (1805–1868): eine Landschaft mit zwei Wegen. Der linke, breite und bequeme Weg, eine Paradestrasse, ist belebt mit allerlei Treiben, führt aber schnurstracks in die Feuer der Hölle. Ein sehr schmaler Weg auf der rechten Seite, romantisch verschlungen, der auch moralisch «rechte» Weg, führt in eine Stadt am rechten oberen Bildrand: das himmlische Jerusalem als Sinnbild von Gottes neuer Welt am Ende der Zeiten. Viele sind auf dem linken Weg unterwegs und sehr wenige nur auf dem schmalen. Das ganze Bild ist zudem mit Angaben von Bibelstellen übersät.

sion; der Mission nach innen, ins eigene Volk, und der Mission nach aussen, in die «heidnischen Völker», Völker, die die frommen Missionare nicht selten umbrachten.

Im Glockenhof gab es immer wieder Impulse, die Erinnerung an die eigene Herkunft aus dem Pietismus wachzuhalten. Im Jahresbericht 1933/34 wird zum Beispiel von Sekretär Edwin Wehrli das «Erbe der Väter» beschworen: «Unsere Vereine sind Gründungen des Pietismus [...]. David Kölliker[9] in Zürich, Spittler[10] in Basel, von Lerber[11] in Bern, um nur die Hauptgründer unserer Vereine zu nennen, waren gleichzeitig Führer des Schweizer Pietismus.»[12] Aus dieser personellen Identität leitete sich für den Autor eine Verbindung zum Pietismus ab. Dann aber stellt er die Frage: «Haben wir nun als eine Bewegung der pietistischen Erweckungsfrömmigkeit die Pflicht, am Pietismus festzuhalten?» Nein, wenn es um den Pietismus als historisch gewordene Bewegung gehe. Aber der Autor bejaht in dem Sinne, dass «wenn wir [...] unter Pietismus einfach jenen Ruf vernehmen, wie er bereits zur Zeit der Reformation laut und deutlich erschallte: Zurück zum Evangelium von Jesus Christus, dann sagen wir, jawohl, daran halten wir fest». Das bloss Äusserliche des pietistischen Erbes habe man abgestreift. «Am Wesentlichen aber halten wir fest, an der Offenbarung Gottes in Jesus Christus, seinem Wort, seiner Person, seinen Taten, seinem Tod am Kreuz, seiner Auferstehung, seiner Erhöhung und Wiederkunft.» Also die «Botschaft von Sünde und Gnade». «Als notwendige Konsequenz ergibt sich, dass wir immer wieder in den Mittelpunkt die Beschäftigung mit der Bibel stellen müssen.» Fast wörtlich greift Hans Güttinger[13] dreissig Jahre später und vermutlich unabhängig von Wehrli das theologische Programm wieder auf. Wirkliche Änderungen in der Welt würden nur von

---

9   Kölliker, David (1807–1875), Zürcher Kunstmaler
10 Spittler, Christian Friedrich (1782–1867), Sekretär der Basler Christentumsgesellschaft, gründete die Basler Bibelgesellschaft, Pilgermission Chrischona u. a (es sollen an die 30 Gründungen sein). War 1815 wesentlich beteiligt an der Gründung der Basler Mission.
11 Von Lerber, Theodor (1823–1901), Bern; er wurde wegen seiner pietistischen Haltung aus dem Lehramt entlassen, Mitbegründer des Berner Lehrerseminars
12 Wehrli, Edwin: Unser Dienst 1933/34, 47. Jahresbericht des Christlichen Vereins Junger Männer, Zürich 1, S. 2ff.
13 Güttinger, Hans: Die Jugendarbeit im CVJM; Glocke, Nr. 2, 1971

«erlösten Christen» ausgehen, schreibt er. Spuren dieses Programms lassen sich bis hinein ins CeVITAL[14] verfolgen.

Erweckung des 19. Jahrhunderts

Die neupietistischen Bewegungen des 19. Jahrhunderts, die an den alten Pietismus anknüpften, werden mit dem Sammelnamen «Erweckung» etikettiert. Sie standen in starker Wechselwirkung mit Bewegungen aus Grossbritannien und den USA. Dort gab es blühende Erweckungsbewegungen und mitreissende Predigerpersönlichkeiten mit Ausstrahlung auf ganz Amerika und Europa. Aus diesen Bewegungen resultierte eine grosse Zahl von Vereinen und Zirkeln wie zum Beispiel die Heilsarmee[15], oder Heilungszirkel, weiter das Gemeinschaftschristentum, die «Fundamentalisten»[16], Heiligungsbewegungen, Evangelikalismus[17] usw.; in diese Zeit und diesen Zusammenhang fällt die Gründung diverser CVJM mit eigenen Häusern in vielen Grossstädten der Welt. Unmittelbarer Vorgänger des CVJM Zürich war der Verein christlicher Kaufleute.[18] Aus diesem Berufsstand rekrutierten sich denn auch die meisten zukünftigen Vereinspräsidenten und Sekretäre.

Jugendsekretär Jakob Stutz über die Gründungszeit: «Die Gründung [...] des CVJM fiel in eine Zeit, da das kirchliche Leben Zürichs ganz im Zeichen des religiösen Liberalismus stand.»[19] Religiöses Leben sei daher bekämpft und als «Stündeliwesen» oder Pietisterei verschrien worden. Die religiös Erweckten hätten sich in der Evangelischen Gesellschaft, in freien Gemeinschaften und Freikirchen ausserhalb der Landeskirche getroffen. Kunstmaler Kölliker, Gründer und Leiter des christlichen Jünglings- und Männervereins, der schon 50

---

14 Nachfolgeorgan der Glocke seit 1997.
15 Wie der YMCA eine Gründung aus London.
16 Als Selbstbezeichnung nicht abwertend gemeint.
17 Ebenfalls nicht abwertend verstanden.
18 Egli, Walter: 50 Jahre Glockenhaus, 1961, S. 16
19 Dies und das Folgende zitiert aus: Stutz, Jakob: Im Wellenschlag der Zeit, in: Egli, Edwin / Egli, Walter / Stutz, Jakob: Jubilämusbericht 50 Jahre CVJM, 1937, S. 7

Jahre vor dem CVJM[20] entstanden war, prägte das Motto seines Vereines in ökumenischem Geist: «Wir, so viele unser durch Christi Blut gewaschen und geheiliget, sind die rechte Kirche, und wir sind alle Glieder und Brüder, wir seien zu Rom, zu Wittenberg oder Jerusalem.»

Für Aussenstehende mag das fromme Gebaren oft eine reine Provokation dargestellt haben. So stellt eine Einsendung im «Schweizer Volksfreund» giftig fest, dass «eine der traurigsten Ausgeburten des Pietismus die sogenannten Jünglingsvereine» seien. «Eine Verleugnung und Befehdung alles dessen, was die Jugend ausmacht, was das spezifische Vorrecht der Jugend ist; achtzehnjährige, die Lebensweisheit und Lebensart alter Jungfern zur Schau tragen, das […] ist nur erklärlich durch den zweideutigen Kitzel der Selbstüberhebung.»[21]

Da die CVJM-Arbeit am Glockenhof methodisch offen war, gab es den einen oder andern liberalen Pfarrer, der den positiven CVJM zu schätzen lernte. Dagegen waren es nun plötzlich die christlichen Jünglings- und Männervereine, die den CVJM ob seiner undogmatischen Offenheit kritisierten. «Dass der Freisinn in seiner damaligen Aufmachung den CVJM ablehnte, das nahm man dahin […]. Dass aber der Pietismus zu seinen Widersachern sich stellte, das war das Tragische und bereitet den Leitern der CVJM manch schwere Stunde.»[22] Lakonisch meint Jakob Stutz: «Es musste eine ganze Generation ins Grab sinken, bis diese Schwierigkeiten überwunden waren.»

Seit Mitte der 60er-Jahre des letzten Jahrhunderts hat sich für die neopietistischen Bewegungen inner- und ausserhalb der Kirchen das englische Wort für evangelisch, evangelical, im deutschen Sprachraum eingebürgert, zunächst als Selbstbezeichnung positiv gerichteter Gruppen, die die Bezeichnungen «Erweckung» und «Pietismus» abgelöst hat.

---

20 Als Reaktion auf den Sieg der Liberalen, der die Gründung des Schweizerischen Bundestaates zur Folge hatte.
21 Zitiert in: Egli, Karl; Aus der Geschichte unseres Jugendwerkes S. 13; in: Das Jugendwerk der Christlichen Vereine junger Männer in der deutschen Schweiz; Zürich, 1931
22 Stutz, Jakob: Im Wellenschlag der Zeit, in: Egli, Edwin / Egli, Walter / Stutz, Jakob: Jubiläumsbericht 50 Jahre CVJM, 1937, S. 9

«solche jungen Männer miteinander zu verbinden, [...] die Christi Jünger sein wollen»

Das 19. Jahrhundert war eine Zeit blühenden Vereinswesens. Die Bildung eines Vereins diente nicht nur der Geselligkeit; oft war damit eine politische, weltanschauliche oder kulturelle Absicht verbunden. Aus den Vereinen entstanden zum Beispiel die politischen Parteien. Ein Verein bot zunächst vor allem einen konkreten Ort, an dem man sich ungestört treffen und austauschen konnte. Eine Spielart waren die konfessionellen Vereine, die das Leben der grossen Kirchen begleiteten. Auch der CVJM kann als konfessioneller Verein gelten. Nachdem 1896 der katholische Gesellenverein das Kasino Aussersihl gekauft hatte, sah sich der CVJM unter Druck gesetzt, endlich aktiv die eigene Raumfrage zu klären.[23] Mit dem Bau des Glockenhofes kamen seine Mitglieder dann zum ersehnten Raum für die Versammlungen und ihre Vereinstätigkeit: Kaffee, Bibliothek, Turnhalle, Foyer, grosser Saal, Klubräume, Wohnungen. Dass man sich gerade in Zürich engagierte, lag unter anderem daran, dass die erweckten CVJMer ein hohes Verantwortungsbewusstsein gegenüber den jungen Männern der chaotisch wachsenden Stadt fühlten. Zürich galt als «grossstadtähnlichste» Stadt in der Schweiz. Der Verein wollte und sollte mit der Stadtentwicklung und den wachsenden sozialen Problemen mithalten können. Unruhen, Streiks und drohende Aufstände prägten den politischen Alltag zur Zeit des Baus und der ersten Jahre des Glockenhofes. Die konservativen Pietisten hielten dennoch den Bau des Glockenhofs mit der «noch nie erlebten Mannigfaltigkeit und Betriebsamkeit», dem das Gebäude der positiven Kirchgemeinde, die neugotische St.-Anna-Kapelle mitsamt dem alten Pfarrhaus zum Opfer fielen, für den «Turmbau zu Babel».[24]

---

23 Egli, Walter: Die soziale Arbeit im CVJM, in: Egli, Edwin / Egli, Walter / Stutz, Jakob: Jubiläumsbericht 50 Jahre CVJM, S. 19

24 Stutz, Jakob: Im Wellenschlag der Zeit, in: Egli, Edwin / Egli, Walter / Stutz, Jakob: Jubiläumsbericht 50 Jahre CVJM, 1937, S. 10

Im Glockenhaus an der Sihlstrasse kamen erweckte junge Männer mit solchen zusammen, die sich noch nicht für Gott entschieden hatten. Für den CVJM galt die Formulierung von Carl von Prosch:[25] «[...] unsere Daseinsberechtigung besteht in der Ausbreitung, in der Mission. Wir tun die Türen weit auf, aber wir verkünden eine klare Botschaft, nämlich die Botschaft von Christus, in dem allein das Heil zu finden ist.» Von Prosch führt das Konzept einer doppelten Mitgliedschaft an: «Die Zweipoligkeit unserer Arbeit in Sammlung und Ausbreitung, erfordert eine [...] unentbehrliche Organisation: die sogenannte *doppelte Mitgliedschaft*. Es besteht ein innerer Kreis der [...] Träger der Arbeit, welcher das Bekenntnis der Bewegung, wie es in der Pariser Basis niedergelegt ist, zu dem seinigen macht.»

In diesem inneren Kreis nehme man eine gewisse Gemeindezucht[26] willig auf sich, sei zu Opfern an freier Zeit und Geld bereit, sei «CVJMer» nicht nur während der Vereinsstunden, sondern im Gegensatz zu den «eingeschriebenen Mitgliedern» immer und überall. Die Trennung der beiden Mitgliederkategorien trete äusserlich nicht in Erscheinung. «Wenn von einem Vorrecht überhaupt gesprochen werden kann, so ist es das erhöhter Verantwortung, vermehrter Arbeit, grösserer Opfer.» Das Arbeitsprogramm des CVJM gleiche grafisch einer Schiessscheibe: «Die Mitte ist Christus und sein Wort – für alles, was im CVJM geschieht, auch für ein Fussballspiel oder einen Sprachkursus.» Der CVJM verstehe sich als Reaktion auf die sozialen Probleme der Städte: «Unsere Bewegung ist entstanden [...] zu einer Zeit, da überall in der Welt Grossstädte wie Pilze [...] hervorwuchsen.» Mit Beginn des Maschinenzeitalters hätten tausende junger Männer ihre vertraute Umgebung verlassen, um in den Metropolen «reich zu werden». Dort bildeten sie die Masse der Entwurzelten, die «einer gewissenlosen wirtschaftlichen Ausbeutung» und einer «nicht minder gewissenlosen Vergnügungsindustrie» zum Opfer fielen.

---

25 Der folgende Abschnitt zitiert nach: Von Prosch, Carl (1891–1967), Weltbundsekretär der Christlichen Vereine Junger Männer: 100 Jahre CVJM, in: 57. Jahresbericht, 1943/44 S. 1ff.

26 Auf die Gemeinschaft bezogene gegenseitige Seelsorge mit Schwerpunkt auf Ermahnung und Zurechtweisung bei Übertretung christlicher Gebote.

«Nach einem allzulangen Arbeitstag in einer die Seele aushöhlenden, [...] nur aufs Geldverdienen eingestellten Tätigkeit verfielen unzählige dieser jungen Männer [...] den Versuchungen einer Leib und Seele verderbenden Sinnenlust.»

Wie erfüllte nun das Glockenhaus den Zweck der «Sammlung»? Es war Sitz diverser Gruppen und Kommissionen mit Ausstrahlung auf die ganze Stadt und darüber hinaus. Im Glockenhof fanden jüngere und ältere Männer eine Heimat auf Zeit. Da waren zunächst die Abteilungen des CVJM, vom Jungtrupp bis zu den Jungmännern. Orchester, Theatergruppen, Traktatgruppen, Bäckergruppen, Gruppen für die Sonntagslosen usw. Die Mitglieder der nachmaligen Waldensergemeinde Zürich fanden vorübergehend Zuflucht am Glockenhof. Da gab es die jungen Kommunisten, die sich heftige Diskussionen mit den CVJMern lieferten, während daneben evangelistische Redner an Vortragsabenden Fragen von «Reinheit, Liebe und Ehe»[27] erörterten. Und natürlich die Bibelabende, die bisweilen sehr gut besucht, dann wieder kaum beachtet wurden. In den Vorkriegsjahren zum Zweiten Weltkrieg waren es tausende Arbeitslose, von denen nicht wenigen der Glockenhof mit einem reichen Programm mit Kaffee, Spiel, Vorträgen, Filmen und Konzerten eine geistige Heimat bot. Dem Beispiel des Glockenhofs folgten daraufhin etliche Stadtkirchgemeinden. Nicht wegzudenken ist fast von Anfang an die Pfadi Glockenhof, die zeitweise mit weit über tausend Mitgliedern über Jahrzehnte hinweg das Haus mit Leben und Geschäftigkeit erfüllte. Allerdings hinterliessen Krieg und Konjunktur Spuren. Egli schreibt 1961 in seiner Jubiläumsschrift: «Heute» gleiche der Verein «einem Baum, der im Winter von einem Gärtner stark beschnitten wurde. Mancher Ast ist durch unsere Untreue und Lauheit abgefault. Aber immer noch steigt gesunder Saft von den Wurzeln in den Stamm. Gott schenke es, dass stets neues Grün hervorsprosse.»[28] In den politisch angeheizten Zeiten der Jugendunruhe von 1968 und 1980 versuchte man mit Gesprächsangeboten und Jugendwochen an die rebellierende Jugend heranzukommen. Werner Fluck und Hans Güttinger

---

27 Egli, Walter: 50 Jahre Glockenhaus, 1961, S. 22ff.
28 Egli, Walter: 50 Jahre Glockenhaus, 1961, S. 30

diskutieren in der «Glocke»[29] neue Formen der Gemeinschaft und neue Sozialformen mit hoher oder bedeutend weniger Verbindlichkeit.

Bibellektüre – allgemeines Priestertum

«Sola scriptura», «nur die Schrift», mahnten die Reformatoren. Die Deutung des biblischen Wortes muss jeder Bibelleser letztlich vor seinem Gewissen und vor Gott selbst verantworten. Kein Papst kann festlegen, was in der Bibel für den Glauben verbindlich ist. Auf diese Weise wird dem evangelischen Bibelleser die Bibel ganz direkt zum Worte Gottes, auf die Gefahr hin, dass der Bibeltext als ganzer kritiklos für wahr gehalten wird. Die Bibelstunde hat eine lange Geschichte in der evangelischen Spiritualität und zumindest der Pietismus ist eine «Bibellese-Bewegung»[30]. Auch der CVJM Glockenhof stellte die Bibellektüre in den Mittelpunkt. Etwa, wenn mitten im Zweiten Weltkrieg die «Glocke» auf ihrem Titelblatt einen Aufruf von Karl Barth zur «treulichen» Erforschung der Bibel publizierte. Das war damals ein eminent politischer Akt, denn die Schweiz war in Europa eines der letzten Länder, in denen das Wort Gottes noch frei und ohne Furcht gelesen und gehört werden durfte.[31] Sekretär Walter Egli stellt im Rückblick auf 50 Jahre CVJM Glockenhof fest: «Im Konferenzzimmer schlug das Herz des Vereins. Dort stand und steht das Wort Gottes im Mittelpunkt. Der Mittwoch war von Anbeginn der Hauptabend, der die Mitglieder vom 18. Jahre an aufwärts um die Bibel vereinigte.»[32] «40–70 Teilnehmende waren jeweils zugegen», schreibt er weiter. Die Leitung der Abende wurde oft an Fachpersonen, Theologen, Pfarrer oder Professoren der theologischen Fakultät delegiert. Aber man legte Wert darauf, dass auch «einfache Mitglieder» einen Bibelabend leiten konnten und «dabei, wie es oft bezeugt wurde, für sich selber den grössten Gewinn» davontrugen. Denn «ein jeder Christ, sei er nun Akademiker oder

---

29 Glocke, Nr. 3, 1971, S. 1ff.
30 Lehmann, Hartmut (Hrsg.): Geschichte des Pietismus, Bd. 4, 2004, S. 669
31 Glocke, Nr. 8, 1941
32 Egli, Walter: 50 Jahre Glockenhaus, 1961, S. 20f.

Laie, kann solche Bibelstunden halten, wenn er dazu von Gott berufen wird und dazu Geist und Macht von oben erhält. [...] Im CVJM brauchen wir solche Zeugen, die zu den Herzen sprechen und nicht zu den Köpfen. [...] In den Bibelstunden soll Gott zu uns reden, und nicht Menschen.»[33] Auch Walter Egli leitete gerne Bibelabende. Im Archiv sind Notizen zu deren Vorbereitung von seiner Hand erhalten.[34]

Die pietistische Frömmigkeit folgte im Umgang mit der Bibel nicht den Reformatoren, die dem Bibeltext wie aller Tradition gegenüber kritisch waren, sondern späterer protestantischer Lehre, wonach die Bibel vom Heiligen Geist Wort für Wort eingegeben sei. Der Bibeltext wurde daher als ganzer verbindlich erklärt. Die Reformatoren hatten mit ihren Übersetzungen die Bibel zum Volksbuch machen wollen. Vorbei sollten die Zeiten sein, in denen die Gläubigen vorgesetzt bekamen, was ein Priester für zumutungsfähig hielt. Luthers Kampfbegriff lautete: allgemeines Priestertum. Mit der Taufe wurde jeder von Christus zum Priester gemacht. Das Individuum wurde gleichzeitig sein eigener Papst und sein eigener Gläubiger. Das ist der Ursprung des protestantischen Individualismus. Jeder konnte predigen und das Wort auslegen, wobei ein unverständlicher Text oft von einem besser verständlichen her erschlossen wurde. Texte, die direkt die Christusbotschaft verkündigten, durften anderen Bibeltexten vorgezogen werden.

Wir finden also beste protestantische Tradition vor, wenn Walter Egli weiter schreibt: «In den 50 Jahren sind wohl die meisten wichtigen Abschnitte des alten und neuen Testaments mehrmals für Junge und Alte lebendig geworden. Die Form wechselte, neben fortlaufenden Texten wurden thematische Reihen durchgenommen. Immer aber blieb das Anliegen, dass Glauben, Denken und Leben der Hörer vom Wort her erweckt, umgewandelt und für Christus und die Mitmenschen fruchtbar werden möchten.» Wie Eglis Notizen belegen, wurde ein Bibeltext sorgfältig gewählt und kritisch beleuchtet. Damit sollte vermieden werden, dass er, als Illustration einer fundamenta-

---
33 Egli, Walter: 50 Jahre Glockenhaus, 1961, S. 20f.
34 Egli, Walter: handschriftliche Notizen zu diversen Bibelstellen, Heft, A5

listischen Ideologie, das Leben bloss oberflächlich und ohne Deutungskompetenz beleuchtete. Ergänzend zu den Bibelabenden gab es Themenabende zum Heidelberger Katechismus[35] oder zum zweiten Helvetischen Bekenntnis[36], die Einblicke in die reformierte Vergangenheit boten.

Über Jahrzehnte hinweg wird in den Veranstaltungsanzeigen der verschiedenen Schweizerischen CVJM-Gruppen Monat für Monat hauptsächlich für Bibelabende geworben, sei es in Turbenthal, Genf, Basel, Zürich, St. Gallen oder Baden. Die Bibellektüre steht unter einer eindeutigen Bestimmung, nämlich, dass ihre Leser sich für den Einsatz «für Christus und die Mitmenschen» gewinnen lassen. Denn die Bibellektüre, Gottes Geist und der Dienst stünden in einem engen Zusammenhang.[37] Hin und wieder zeigten sich übrigens in der Bibelstunde Generationenkonflikte. So wird einmal bemerkt: Weil «einige Alte immer das grosse Wort führten»[38], mussten Jung und Alt ihre Bibelstunden in getrennten Räumen durchführen.

Was 1961 für die Bibellektüre gesagt werden konnte, lässt sich Jahrzehnte später immer noch sagen: Der Bibelabend bildet über weite Strecken der vergangenen Jahre am Glockenhof eine Konstante im Programm. Er hiess nach 68 nicht mehr Bibelabend oder Bibelstunde usw., sondern zeitgemässer einfach Gesprächsabend, oder nach dem Ort, an dem er stattfand: «Foyer». In den 80er-Jahren entstand im Anschluss an die «Jugendwoche» nach den Strassenkrawallen der Zürcher Bewegung ein Cevi-Glockenhof-Gesprächskreis unter der Leitung des damaligen Sekretärs Emil Gafner. Die Männer- und die Frauenabteilung führten daneben regelmässig Bibelstunden durch. Bibelabende wurden bis Ende des 20. Jahrhunderts ausgeschrieben. In jüngster Zeit scheinen keine allgemeinen Bibelabende mehr angeboten

---

35 Heidelberger Katechismus; massgeblich von Heinrich Bullinger, dem Nachfolger Zwinglis, mitverfasste Lehrschrift des reformierten Glaubens; erschienen 1563 mit den Teilen «Sündenerkenntnis, Erlösung, gute Werke aus Dankbarkeit».
36 Bekenntnisschrift aus dem 16. Jahrhundert unter massgeblicher Beteiligung des Zwingli-Nachfolgers Heinrich Bullinger, Einigungsschrift der deutschschweizerischen Reformationskantone.
37 Egli, Walter: 50 Jahre Glockenhaus, 1961, S. 20f.
38 Egli, Walter: 50 Jahre Glockenhaus, 1961, S. 21

zu werden. Im CeVITAL findet sich nur die Ausschreibung eines «Senioren-Bibel-Kollegiums».
Der Besuch der Bibelstunde ist nicht erst seit Ende des 20. Jahrhunderts konjunkturellen Wellen unterworfen. Im Protokoll der Sitzung des Zentralvorstandes vom 13. März 1908 wird festgehalten, dass die «Kommission für religiöse Tätigkeit» sich über den schlechten Besuch ihrer Bibelabende beschwert, die «in keinem Verhältnis zur Anzahl der Mitglieder stehe». Um die Mitglieder wieder auf Kurs zu bringen, verzichtete der Zentralvorstand von da an auf Mitgliederversammlungen. Mitgliederaufnahmen hatten fortan «zu Beginn einer Bibelstunde zu geschehen»[39]. Noch zwei Jahre zuvor notierte der Protokollar den «guten Verlauf des jüngst veranstalteten Bibelkurses», der Anlass gebe, einen Versuch mit Bibelklassen zu wagen. Und nach dem Zweiten Weltkrieg stellte Edwin Wehrli fest, dass die Jugend wieder ernster sei und «vermehrt um die Bibel geschart sein möchte». Dies im Gegensatz zu seiner Erfahrung nach dem Ersten Weltkrieg, als die Jungen rebellisch und antichristlich eingestellt waren.[40]

Reformierte Spiritualität

Nicht nur die Bibel ist Wort Gottes. Auch Jesus, der Sohn Gottes, galt und gilt als Fleisch gewordenes «Wort Gottes». Dies lehren alle Kirchen gemeinsam, wenn sie denn auch verschiedene Schlüsse daraus ziehen. Der Protestant findet in der Bibel, «was Christum treibet» (Luther), weshalb die Lehre von Christus und die Bibellektüre eng miteinander verbunden sind. Dabei wird nach altem kirchlichem Glauben, dem der evangelikale Glaube hier folgt, Christus als lebendige Person gesehen. Deshalb lässt sich mit ihm kommunizieren. Der Ort, wo dies geschieht, ist das Gebet. In «Jungschar», «Ruf» und «Glocke» finden sich Artikel, die dem Thema des täglichen persönlichen Gebets[41], der persönlichen

---

39   Protokolle Zentralvorstand (ZV), 1904–1913, S. 177
40   Jahresbericht 1945/46, Jugend nach dem Krieg, S. 3–4; siehe auch Zeit der Konflikte, S. 249
41   Zum Beispiel im Ruf, Nr. 11, 1941; die gesamte Nummer ist im Rahmen der Gebetswoche des CVJM-Weltbundes dem Gebet gewidmet.

Andacht, der Bibellektüre[42] oder ähnlichem gewidmet sind. Daraus lässt sich schliessen, dass zumindest von der Redaktion dieser Publikationen dem «erweckten» Teil der Cevianer eine persönliche «stille Zeit» anempfohlen, allenfalls von ihnen sogar erwartet wurde. In diesen Publikationen wurden Anleitungen zur Führung einer spirituellen Existenz gegeben. Einübungen in einen täglichen Gebetsrhythmus wurden thematisiert.[43] Bestehende Hauskreise veröffentlichen die Daten ihrer Zusammenkünfte, und ausgeschriebene Hauskreiskurse wiesen darauf hin, dass Interesse an einer praktizierten Spiritualität des Einzelnen und von kleinen Gruppen bestand. Walter Egli erwähnte die «tägliche Morgenandacht», die von 1911 an bis nach 1950 «Büro- und Hausangestellte miteinander»[44] verband. Nach dem Aufbruch von 68 wurden in der «Glocke» christliche Bruderschaften und spirituelle Gemeinschaften wie die «Offensive junger Christen», aber auch die Erklärung von Bern als Aufforderung zum ethisch bewussten Leben vorgestellt. Zitate aus Schriften von Roger Schütz, dem Prior von Taizé, finden Eingang in die «Glocke». Wie viele Mitarbeitende und engagierte Christen am Glockenhaus eine eigene private Spiritualität pflegten und pflegen und auch für sich selbst die Bibel lasen oder lesen, lässt sich natürlich nicht sagen. Die spirituelle Praxis der Leute im Umfeld des CVJM Glockenhofes dürfte aber bis heute aktuell sein. Jüngere Ausschreibungen im CeVITAL lassen schliessen, dass die eigene spirituelle Praxis von den Mitarbeiterinnen und Mitarbeitern und den «erweckten» Cevianern immer noch gelebt wird.

Die reformierte Spiritualität steht ganz im Dienste der Lebensführung. Aktive Lebensführung in der Welt und stilles Gebet mit Selbstprüfung[45] sind streng aufeinander bezogen als zwei Hälften

---

42 10 Regeln zur Bibelarbeit im CVJM, in: Ruf, Nr. 3, «Du und deine Bibel» (Hefttitel), 1938, S. 48

43 Zum Beispiel in der Glocke, Nr. 4, 1973, eine «Anleitung zum geistlichen Leben»; Ruf, Nr. 10, 1940, Themenheft «Glauben und Beten»

44 Egli, Walter: 50 Jahre Glockenhaus, 1961, S. 40

45 Vgl. Matthias, Markus: Bekehrung und Wiedergeburt, in: Lehmann, Hartmut (Hrsg.): Geschichte des Pietismus, Bd. 4, 2004, S. 54ff. Hauptmotiv pietistischer Selbstprüfung ist die Klärung des eigenen Gnadenstandes.

eines Ganzen. In der stillen Zeit reflektiert der Christ sein Leben vor Gott mit Hilfe der Bibel. Beim inneren Hören auf den Bibeltext kann es zur Erfahrung Gottes kommen, zum Gefühl, dass der Text «mich» meint. Hier erweist sich der nüchterne Protestantismus als Mystik. Diese Mystik steht im Dienste der «Heiligung», um es mit dem altreformierten Wort zu sagen. Heiligung ist die Durchdringung des weltlich geführten Lebens mit geistlicher Qualität. Die Idee der Heiligung ist älter als der Pietismus und geht auf die englischen Puritaner und letztlich auf Calvin zurück.

In der frühen «Glocke» oder im «Ruf» mit ihrem ein wenig pathetischen Stil findet sich, wenn ein Artikel vom christlichen Leben handelt, ein Wortschatz, der eher zum Kriegshandwerk als zum geistlichen Leben zu passen scheint:[46] Vom «Kampf» des Christen in der Welt ist die Rede – Kampf um reine Gedanken, Kampf um den Bruder, stilles Ringen in der Lebensführung, Widerstand gegen Versuchungen. Diesen Kampf kann ihm niemand abnehmen, weshalb jedes Christenleben «Kampf» ist. Zu seiner Schilderung wird gerne eine am biblischen Deutsch geschulte Sprache verwendet. Solche sprachlichen Äusserungen in pietistischen und evangelikalen Kreisen werden als «die Sprache Kanaans»[47] bezeichnet, um den typischen Jargon erweckter Kreise zu umschreiben, der sich auch in vielen Publikationen wie «Glocke» und «Ruf» findet.

Der Kampf macht den Christen authentisch. Während der weltliche junge Mann ohne Blick für die Gefahr an Leib und Seele in sein Verderben läuft, lässt sich der «erweckte» junge Mann «durch Christus» und durch ältere Männer führen. Er tut das genauso mitten in der Welt und ohne Absonderung, wie das Weltkind auch. In den Zeitschriften für die Jugendlichen und jungen Männer, der «Jungschar» und dem «Ruf», wird der Zeitpunkt der Konfirmation gern als Moment der

---

46 Vorbild ist Eph. 6, 11ff., wo die Leser aufgefordert werden, im Kampf mit dem Teufel Gottes Waffenrüstung anzuziehen.
47 Kanaan, das «gelobte» Land, in das das wandernde Wüstenvolk gemäss 2. Mose nach 40 Jahren Wanderung gelangen sollte. Viele Artikel in der Glocke, dem Ruf oder der Jungschar sind in dieser «Sprache Kanaans» gehalten.

Entscheidung und des Kampfes ausgelegt.[48] Die Aprilnummer der «Jungschar» von 1933 ist eine Konfirmandennummer.[49] Der Christ setzt sich der Welt aus, hat aber mit der Bibel und seinem Glauben einen Massstab für sein Handeln, der hohe Anforderungen an sein Leben stellt. Das daraus erfolgende «Leistungsdenken» gilt geradezu als klassisch protestantisch. Der CVJM als geistliche Gründung erforderte auch vom Mitarbeiter und dem erweckten CVJMer ein geistliches Selbstverständnis. Ein Scheitern in der Arbeit wurde als persönliches Verschulden gewertet.[50]

Jesus, der Christus

Die historische Person des Jesus von Nazaret, von dem das Neue Testament spricht, ist gemäss Bibel und ökumenischem Glaubensbekenntnis nach der Kreuzigung «auferstanden» und soll seither ewig leben;[51] an anderer biblischer Stelle sitzt der Auferstandene zur rechten Hand Gottes auf dem himmlischen Thron, wo er Gericht hält. Als «Christus»[52] wird er zum Gegenstand des Glaubens.[53] Es ist dieser bilderreiche Mythos, der in der christlichen Verkündigung positiver bzw. evangelikaler Prägung im Sinne einer Wahrheit, die zu glauben ist, als «frohe Botschaft»[54] zur Anwendung kommt. Wir stossen in den schriftlichen Zeugnissen des CVJM Glockenhof allenthalben auf diesen Christus. Selten wird der ganze Mythos erzählt, oft reicht der Name «Christus» in einem Artikel in der «Glocke» oder in einem Jahresbericht als Kürzel für die dahinter stehende Botschaft von Gericht und Gnade: Demnach hat Gott Jesus am Kreuz gerichtet, stellvertretend für den

---

48 Zum Beispiel: Ruf, Nr. 11, 1935, S. 168: «Konfirmandenwerbung», «Konfirmandenfrage»; Jungschar, Nr. 3, 1935, S. 34f.: «Brief an einen Konfirmanden»; Jungschar, Nr. 3, 1934, S. 33: Einsegnung zum Kampf
49 Jungschar, Nr. 4, 1933
50 Vgl. Egli, Walter, 50 Jahre Glockenhaus, 1961
51 Von der Kreuzigung darf aufgrund der antiken Zeugnisse als von einem historischen Ereignis ausgegangen werden.
52 Griechische Übersetzung des hebräischen «Maschiach», der Gesalbte Gottes.
53 Vgl. zum Beispiel: Edwin Wehrli; Unser Dienst, 47. Jahresbericht, S. 2
54 Auf Griechisch: Evangelium

Menschen. Weil der Mensch immer schon Sünder ist, hätte er diesen «Tod»[55] eigentlich selbst verdient. Gott aber lässt seinen unschuldigen Sohn anstelle des Menschen am Kreuz sterben. Jesus «trug» die Sünde für dich und für mich. Hier steht der pietistisch/evangelikale Gläubige auf dem Boden des allgemeinen Glaubensbekenntnisses. Drastisch kann er oder sie sagen: Das Blut Christi hat mich reingewaschen. Auch hier spielt eine Art Erlebnismystik in den nüchternen Glauben der Reformation hinein. Die «Bekehrung» im evangelikalen Umfeld bezieht sich immer streng auf Christus. Der Gläubige muss das göttliche Geschenk der Vergebung ergreifen, um gerettet zu werden. Der evangelische Christ kennt keine anderen Vermittler ausser Jesus selbst, nichts ausser das bedürftige Herz und den Heiligen Geist, die dritte Person Gottes. Da Jesus Gottes Sohn ist, also Gott selbst in menschlicher Gestalt, Gott aber «zeitlos» ist, braucht es die Rettungstat Gottes nur einmal. Sie ist «ein für alle Mal» und «für uns» geschehen. Ihre Wirkung ist ewig und umfasst Raum und Zeit, und jeder, der sie für sich in Anspruch nimmt, wird gerettet; wer sie aber nicht ergreift, wird verdammt. Im Gericht verteidigt Christus die seinen selbst mit «seinem Blute». Dabei wird das christliche Leben nach der Bekehrung nicht sicherer oder einfacher. Im Gegenteil ist es oft schwieriger, weil plötzlich die ganze Lebensführung im Lichte der evangelischen Moral beleuchtet wird, die inneren Kämpfe heisser werden: Bei der Führung seines heiligmässigen Lebens steht für den Gläubigen alles auf dem Spiel. Ein Stillstand wäre ein Rückschritt. Ziel dieser Lebensreise ist es, «christusförmig» zu werden, Christi Leiden auf sich zu nehmen, seine Liebe in sich zu spüren, seine Sendung (Mission) zu erfüllen. Deshalb die drastischen Bilder vom «Kampf» und «Rettung».

So finden sich viele Verweise auf «Christus» in den Publikationen des CVJM Glockenhof. Seine mystische Person ist allgegenwärtig. Er ist das Erkenntnisziel der Bibelstunden, er leitet den Jugendarbeiter im Bemühen um den «Bruder», sein «Banner» soll vor aller Augen ausgerollt werden usw. Als ein Beispiel sei hier der Ratschlag wiedergegeben, den Sekretär

---

55 Das Todesurteil bezieht sich auch auf das Leben nach dem Tode, wo der «Tod» die ewige Verdammnis meint.

Hans Güttinger der revoltierenden Jugend anno 1968 auf den Weg gibt: Er räumt zwar ein, dass die Proteste zum Teil berechtigte Ursachen hätten. Deshalb wolle auch der CVJM dieser Welle nicht ausweichen. Es helfe aber nichts, die Gesellschaft zu revolutionieren, «wenn man nicht bereit ist, bei sich selbst zu beginnen». Nach einem Mao-Zitat dann die Botschaft: «Aus dem einzelnen Menschen selber kommen die ungelösten Probleme dieser Welt. Jesus sagt in Matthäus 15,19: Aus dem Herzen kommen die argen Gedanken [...].» Dort ist der Sitz des Bösen zu suchen und nicht in der «etablierten Gesellschaft». Güttinger zitiert Billy Graham: «Niemand ist in der Lage, den Menschen zu ändern, als allein Christus. Hier liegt der Schlüssel zur wahren Weltrevolution.»[56] Dieser Weltrevolution hat sich der CVJM verschrieben.

CVJM und Christlicher Verein Junger Frauen

Seit 1962 gibt es im CVJM Glockenhof offiziell eine Frauenarbeit, ursprünglich CVJT (Christlicher Verein Junger Töchter), später wurde das T in ein F für Frauen umbenannt. Ob und allenfalls wie CVJM und CVJT zusammenarbeiten sollten, wurde schon vor 1962 diskutiert. Auch existierten Mädchenarbeiten und CVJM andernorts schon länger. Vorläufer der Mädchenarbeit am CVJM Glockenhof waren Bibelstunden für Mädchen. Die (undatierte) «Handreichung für evangelische Jugendführung» des Zürcher Zwingliverlags diskutierte in ihrer Vorlage für die Bibelarbeit unter anderen eine Reihe von biblischen Frauengestalten. Personell waren diese Blätter durch Sekretär Edwin Wehrli als Mitherausgeber mit dem Glockenhof verbunden. Für einzelne Blätter zeichneten theologische Autorinnen.

Schon 1912 schrieb ein Redaktor der «Glocke»: «Die Zurückstellung der Frau mit den ihr eigenen Fähigkeiten und geistigen Gaben ist ungerecht. [...] Wir sind nicht so reich, dass wir die Hälfte der Nation brach liegen lassen und auf die Hülfe der Frau in allen Fragen des öffentlichen Lebens einfach verzichten können. [...] Die christlichen

---

56 Güttinger, Hans: Aufstand der Jugend, in: Jahresbericht 1968/69 des Christlichen Vereins Junger Männer Zürich 1

Männer sollten ohne Bitterkeit und Hochmut die Frage der Frauenrechte erwägen.»[57]

Der «Ruf» Nr. 9, 1944, widmete sich unter dem Titel «Es ist nicht gut, dass der Mensch allein sei» der Frage, wie weit eine Zusammenarbeit der beiden CVJ's reichen solle. Puristen beanstandeten «Schätzelivereine», CVJM-Vereine, in denen offenbar in den Augen frommer Kritiker eine allzu grosse Vertrautheit der Jünglinge mit den «Töchtern» vorhanden sei. Der Redaktor[58] weist demgegenüber auf Gottes Schöpfungsordnung hin, wonach Mann und Frau füreinander geschaffen seien. Es sei also auch ein Verstoss gegen Gottes Schöpfungsordnung, wenn sich die beiden Geschlechter auf unnatürliche Weise voneinander absonderten. Auch eine Beziehung zwischen Mann und Frau müsse geübt werden. Deshalb solle überall, wo ein CVJM sei, am besten auch ein CVJT sein, und man solle sich «nicht allzu scheu gegenüberstehen». Man solle recht getrennt marschieren, damit man auch recht gemeinsam gehen könne. Im Mittelpunkt steht wieder der Heiligungsgedanke, wonach es Aufgabe des Jugendführers sei, mit seinem Leben das Vorbild christlicher Ehe abzugeben. Sekretär Werner Fluck bedauert 1971 die Aufgabe der getrennten Arbeit,[59] stellt aber befriedigt fest, dass die Jungscharen jede für sich marschieren und die Zusammenlegung von CVJM und CVJF erst im Alter von 16 Jahren erfolge.

Fünf Jahre später fragt die «Glocke» dann provozierend: «Können Sie sich ein Leben als Hausfrau vorstellen?»[60], worauf der Autor seine Ansicht auslegt: «Wir sind nun einmal geschaffen als Mann und Frau. [...] und zwar als Gegenüber und Miteinander», zur «Partnerschaft von Mann und Frau». Andererseits falle dem Mann die Aufgabe des Führenden und Leitenden zu. Das Neue Testament sehe die Frau vor Gott als dem Mann völlig gleichwertig. Dennoch fehle dort die Vorstellung einer säkularen Gleichberechtigung. Im praktischen Leben gelte überall die Unterordnung der Frau, jedenfalls der Ehefrau. Der Autor

---

57 Glocke, Nr. 7, 1912, S. 59, bei «Die Frau des Mannes Gehülfin»
58 Frehner, Paul, Pfarrer und Chefredaktor des Ruf: «Es ist nicht gut, dass der Mensch allein sei», in: Ruf, Nr. 9, 1944, S. 165ff.
59 Fluck, Werner, in: Glocke, Nr. 3, 1971, S. 4f.
60 Rahm, Robert: «Können Sie sich ein Leben als Hausfrau vorstellen?», in: Glocke, Nr. 1, 1976, S. 11ff.

begründet mit Epheser 5,23: «Denn wie Christus das Haupt des Mannes, ist Gott das Haupt Christi und der Mann das Haupt der Frau, die vom Mann und um des Mannes willen geschaffen wurde.» Hier zeigt sich pietistischer Biblizismus[61], denn das Bibelzitat wird zur Begründung eines weltlichen Sachverhaltes zu Hilfe genommen, der sachlich nichts mit der Bibel zu tun hat. Gleichheit trotz Unterordnung hier und Rücksichtnahme auf die Frau als die Schwächere dort, die Verhältnisse seien biblisch klar. «So rücken auch die alltäglichen, häuslichen Aufgaben der Frau in ein neues Licht.» Diese häuslichen Aufgaben seien die «guten Werke» der Frau. Sie zu tun, sei die Frau von Christus geschaffen.[62]

Der Cevi und «die Welt»

Auf die Frage, ob er eher Unterhaltungsdirektor oder Evangelist sei, antwortet Ernst Attinger: «In gewissem Sinne sind es gefährliche Wege, die beschritten werden, wenn man immer die Alternativfrage stellt: CVJM – Welt, Kirche – Welt, Unterhaltung – Christus-Verkündigung. Nichts, was wir tun, ist grundsätzlich anders, als wenn es irgendjemand anders macht. Beim Abfuhrwesen leert man einfach Ochsnerkübel – gut oder schlecht – aber man kann sie nicht christlich leeren. Es ist eine verkrampfte Einstellung, wenn man meint, alles anders machen zu müssen.» Arbeiten, die dem CVJM nicht liegen, solle man delegieren. Punkt. Dies sei keine Glaubensfrage.[63] Diese Passage weist darauf hin, dass es in der CVJM-Arbeit im Glockenhof bisweilen verschiedene Konzepte von «Welt» gegeben hat. Dabei muss es nebst anderen solche gegeben haben, die das «Reich Gottes» in dualistischem Gegensatz zur Welt sahen. Attinger kritisiert mit seiner Aussage solche Positionen.

Offen für die Christusbotschaft sein und doch mit beiden Beinen auf dem Boden stehen – das war und bleibt die Aufgabe im CVJM.

---

61 Eine Art «Bibeltext-Fetischismus», der dem Text aufgrund seiner Autorität Deutungshoheit über beliebige Lebensbereiche gibt, die zufällig von der Bibel erwähnt werden; diese Gefahr besteht immer, wenn der Bibeltext nicht kritisch und fundiert reflektiert wird.
62 Rahm, Robert: «Können Sie sich ein Leben als Hausfrau vorstellen?», in: Glocke, Nr. 1, 1976, S. 11ff.
63 Protokoll ZV 25. März 1963, S. 5, Autor Hermann Büchi

Ob man den Zaun eher eng oder eher weit steckte, scheint mehr von den jeweiligen Führungspersönlichkeiten und weniger von der «richtigen» Theologie abzuhängen. Als Modell galt dabei George Williams, der ein guter Verkäufer (Welt) und ein guter Evangelist (Reich Gottes) war. Als 16-jähriger Lehrling soll er innert zweier Jahre seine ganze Umgebung durch sein weltliches Vorbild «bekehrt» haben, sodass vormals «schlimme Sünder» 1844 in London zu den eifrigsten Gründungsmitgliedern des Young Men's Christian Association gehörten. Der Zürcher Professor Emil Brunner, der regelmässig im CVJM Glockenhof Vorträge hielt, nannte den Gegensatz mit Blick auf CVJM und Kirche geistlich – nicht geistlich: «Nicht der Gegenstand an sich, Bibelarbeit oder Sport, sondern der Beweggrund für das eine wie für das andere, Christus und den Brüdern zu dienen, macht den Unterschied aus zwischen geistlich und nicht geistlich.»[64] Der CVJM bot Sport an, weil er junge Menschen zu Christus führen wollte. Das unterschied ihn von «weltlichen» Wohltätigkeitsvereinen. Auf diese Weise liess sich die ganze Arbeit des CVJM als geistlich betrachten. Darin eingeschlossen war die Bejahung der Welt.

Texte, die die Welt im Gegensatz zur christlichen Gemeinde schroff ablehnen, finden sich im Archiv kaum. Hingegen ist «die Welt» in sehr vielen Texten der unausgesprochene Schauplatz für den «Glaubenskampf». Es gilt der paulinische Satz: in der Welt aber nicht von der Welt. Die körperliche Sinnlichkeit bleibt dauernde Herausforderung des Christen, ja sie führt den ins Verderben, der sich seinen Trieben ausliefert. Allerdings wird die «Leiblichkeit» des Menschen nicht abgelehnt, das Programm des CVJM versucht gerade dieser Leiblichkeit gerecht zu werden: Turnen, Bergsteigen oder Singen sind Tätigkeiten, die Leib und Sinne ansprechen. Denn das «ganzheitliche» Menschenbild des CVJM wollte Körper, Seele und Geist ansprechen. Auch das Modell vom Heiligungskampf inmitten der Welt lässt einen allzu starken Dualismus nicht zu. Hier

---

64 Emil Brunner (1889–1966), Professor für systematische und praktische Theologie in Zürich, gehörte zu den Theologen um Karl Barth, die die dialektische Theologie entwickelten: http://www.cvjm-nuernberg.de/uploads/media/Ekklesia_Brunner.pdf

geht es darum, die Welt «sub specie aeternitatis»[65] als vorläufig zu akzeptieren.

Offenbar dem biblischen Ratschlag «Prüfet alles, das Gute aber behaltet»[66] folgend, stellten die «Glocke», der «Ruf», die «Jungschar» nach und nach die ganze Lebenswelt ihrer jungen Leser auf den Prüfstand. Kaum ein Thema, das nicht irgendwann aufgegriffen und aus der «Sicht des christlichen Glaubens» (des reformierten Erweckungsglaubens) behandelt wurde. Dazu ein paar Beispiele:

Zu den sozialistischen Umtrieben zu Anfang des 20. Jahrhunderts in Zürich hatte man eine fast «natürliche» Nähe, da man mit der eigenen Jungmännerarbeit um eine zum Teil identische Klientel warb. Deshalb gab es in der «Glocke» Diskussionen über den Umgang mit der Arbeiterschaft, und es gab «soziale» Abende, die aber nicht immer zur Freude der Veranstalter ausfielen.[67] «Unsere roten Brüder» nannte Eduard Thurneysen[68] die Leute aus der Arbeiterbewegung zum 1. Mai 1914. Er und Karl Barth diskutierten die soziale Frage öffentlich in der «Glocke», aber auch in ihrer Privatkorrespondenz[69]. Artikel des religiös-sozialen Publizisten und Pfarrers Leonhard Ragaz fanden den Weg in die «Glocke». Während des Krieges von 1914 entstand auf der einen Seite die CVJM-Soldatenarbeit, während in der «Glocke» heftig und kontrovers über Pazifismus und Dienstverweigerung gestritten wurde.

Als in den Zehnerjahren des 20. Jahrhunderts das gemischte Freibad aufkam, witterten fromme Kommentatoren in der «Jungschar» beim Anblick badender Weiblichkeit genauso einen Zerfall der Sitten und Schaden an Geist und Seele für junge Männer, wie sie hinter dem «Fastnachtsgeist» eine Verlotterung des Seelenlebens diagnostizierten.[70]

---

65 Lateinisch, unter dem Gesichtspunkt der Ewigkeit.
66 1Thess 5,19
67 Die ebenfalls im Umfeld der «linken» Bewegungen agierende Gottlosenbewegung, die vom revolutionären Russland gegen Westen schwappte, wurde aufs Heftigste in den Publikationen des CVJM bekämpft.
68 Thurneysen, Eduard: «Unsere Roten Brüder», in: Glocke Nr. 8, 1914
69 Barth, Karl / Thurneysen, Eduard: ein Briefwechsel, 1966
70 Schlatter, J.: «Wider den Fastnachtgeist», in: Glocke, Nr. 5, 1916, S. 37; Tischhauser, Em.: «Was sagt uns die Fastnacht?», in: Glocke, Nr. 5, 1914, S. 30

134 Kritischer Kommentar, in: Der Ruf, Nr. 6, Bern 1936, S. 132. Archiv Glockenhof

Viele Mitglieder des frühen Zentralvorstandes gehörten dem «Weissen Kreuz» an, das sich für ein enthaltsames Leben vor der Ehe einsetzte. Auch vor dem Schaden wurde gewarnt, den eine ungezügelte Sexualität anrichten könne.[71] Selbst die Moderne Kunst habe einen unheilsamen Einfluss auf die Heiligung des jungen Mannes, wie der Titel «Unzucht und Kunst» nahelegt.[72] Die Haltung hierzu war allerdings ambivalent. So rügt 1951 ein Leserbrief an die NZZ die Tatsache, dass der Glockenhof in seinem Schaukasten an der Sihlstrasse ein Bild des zeitgenössischen Toggenburger Malers Willy Fries ausstelle, das von Kritikern als «taktlos» bezeichnet wurde; der «Ruf» publiziert für seine Leser das beanstandete Bild.[73] Auch auf der Pfadfinder-Seite der «Glocke» wurde gewarnt: «Ins Feuer mit all' den Detektiv-, Verbre-

---

71 Zum Beispiel in: Glocke, Nr. 11, 1918, «Natürliche und sittliche Geschlechtsliebe», ohne Autor, o. S.
72 Bachofner, Paul: «Unzucht und Kunst», in: Glocke, Nr. 7, 1912, S. 61
73 Protokoll ZV 30.11.1951

cher-, Indianer- und Abenteuerheftchen, mit den verdummenden Romanen und mit aller anderen Schundliteratur.» Diese Worte gelten einem Aufruf der evangelischen Jugendorganisationen der Stadt, mit dem sie den «Schund» bekämpfen wollen. Denn: «Die Schundliteratur und der [sic] Kino sind der Nährboden für das jugendliche Verbrechertum.»[74]

Auf der anderen Seite erstaunt die Klarsicht für soziale Missstände zu einer Zeit, in der in der Bevölkerung noch wenig Problembewusstsein vorhanden war. So etwa stellt ein Autor schon 1936 die «Sünden der Weissen in Südafrika»[75] an den Pranger, während grosses Verständnis für die Proteste der Schwarzen gezeigt wird.

Ausgesprochen illusionslos stand man den Entwicklungen in Deutschland zur Zeit der NS-Diktatur gegenüber. Der «Ruf» veröffentlichte NS-Propaganda aus der «Evangelischen Jungen-Zeitschrift Deutschlands», um den Geist der NS-Diktatur als antichristlich zu entlarven.[76] Zwei Nummern widmet der «Ruf» einem langen Artikel zum Thema Antisemitismus.[77] Es ist vor allem der Biblizismus des CVJM, von dem aus ein Antisemitismus abgelehnt werden kann – müsste man doch einen grossen Teil der biblischen Schriften ablehnen. Der Autor empfiehlt Judenmission zur Abwehr des Antisemitismus.[78] 1938 publizierte der «Ruf» eine Stellungnahme des Zürcher Kirchenrates, worin dieser «mit Empörung und Entsetzen» die Judenhetze und den «Rassenhass» im «nördlichen Nachbarreich» anprangerte. Der Kirchenrat zeigte sich ausdrücklich beschämt, dass ein christliches Volk sich so tief erniedrigte.[79] Die Juden- und Kirchenverfolgung in Polen wurde publik gemacht und der Antisemit als «beschränkt»[80] dem

---

74 Glocke, Nr. 10, 1918, Pfadfinder Glockenhof, o. S.
75 Jungschar, Nr. 6, 1936, S. 86f.
76 Ruf, Nr. 6, 1936, S. 132
77 Gegen das Rassenargument wird darin biblizistisch argumentiert, dass die Juden das eigentliche Volk Gottes seien und die Christen bloss «Adoptivkinder»; dass also den Juden die Ehre gebühre.
78 W. Hoch, Pfarrer: Zum Verständnis der Judenfrage, in: Jungschar, Nr. 9, 1933, S. 193–200, und Nr. 10, 1933, S. 217–219
79 Ruf, Nr. 12, 1938, S. 236/7
80 Ruf, Nr. 5, 1943: S. 91f: zur Juden- und Kirchenverfolgung in Polen, S. 123, 173 (Antisemit ist beschränkt)

öffentlichen Gelächter ausgesetzt. Der Leser wurde informiert darüber, dass «etwas vom Entsetzlichsten» geschehen sei mit der «Ausrottung der ungarischen Juden». Dabei wies der «Ruf» 1944 darauf hin, dass «unsere Landesregierung» konsequent «schwieg, ja versuchte, zuerst im Interesse der Neutralität Einzelheiten über das furchtbare Geschehen durch die Zensur zu unterdrücken»[81]. Das heisst, die Glockenhofarbeit war zu keinem Zeitpunkt vom Nazifieber ergriffen. Es gab einzelne Stimmen aus anderen CVJM-Abteilungen, die man gewähren liess und die 1933 in der «Jungschar» für eine christliche «Front»[82] warben, und es gab in der Region einzelne Abteilungen, die sich vom Aufmarsch der Braunhemden begeistern liessen und die ihren CVJM analog zur Hitlerjugend aufbauten. Um das braune Hemd, das begeisterte Nazi-Abteilungen in der Schweiz eingeführt hatten, zu bekämpfen, wurde für die CVJM-Uniform das heute noch getragene blaue Hemd eingeführt. Die «Glocke» kann später befriedigt vermelden, dass sich die NS-Begeisterung in den betreffenden Abteilungen gelegt habe.

Nach dem Zweiten Weltkrieg fand vor allem die sich entwickelnde «Massenkultur» die Aufmerksamkeit besorgter christlicher Beobachtung: So etwa, wenn die «Grossmacht Film» untersucht und vor Comic als Gefahr («Schund») gewarnt wurde. Einmal heisst es: «Das Fernsehen fragt unsere evangelische Kirche», ein andermal steht die technische «Automatisierung» im Zentrum. Andere, heute heiss diskutierte Themen wie Homosexualität oder Kindsmissbrauch, die in einer ehemaligen Männergesellschaft mit Kinder- und Jugendarbeit durchaus latent ein Problem darstellen dürften, existierten als Gegenstand der Aufmerksamkeit nur in Andeutungen.

---

81 Ruf, Nr. 9, 1944, S. 175
82 «Front» nannten die Deutschschweizer Anhänger des Nationalsozialismus ihre Gruppierungen; eine starke Frontbewegung war 1933 zu verzeichnen als Reaktion auf den Einzug der Nazis in der deutschen Regierung.

Die «Glocke», die «Jungschar» und der «Ruf»

«Mit literarischer Arbeit hat der C. V. J. M. der deutschen Schweiz wahrlich den Büchermarkt nicht belastet»[83], meint Jugendsekretär Jakob Stutz schon 1931. Während der CVJM Deutschland literarisch aktiv sei, leide der Schweizerische CVJM am zu kleinen Markt für eine literarische Produktion. Umso mehr übernahmen die vom Glockenhof produzierten oder unterstützten Zeitschriften die Funktion theologischer und persönlicher Weiterbildung. Sie hatten gegenüber Büchern den Vorteil, schnell auf Aktuelles reagieren zu können. Die hauseigene Bibliothek muss laut Katalog hervorragend bestückt gewesen sein und stellte ihrem Besucher eine sorgfältig zusammengestellte Anzahl Werke zur Verfügung.[84] Besonders in der Anfangszeit des CVJM Glockenhof gehörte die «Glocke» als Hauszeitschrift zu den Aushängeschildern des Vereins. In einer Rückschau auf das kurze Leben der Zeitschrift (zunächst 1911 bis 1920) nennt Sekretär Karl Egli diese Phase eine Zeit «der Höhenlage unseres Organs»[85]. Mit Rudolf Pestalozzi[86] war eine markante Redaktorenpersönlichkeit für den Aufbau der neuen Zeitschrift gewonnen worden. Zugleich mit der Redaktion der «Glocke» leitete er die soziale Gruppe am Glockenhof.

Die «Glocke» hat das Monatsblatt des «christlichen Vereins junger Männer, Zürich» ab Oktober 1911 ersetzt. Unübersehbar nahm sie am Aufschwung der CVJM-Arbeit teil, den diese nach Bezug des neuen Hauses ergriff. Sie war sorgfältig gelayoutet, das Titelblatt professionell gestaltet, Grundsatzartikel und interne Lageberichte

---

83 Stutz, Jakob, in: Das Jugendwerk der Christlichen Vereine junger Männer in der deutschen Schweiz, 1931, S. 96ff.
84 Vgl. den Katalog der Bibliothek im Archiv des CVJM Glockenhof, als Übung aus einem Kalligrafiekurs des Glockenhofes entstanden; gemäss Katalog war die Bibliothek für ein Jugendwerk umfangreich und systematisch, sie umfasste unter anderem Geschichte, von der alten bis zur neusten Geschichte, Kirchengeschichte, Kulturgeschichte, Kunstgeschichte, ethische Schriften, bibelkundliche Werke, Bücher zur sozialen Frage, Naturgeschichtliches (Darwin fehlt), darunter Zoologie, Anthropologie, Astronomie, Physik, Mathematik usw.
85 Glocke, 15. Dezember, 1920, S. 152
86 Zu Rudolf Pestalozzi vgl. die Ausführungen von Verena E. Müller in diesem Buch.

135 Redaktor R. Pestalozzi, in: Die Glocke. Monatliches Organ des Christl. Vereins Junger Männer Zürich 1 [...], Nr. 1, Zürich 1911. Archiv Glockenhof

wechselten sich ab mit der monatlichen Programmvorschau. Die publizistische Tätigkeit war ein wichtiges Standbein der erweiterten CVJM-Arbeit des Glockenhofes.

Ab 1. Dezember 1911, nur wenige Wochen nach Bezug des Glockenhauses, wurde der junge Theologe Eduard Thurneysen[87] Jugendsekretär am Glockenhof. Er hatte eben das Studium abgeschlossen und suchte ein Erfahrungsfeld vor dem Eintritt ins Pfarramt. Am Glockenhof betreute er den Jungtrupp. Gelegentlich und mit zunehmender Regelmässigkeit schrieb er Beiträge für die «Glocke». Auch nach seinem Wechsel ins Pfarramt in Leutwil schrieb er für die «Glocke». Thurneysen griff auch in den 30er-Jahren seine alte Verbindung zum CVJM immer wieder auf und wurde gerne als Redner eingeladen. Als Thurn-

---

87 Thurneysen, Eduard (1888–1974) gehörte zur von Karl Barth gegründeten Bewegung der dialektischen Theologie, bedeutender Seelsorger

eysen während des Ersten Weltkriegs in der «Glocke» den Fall eines Mannes aufgreift, der den Militärdienst verweigerte und deshalb seine bürgerliche Ehre verlor,[88] nahm sein enger Vertrauter Karl Barth[89] in seiner Korrespondenz mit Thurneysen das Thema auf und stellt seinen Standpunkt dar. In der gesammelten Korrespondenz zwischen Thurneysen und Barth[90] sind diese Zeilen, die direkt auf die «Glocke» Bezug nehmen, publiziert. Das Beispiel zeigt, wie ernst den beiden die theologische Publizistik war und wie sehr Thurneysen seine Autorenarbeit für die «Glocke» als Teil seiner theologischen Arbeit verstand.

Bis im Mai 1916 finden sich zudem in der «Glocke» auch die Namen Leonhard Ragaz und Hermann Kutter (1863–1931). Kutter[91], der einen pietistisch-positiven Hintergrund hatte, war Pfarrer am Zürcher Neumünster und stellte der «Glocke» gelegentlich Manuskripte seiner Kinderstunden zur Verfügung. Zusammen mit Leonhard Ragaz, der von der liberalen Theologie herkam, waren sie die Hauptfiguren in der religiös-sozialen Bewegung. Ragaz gab zudem die «Neuen Wege» heraus, die Zeitschrift der religiös-sozialen Bewegung. Aber man findet auch Beiträge von Theologen wie Adolf Mousson[92], der Vertreter der positiven Richtung war. Unschwer lässt sich erkennen, dass der CVJM Glockenhof mit seiner Publikation die Leser in einen aktiven theologischen Diskurs einbinden wollte.

Ab Januar 1921 ging die «Glocke» für ein paar Jahre in der Zeitschrift «Jungschar» auf, welche der langjährige Redaktor und Jugendsekretär Jakob Stutz v/o Sango herausgab. Sango baute die «Jungschar» in den 15 Jahren ihrer Existenz zum führenden Blatt für den jungen CVJMer aus. Mitte 1936 wurde die «Jungschar» nach einem

---

88 Thurneysen, Eduard: «Irrendes Gewissen? Zur Frage der Dienstverweigerung aus religiösen Gründen», in: Glocke, Nr. 1, 1915, S. 1f.
89 Karl Barth (1886–1968) war ein evangelisch-reformierter Schweizer Theologe. Er gilt im Bereich der europäischen evangelischen Kirchen aufgrund seiner theologischen Gesamtleistung als «Kirchenvater des 20. Jahrhunderts» und als bedeutendster Theologe seiner Zeit.
90 Barth, Karl / Thurneysen, Eduard: Ein Briefwechsel, 1966, S. 38
91 Hermann Kutter stand mit den beiden pietistischen Heilern Blumhardt Vater und Sohn im schwäbischen Bad Boll in Verbindung.
92 Mousson, Adolf (1869–1932), Pfarrer an der St.-Anna-Kapelle, Präsident des Zürcher Missionskomitees, Sekretär der evangelischen Gesellschaft

Namenswettbewerb in «Der Ruf» umbenannt und blieb das wichtigste Organ für den CVJM im Glockenhof. Sein Chefredaktor war stets ein Theologe. Der Name «Jungschar» wurde an «das Knabenblatt abgetreten»[93]. Ungefähr ab 1931 erschien die «Glocke» wieder. Ihre einst stolze Grösse, die in der Zentralvorstands-Sitzung vom 7. April 1911 auf 38 × 25 Zentimeter festgelegt wurde, schrumpfte, zunächst aufs Format A5, ab den 60er-Jahren auf Postkartengrösse. Sie blieb zunächst reines Programmheft. Im letzten «Ruf», der am 4. April 1957 erschien, wurde eine neue Jugendzeitschrift namens «Kontakt» angekündigt, die den «Ruf» ersetzen sollte. Ihr Redaktor hiess Hans-Heinrich Brunner; dieser war der Sohn des Theologieprofessors Emil Brunner, der mit dem Glockenhof durch rege Vortragstägigkeit verbunden war. Der «Kontakt» wurde in der Folge «vom Zentralvorstand für alle 15–20-Jährigen obligatorisch erklärt»[94].

Erst in den 1960er-Jahren kommen wieder grundsätzliche Beiträge in die «Glocke», die jedoch bei ihrem Postkartenformat bleibt. Endgültig zu Ende ist die Ära der «Glocke» erst 1997; sie wird seitdem durch das Vierteljahresperiodikum «CeVITAL» ersetzt.

Sendung, Mission, Evangelisation

«Jungmännermission ist eine richtige Umschreibung des Werkes, dem wir dienen. MISSION HEISST SENDUNG! Christus hat uns gesandt zu den jungen Männern, die ihn nicht kennen, mit der Botschaft, dass er sie erlöst hat gleich wie uns.»[95] Der CVJM war seit seiner Gründung eine missionarische Jugendarbeit. Jungmänner-Mission (heute auch Frauen-Mission) war das hervorragende Leistungsmerkmal seiner Arbeit. Junge Menschen von der Bibel her, von Jesus her zu erwecken, war seine selbst gewählte Aufgabe. Dabei passte sich der CVJM in der Wahl seiner Mittel dem jungen Manne an, «um ihn eben da zu nehmen,

---

93 Jungschar, Nr. 6, 1936, S. 83
94 Glocke, Nr. 1, 1957, S. 1; der «Kontakt» wurde allem Anschein nach im Glockenhof nicht mehr archiviert.
95 Von Prosch, Carl, Weltbundsekretär: 100 Jahre CVJM, in: 57. Jahresbericht, 1943/44, S. 1ff., Hervorhebung im Original

Irrendes Gewissen?
Zur Frage der Dienstverweigerung aus religiösen Gründen.
Von Eduard Thurneysen, Leutwil.

◻◻◻

Wir sprachen kürzlich von dem jungen waadtländischen Lehrer, der aus Gewissensgründen den Militärdienst verweigert und alle daraus folgenden Konsequenzen, Gefängnis, Entziehung der bürgerlichen Rechte, Amtsenthebung als Lehrer mit starker Entschlossenheit auf sich genommen hat. Es fiel der Vorwurf: „ein irrendes Gewissen!" Und damit schien die Sache erledigt zu sein. Ich bin auch anderswo, in Zeitungen und Zeitschriften und Gesprächen, wenn immer die Rede auf den Fall kam, auf dieses die schwere Frage scheinbar einfach lösende Wort vom irrenden Gewissen gestoßen. Nun, ich möchte es zunächst gar nicht anfechten. Meinetwegen, ein irrendes Gewissen, aber doch jedenfalls ein G e w i s s e n! Wichtiger als das Irren oder Nichtirren in den grundsätzlichen Überlegungen ist die Tatsache, daß wir an diesem Manne eine einfach wundervolle Offenbarung des Gewissens erlebt haben, die uns Ehrfurcht und Bewunderung abnötigt. Meinetwegen Irrtum, aber auch im Irrtum das ganz Große, Bezwingende, Majestätische des Gewissens, daß wir einfach spüren müssen: hier fängt das Reich des Absoluten und Unbedingten an, wo kein Markten und Mäkeln und Umgehen mehr gilt. Ja, das ist das Gewissen. Es steht einfach auf in einem Menschen und spricht: Ich bin da, dein Gewissen! es fällt ihn an wie ein Wachtposten den Wanderer, der auf verbotenen Wegen schlendert, und ruft: das ist recht und jenes unrecht! Da gibt es kein Ausweichen und kein Ausreden. Du magst versuchen, zu widerstreben, versuchen, es zum Schweigen zu bringen, es hilft dir nichts. Immer wieder steht es auf in dir, faßt dich, schüttelt dich, ruft und arbeitet in dir und läßt dir keine Ruhe. So hat es diesen jungen Waadtländer überfallen: „ich darf, ich kann die Waffe nicht mehr tragen, die sich gegen meine Brüder richtet!" Freunde und Kameraden reden ihm zu: ach laß doch diese ängstliche Gewissenhaftigkeit! Wer wollte es auch so genau nehmen in diesen Dingen! Umsonst. Das Gewissen nimmt es genau, das eben ist sein Wesen. Man schickt den Feldprediger; er soll mit diesem halsstarrigen Gewissen reden und ihm sagen, was recht und Unrecht ist. Es ist keine leichte Aufgabe für ihn, denn für gewöhnlich hat e r gerade es zu tun mit dem Reich und der Welt, in der das Gewissen dieses Mannes daheim ist. Er tut sein Möglichstes. Aber kaum ist die Türe hinter ihm zugegangen, so bricht es wieder hervor mit alter Gewalt, das Gewissen, und von neuem stürmt und wogt und arbeitet es in der Seele des Angeklagten. Man steckt ihn in ein Irrenhaus. Natür-

wo er in Wirklichkeit zu nehmen ist: er turnte, trieb Sport, führte Unterrichtskurse durch». Er wollte den ganzen jungen Menschen erfassen «nach Seele, Leib und Geist». «Mancher junge Mann hat durch diesen Dienst den Lebensweg gefunden und ist ein wertvolles Glied geworden in Kirche und Volk.»[96] Ziel dieser Mission (oder: Reichgottesarbeit[97]), ist die geistliche Erneuerung in Kirche und Volk. Der Pietismus und seine Derivate sind eher selten der Versuchung erlegen, sich als Endzeitsekte zu gebärden, um eine besondere Dringlichkeit als Hintergrundfolie für ihre Mission zu erzeugen.

Jugendarbeit stellt hohe Anforderungen an ihre Vertreter. Vielleicht lässt sie sich am ehesten mit einem Unternehmen vergleichen, das ein Lifestile-Produkt für Jugendliche herstellt und verkauft. Man kann die Marke (CVJM, Glockenhof) mühsam etablieren und bei möglichst vielen Personen der Zielgruppe bekannt machen. Hat sie sich etabliert, muss sie bei jedem Generationenwechsel wieder neu eingeführt werden, sonst verschwindet sie vom Markt. Und bei deutlichen Änderungen des Geschmacks muss sich die Marke jedes Mal neu erfinden. Die Anforderungen sind also hoch, das Scheitern eher der Normalfall. Ähnlich wie ein Fussballtrainer muss ein Jugendsekretär zwar vorausplanen, aber gleichzeitig im Moment Erfolge aufweisen können. Er wird in einer Art Suchbewegung die Möglichkeiten seiner Arbeit abscannen; so können wir durch hundert Jahre Glockenhof verfolgen, wie sich Schwerpunkte verlagern, Arbeiten, die vordem mit Notwendigkeit gemacht wurden, plötzlich aufgegeben werden und andere Angebote wie aus dem Nichts erscheinen. Eine Grafik würde zeigen, dass die CVJM-Arbeit einerseits statisch ist und um eine Mitte kreist, während sich ihre Ränder andererseits wie die einer Amöbe ständig bewegen. Diese Mitte ist die Pariser Basis und die biblizistisch-christologische Ausrichtung der Glockenhofarbeit; «christologisch» ist die Lehre von Christus. Die Ränder heissen einmal Soldatenarbeit im

---

96 Dies und das Folgende: Egli, Edwin / Egli, Walter / Stutz, Jakob: Jubiläumsbericht 50 Jahre CVJM, 1937, S. 7ff.
97 Wellmann, Johannes: Im alten deutschen Pietismus, in: Lehmann, Hartmut (Hrsg.): Geschichte des Pietismus, Bd. 4, 2004, S. 82

Krieg oder kaufmännische Ausbildung, heissen «Die Glocke» oder «Der Ruf», heissen Männerwohnungen, Ten-Sing-Arbeit, «Foyer», Pfadfinderarbeit oder Jungschar, Bibelarbeit, Gebetsgruppe usw. Gewisse Sozialformen werden dabei jedes Mal neu erfunden, bestimmte Inhalte immer wieder neu erworben, es gibt Wellenbewegungen von Gelingen und Misslingen, von Inspiration und Trockenzeiten. Und hier geht die Glockenhofarbeit natürlich weit über ein simples Lifestile-Produkt hinaus, denn dieses verschwindet vom Markt, wogegen der Glockenhof seit 100 Jahren erfolgreich angekämpft hat.

Der CVJM Glockenhof arbeitete auch bei evangelistischen Grossveranstaltungen zum Beispiel im Hallenstadion im Hintergrund mit. Eine beispielhafte Diskussion ist in einem ZV-Protokoll aus dem Jahre 1960 enthalten. Geführt wurde eine Diskussion über die Teilnahme an der Evangelisation, die die Evangelische Allianz zusammen mit dem Jantz-Team durchführen wollte. Es entbrannte eine Diskussion über die Methode, die dort zur Evangelisation angewandt wurde. Die Kritiker monierten die Massenhypnose, die zur Anwendung gelange. Sekretär Hermann Büchi und andere äusserten sich kritisch zu dieser Art von Evangelisation. Anders Thomas Brefin: «Der moderne Mensch ist heute vor allem durch das Gefühl ansprechbar und wir dürfen nicht hindern, dass er auf diese Weise Christus findet. Der CVJM profitiert durch das Jantzteam. Wir können uns dieser Arbeit nicht verschliessen. [...]» Büchi hielt dagegen: «Wir müssen als nüchterne Zürcher unsere nüchterne Art der Evangeliumsverkündigung beibehalten»[98].

Eine zentrale Rolle spielen die jeweiligen Sekretäre, die durch ihre Präsenz und oft langen Amtszeiten das Leben am Glockenhof mitprägten und -prägen. Erwähnt seien die Sekretäre Karl und Walter Egli, Edwin Wehrli oder Hermann Büchi, deren jeweilige Handschrift über viele Jahre hindurch in den Äusserungen des CVJM Glockenhofs erkennbar ist.

---

98 Protokoll ZV 2.5.1960

Zeit der Konflikte

Eine Missionarische Jugendarbeit muss kämpfen. Sie muss ihren Vereinszweck an der Basis kommunizieren, sie muss Begriffe klären, sie muss sich gegen andere, ähnliche Arbeiten abgrenzen, ihre Einzigartigkeit beweisen und gleichzeitig eventuell Verbündete suchen. Sie wird das mündlich und schriftlich tun und dazu geeignete Medien finden.

In den ersten 15 Jahren ihrer Existenz mussten die Verantwortlichen der Neugründung am Glockenhof drei wichtige Konflikte führen. An ihnen entwickelte und schärfte das Sozialwerk je auf verschiedene Weise seine Identität.

Der erste Konflikt betraf das Publikationsorgan «Glocke». Gründungsredaktor Rudolf Pestalozzi hatte ein sicheres Gespür für aktuelle Strömungen in der Theologie. Wie wir gesehen haben, verstand er es, ab 1911 führende Theologen seiner Zeit für Originalbeiträge zu gewinnen oder aus deren Neuerscheinungen Auszüge zu veröffentlichen: Ragaz, Kutter, Barth, Thurneysen, um nur die wichtigsten zu nennen. Ganz offensichtlich sollte die Zeitschrift ihre Leser mit aktueller Theologie zum Mitdenken animieren. Gleichzeitig beteiligte Rudolf Pestalozzi seine «soziale Gruppe» am Glockenhof, deren Leiter er war, aktiv an den Diskussionen der politisierten Arbeiterschaft und der werdenden proletarischen Kultur. In der Mainummer 1916 kündigte Pestalozzi unter dem Titel «Scheidung» dann plötzlich seinen sofortigen Rückzug aus Redaktion und Verein an. Was war geschehen? Das Resultat einer Umfrage im Mitarbeiterkreis, die er durchgeführt hatte, hatte ergeben, dass seine «Neuen Wege», die er mit der «Glocke» ging, von einer Mehrheit der Mitarbeiter am Glockenhof nicht gebilligt wurden. Vielmehr würden sie «das alte einfache Evangelium von der Vergebung der Sünden durch das Blut Christi» vermissen. «Neue Wege» hiess die von Ragaz publizierte Zeitschrift, auf die Pestalozzi hier direkt Bezug nimmt.[99] Auch Pestalozzi sah seine «Glocke» eher im links-positiven

---
99 «Neue Wege» war die Zeitschrift der religiös-sozialen Bewegung und wurde 1906 von Leonhard Ragaz gegründet.

Umfeld verankert – konnte sich aber nicht durchsetzen. Er wirft seinen Gegnern vor, aus den christlichen Glaubensinhalten einen Glaubenszwang zu machen. Heftig kritisiert er die Trennung in weltlich und religiös: «Nein, seht, da scheiden sich unsere Wege. Dieses beständige Trennen von ‹innen› und ‹aussen›, von ‹religiös› und ‹sozial› kann ich nicht verstehen und mitmachen. […] Es ist mit Schuld daran, dass wir in unseren ‹christlichen› Staaten noch so allem Christentum hohnsprechende Zustände haben, dass trotz ungezählten Kirchen heute der Weltkrieg tobt.»

Der nächste Konflikt folgte kaum ein Jahr später, und dessen Wunden schmerzten noch lange: VDM Roland Schweingruber war 1917 als Jugendsekretär für die jüngere Abteilung ins Team gekommen. Der charismatische Theologe verlangte für seine Arbeit Freiheiten, die der Zentralvorstand je länger, je weniger bereit war zu gewähren. Mit einer Reihe kurzer Artikel in der «Glocke» schuf sich Schweingruber Gehör. Darin erklärten er und seine Mitstreiter die Kriegsgeneration für erledigt und verkündeten zugleich den Bankrott der modernen Kultur. «Es ist die Geburtszeit neuer Ideen, einer ganzen neuen Welt. Wer wird die Fundamente zu legen haben? Wir, die heutige Generation.» Das war ein neuer Ton, selbstsicher, pathetisch und weltlich. Im März 1918 erschien dann in der «Glocke» unter «jüngere Abteilung» ein Aufruf an die «evangelische Jugend der C. V. J. M. der deutschen Schweiz». Dort wurde über die Pfingsttage zur «ersten schweizerischen Landgemeinde der evangelischen Jugend unseres C. V. J. M. nach Brütten bei Winterthur» aufgerufen[100] mit Worten wie: «Lenzesmorgen soll durch unsere Kampfreihen strahlen; wir müssen […] unser Christusbanner vor der Welt entrollen.»

Die Leiter der Jungendabteilung setzten noch durch, dass der CVJM die Initiative ergreife für eine Jugendschutz- und Lehrlings-

---

100 Vermutlich nach deutschem Vorbild, der Wandervogel hatte solche Landsgemeinden gepflegt. Der Wandervogel war eine aus Deutschland kommende bürgerliche Protestbewegung junger Leute, die aus den Städten wandernd in die Natur zogen. Die Bewegung verbreitete sich innert kürzester Zeit im ganzen deutschsprachigen Raum. Ähnliche Bewegungen waren die pädagogischen Reformbewegung oder die Freikörperkultur. Der Wandervogel war religiös neutral.

gesetzgebung, zunächst aber zumindest für eine juristische Beratungsstelle, an die sich die Jugendlichen wenden können, die in ihren Betrieben ausgebeutet werden. Die Stelle wurde denn auch sogleich geschaffen. Der nachmalige Jugendanwalt, Dr. Wilhelm Spoendlin[101], hielt wöchentlich seine Sprechstunden im Glockenhof. Dann aber probten die Führer der Jugendabteilung den Aufstand und verlangten volle Handlungsfreiheit, unabhängig vom Zentralvorstand. Als dies abgelehnt wurde, zog Roland Schweingruber mit etwas mehr als der Hälfte der Jugendabteilungsmitglieder aus und gründete die Evangelische Freischar. Walter Egli beschreibt, wie er gerade in diesen Tagen seinen Anfang als junger Sekretär hatte und einen halben Monat lang ein Mitglied der Jugendabteilung nach dem anderen verabschieden musste, am Schluss seien es an die 65 gewesen, die sich meistens «sehr kurzangebunden» verabschiedeten. Etwa 60 Jugendabteilungsmitglieder blieben treu, aber es war ein schmerzlicher Aderlass.[102] In der Mainummer der «Glocke» von 1918 wird das Ausscheiden von Schweingruber vermeldet. Sekretär Karl Egli kündigt nun seinerseits eine Landsgemeinde für Juli in Regensberg an, da «durch den Rücktritt von Herrn Schweingruber [...] die auf Pfingsten geplante Landsgemeinde von Brütten von uns nicht durchgeführt werden» kann.

Der dritte Konflikt entbrannte an der Frage der Einordnung der neuen, sich professionaliserndenCVJM-Jugendarbeit in das Gesamte der schon bestehenden Jünglings- und Jungmännervereine im Bundeskomitee. Seit 1914 bestand eine «Kommission zur Förderung der Jugendarbeit» innerhalb der Vereine.[103] Diese hatte sich an einer Sitzung im März 1915 als «Kommission für Jugendpflege» innerhalb des Bundeskomitees der Jünglingsvereine konstituiert. Pfarrer Wilhelm Schlatter aus

---

101 Hans Heinrich Spoendlin (1812–1872), der direkte Beziehung zu Bad Boll und dessen Leiter, dem pietistischen Heiler Johann Christoph Blumhardt (Sohn) hatte, war vermutlich sein Grossvater. Blumhardt hatte grossen Einfluss auf die religiös-soziale Bewegung, als erster «Pietist» war er für die deutsche Sozialdemokratie ins Parlament eingezogen.
102 Egli, Walter: 40 Jahre CVJM-Arbeit, 1958, S. 9f.
103 Vom CVJM Glockenhof gehörten dazu die Jugendabteilung, die Pfadfinderabteilung und die Knabenabteilung.

St. Gallen hatte an dieser Sitzung ein Referat mit dem programmatischen Titel «Neue Wege im alten Glauben» gehalten, die Kommission wurde den Mitgliedern der gesamten Kommission zum Gebet anempfohlen. Dann aber bezog 1918 Jakob Stutz, Pfarrer und ehemaliger Basler Missionar (BM), nach «Freigabe» von seinem ehemaligen Arbeitgeber die neu geschaffene Stelle des Jugendsekretärs am Glockenhof. Die Anstellung war vorerst provisorisch und auf zwei Jahre befristet. Die Jugendkommission übernahm die finanzielle Garantie. Diese Anstellung führte zu Spannungen innerhalb des Bundeskomitees: Die Berner lehnten plötzlich eine Spezialisierung der Jugendarbeit mit eigenem Jugendarbeiter ab; sie wollten «kein Auseinanderreissen von Jungen und Alten in der Vereinstätigkeit»; Karl Egli antwortete darauf, dass man von der Notwendigkeit einer «Spezialarbeit» überzeugt sei. Der Jugendsekretär solle «junge Leute zu Jugendführern erziehen».

Die Gegner einer separaten Jugendarbeit bemängelten an einer Sitzung von 1919 das zu hohe Budget. Ausserdem werde mit separater Jugendarbeit die Arbeit im Komitee schwerfälliger. Die von Zürich signalisierte Haltung, wonach die «Jungen [...] den Wagen aus dem Sumpf heben» müssten, wiesen die Gegner der separaten Jugendarbeit als «unsympathisch» zurück. Damit triebe man einen Keil zwischen Jung und Alt. Ein weiterer Kritiker störte sich an einem in der «Jungschar» publizierten Satz von Jugendsekretär Jakob Stutz: «Das Dogmatische ist uns Nebensache» und formuliert demgegenüber explizit die Haltung: «Lieber zu eng als zu weit[!]».[104]

Die Befürworter der professionellen Jugendarbeit argumentierten folgendermassen: «In den schwebenden Differenzen scheint uns vor allem die Verschiedenheit der Auffassung der Arbeitsmethode massgebend zu sein: [...] [im CVJM] die missionarische, aggressive, mehr für Städte und grössere Ortschaften passende Arbeit und [in den Jünglingsvereinen] die bewahrende, im Verborgenen wirkende Methode, die in ländlichen, kleinen Vereinen im Vordergrund steht». In einem internen Schreiben des CVJM Glockenhof wird der Gegner, der

---

104 Hier und im Folgenden: Egli, Karl: Acten I., Nr. 2, S. 6

Jünglingsverein, so geschildert: «[...] er kennt nur die Seele des Menschen; Körper, Beruf, Bildung existieren für ihn in unserer Arbeit nicht. Auch theologisch vertritt er bei aller Milde in der Form eine sehr schroffe Einseitigkeit [...], bei Vaumarcus [CVJM-Zentrum am Neuenburgersee] kommt für das Reich Gottes ‹gar nichts› heraus, weil es nicht ganz klar und ausschliesslich auf Bekehrung eingestellt ist und der Sühnetod Jesu nicht auf den Leuchter gestellt werde. [...] tantpis für diejenigen, die sich nicht nach seiner Weise wollen pflegen lassen, sie existieren für ihn nicht.»[105] Die Vertreter der pietistischen Jugendarbeit fühlten sich überrannt und wehrten sich gegen die «Einbeziehung nicht religiöser Tätigkeit»[106] in die christliche Jugendarbeit. Für den CVJM ist dies aber Voraussetzung für seine Arbeit.[107]

Die Gegner einer professionellen Jugendarbeit im Bundeskomitee erhoben sogar den Vorwurf, der CVJM Glockenhof sei in einer «Ragaz-Schweingruber-Periode» vom «Kampf für das reine Christentum abgefallen».[108] Der CVJM bekennt sich demgegenüber zum «Ausbau des Reiches Gottes [...] unter der Jugend unseres Volkes». Allerdings glaube man, mit der neuen CVJM-Methode die Aufgabe der «Gewinnung von Neuland in zeitgemässer praktischer Weise lösen zu können». Endlich gibt das Bundeskomitee per 1925 grünes Licht: Die Jugendarbeit kann im Sinne des CVJM professionalisiert werden und verbleibt im Verbund mit den pietistischen Jünglingsvereinen.

---

105 Egli, Karl: Acten I., Nr. 57, S. 1
106 E. G. Pfr.: «Der junge Mann», Nr. 4, 1924, zu den aktuellen Bundesfragen, S. 35f. Der Junge Mann: Zeitschrift für Jugendleiter in den 1920er-Jahren, die parallel zur Jungschar erschien.
107 Egli, Karl: Acten I., Nr. 75, S. 3
108 Hier und im Folgenden: Egli, Karl: Acten I., Nr. 2, S. 6

Ist der CVJM eine Kirche[109]?

Die Antwort auf diese Frage lautete und lautet stets: «Nein!» Der CVJM wollte im Gegenteil den religiös indifferenten jungen Mann «zum christlich bewussten und tätigen Glied der Kirche machen»[110]. Es galt: «Die CVJM sind nicht selbst Kirche, wohl aber ein Teil der Kirche Jesu Christi. [...] Der CVJM hat das ernste Anliegen, dass jedes seiner Mitglieder seiner Kirche treu ist; denn der Weg zur Einheit der vielen Kirchen führt nicht um diese herum, sondern durch die Kirchen hindurch.» Nach dem apostolischen Glaubensbekenntnis gehörten allerdings auch die reformatorischen Kirchen zur «katholischen», das heisst «allgemeinen» christlichen Kirche. Der CVJM wollte ausdrücklich Diener der Kirche sein – «Laiendiener mit seiner besonderen Mission am sittlich und religiös gefährdeten jungen Mann [...]»[111]. Wobei allerdings das Wort «Laie» dem katholischen Sprach- und Kirchenverständnis entstammte, wo es eine Zweiklassenkirche markiert.[112] Menschen, die es mit dem Wort Gottes zu tun hätten, seien keine Laien, sondern Theologen, stellte Thurneysen in der «Glocke» einmal fest. Kirche sei da, wo die feiernde Gemeinde sei, und dort, wo Menschen sich geborgen fühlen können. Das könnte auch der CVJM bieten. War und ist es nicht naheliegend, die Geborgenheit in der CVJM-Gruppe als Ersatz für die Kirche zu halten? Weil diese Gefahr bestand, war es wichtig, dass die Verantwortlichen des CVJM stets betonten, nur ein Dienstleister der Kirche zu sein. Mit einem klaren Auftrag: Der Kirchendienst des CVJM war die freiwillige Arbeit von Männern für Männer, «Erzieherarbeit» zum Evangelium hin, als «Vortrupp der Kirche». Und wie der Vortrupp als Versuchstrupp

---

109 Mit «Kirche» kann eine konkrete Kirche gemeint sein, ein Gebäude; oder eine konfessionelle Institution, etwa eine Landeskirche, im Falle des CVJM die reformierte; es kann damit auch eine theologisch-abstrakte Grösse gemeint sein, die mit der «Gemeinschaft der Heiligen» umschrieben wird, also eine Sammlung von Menschen, unabhängig von Ort und Zeit; es ist nicht immer leicht, abzugrenzen, welche Bedeutung gemeint ist, wenn von «Kirche» die Rede ist.

110 Stutz, Jakob: Im Wellenschlag der Zeit, in: Egli, Edwin / Egli, Walter / Stutz, Jakob: Jubiläumsbericht 50 Jahre CVJM, 1937, S. 7

111 Stutz, Jakob: Im Wellenschlag der Zeit, in: Egli, Edwin / Egli, Walter / Stutz, Jakob: Jubiläumsbericht 50 Jahre CVJM, 1937, S. 7

112 Thurneysen, Eduard: «Die Kirche», in: Ruf, Nr. 10, 1938, S. 186ff.

diene, sonst aber zum Heer gehöre, sei der CVJM Versuchstrupp. Mit dem Hauptheer, mit der Kirche, mache man keine Versuche.[113] Im «Ruf» wird regelmässig über das Verhältnis von Kirche und CVJM nachgedacht.[114] Emil Brunner unterschied 1953 zwischen «Kirche» und «Ekklesia». «Ekklesia» ist griechisch und meint Kirche im neutestamentlichen Sinne, eine Gemeinschaft von Menschen, die mit Christus und dem heiligen Geist verbunden seien. Der CVJM sei wohl Kirche im Sinne des Neuen Testaments, oft mehr als eine institutionelle Kirche. Äusserlich aber sei er eine «Wohlfahrtseinrichtung»[115].

Ein familiäres Bild findet Sekretär Karl Egli: «Christliche Gemeinde und CVJM gehören zusammen wie Elternhaus und Sohn.»[116] «Unsere Vereine» seien «Notbehelfe». Sie entstanden aus «Mangel an lebendiger Gemeinschaft». Gemäss dem Tübinger Theologen Adolf Schlatter wird die christliche Gemeinde «gebildet [...] durch die Gemeinschaft aller derer, die durch die Berührung mit Jesus eine Begegnung mit der göttlichen Gnade erlebt haben»[117]. Karl Egli weiter: «Wir stehen auf dem Boden des allgemeinen Priestertums. Darum denken wir hoch vom Pfarrer als dem Verwalter des Amtes»; deshalb aber solle man den Pfarrer auch von der Gemeindearbeit entlasten und ihm Zeit für das Bibelstudium ermöglichen. «Die C. V. J. M. fühlen sich mitverantwortlich vor Gott am geistigen Wachstum der Kirche. Ihr gilt unser Dienst in unbedingter Treue und Selbstlosigkeit.»[118] Deshalb war man im Feiern eigener Gottesdienste zurückhaltend. Zumindest sollte immer ein landeskirchlicher Pfarrer, seltener ein Prediger die Leitung haben, damit nicht der Eindruck entstehen konnte, man fühle sich als Kirche.

---

113 Pfarrer D. Witzig: «Die Christlichen Vereine junger Männer als Dienst an der Kirche», in: Ruf, Nr. 10, 1938, S. 194ff.
114 So zum Beispiel in Ruf, Nr. 7/8, 1941, S. 136ff.
115 Brunner, Emil: the Ecclesia of the N.T. and the YMCA, 1953, ursprünglich englisch; in: http://www.cvjm-nuernberg.de/uploads/media/Ekklesia_Brunner.pdf, 19.3.2011
116 Egli, Karl: Unsere Stellung zur christlichen Gemeinde, in: Jugendkomitee der CVJM (Hrsg.): Das Jugendwerk der christlichen Vereine junger Männer in der deutschen Schweiz, 1931, S. 96ff.
117 Zitiert in: Egli, Karl: Unsere Stellung zur christlichen Gemeinde, in: Jugendkomitee CVJM (Hrsg.): Jugendwerk, 1931, S. 96ff.
118 Zitiert in: Egli, Karl: Unsere Stellung zur christlichen Gemeinde, in: Jugendkomitee CVJM (Hrsg.): Jugendwerk, 1931, S. 96ff.

Alle diese Stimmen finden im kritischen Zusammengehen mit der Kirche eine existenzielle Aufgabe des CVJM. So erhebt auch noch in der zweiten Hälfte des 20. Jahrhunderts der Verein eine kritische Stimme gegenüber der Kirche, wenn sie vom positiven Profil abweicht. Sekretär Hans Güttinger[119] schrieb 1971 in der «Glocke»: «Die Kirche zerstört sich innerlich selbst. [...] Durch eine Verkürzung ihrer Theologie an Gott vorbei zu einer Theologie blosser Mitmenschlichkeit. Durch eine Theologie der Revolution, die auch vor Gewalt nicht zurückschrecke. Durch ihre ‹Gott-ist-tot-Theologie›.»[120] Die Kirchen, so der Autor, entgeistlichten sich selbst. Sie seien unfähig, neue Impulse aufzunehmen und geistliche Fragen kompetent zu prüfen. Es finde zurzeit «ein [...] planmässiger Angriff der satanischen Mächte auf die Kirche Jesu Christi»[121] statt. Echte Christen kehrten der Kirche den Rücken zu, radikale Theologen zerstörten sie von innen. Wahre Änderungen könnten nur von «erlösten Christen» ausgehen. Es gebe kein antiautoritäres Christentum. Die Kraft des Evangeliums könne erlebt werden durch «den Weg der Heiligung und der Hingabe an Gottes Willen». Dieser programmatische Aufsatz greift mitten im Aufruhr um die Revolte von 1968 mit Beharrungsvermögen auf das alte pietistische Programm der Jünglingsvereine und die Pariser Basis zurück und führt die Tradition der engagierten Kirchenkritik früherer erweckter Gruppen weiter.

Auch für die Begründung der Ten-Sing-Arbeit in den 1980er-Jahren findet sich das Schema der Defizitkirche, für die der CVJM in die Bresche springt. In diesem Fall wird kritisiert, dass die Kirche das Feld für Jugendliche den Beizen, Discos, den Medien und Kommerziellen überlasse.[122] Der Cevi ist keine Kirche. Was bleibt, könnte die Frage sein, ob und inwiefern der Verein bei seiner Arbeit existenziell auf eine kritische Ausrichtung an der Kirche angewiesen sei.

---

119 Güttinger, Hans, (1935–1984/86?), Jugendsekretär CVJM ZH 1 1960–1971
120 Güttinger, Hans: «Die Jugendarbeit im CVJM», in: Glocke, Nr. 2, 1971, S 2ff.
121 Glocke, Nr. 2, 1971, S. 5
122 Geschichte des CVJM, www.cevizuerich.ch/zentrum/verein.html

Ökumene und Interkonfessionalität

Pietistisches Erbe ist der Wunsch nach Überwindung der konfessionellen Schranken. Zunächst die Schranken zwischen der römischen Kirche und den Kirchen der Reformation. Im Verlauf der Kirchengeschichte war es immer wieder zu solchen Grenzüberschreitungen gekommen. So nahmen katholische Gemeinden oder gar hohe katholische Würdenträger an der pietistischen Erweckung teil. Doch im Verlauf des 19. Jahrhunderts konzentrierte sich die römische Kirche, alarmiert durch ihren Bedeutungs- und Machtverlust angesichts des rasenden technischen Fortschritts in Europa, immer stärker auf sich selbst. 1870 erklärte sich der Papst für unfehlbar für den Fall, dass er als Oberhaupt der Kirche sprach. Dieser Alleingang der römischen Kirche war ein schwerer Schlag für die interkonfessionelle Ökumene. Nun blieb noch immer die grosse Aufgabe der Ökumene in den zersplitterten Kirchen und Denominationen im Dunstkreis der Reformation und ihres vielfältigen Individualismus[123] in Kontinentaleuropa, England und Amerika. Dabei galten CVJM und CVJF schon im 19. Jahrhundert international als wichtige ökumenische Bewegungen[124] im Sinne innerprotestantischer Ökumene.

Sekretär Edwin Wehrli zog seinerseits um 1944 die Grenzen der Ökumene so: «95% unserer Mitglieder gehören zur [evangelisch-reformierten] Landeskirche und in ihr ist auch unser Werk fest verwurzelt, aber wir freuen uns, mit dem Haus in ökumenischem Sinn auch anderen Gruppen dienen zu dürfen, sofern sie mit redlicher Absicht Jesus Christus verkünden. Die Weitherzigkeit hat da ihre Grenzen, wo Irrlehren vorgetragen werden oder wo die Art der Verkündigung als Spaltpilz in der christlichen Gemeinde wirkt.»[125]

---

123 Die Querverbindung zum Beispiel des englischen Evangelicalismus sind vielfältig: Pietismus, Puritanismus, Anglikanismus finden auf verschiedene Weise Eingang und führen zu immer neuen Ausdifferenzierungen und neuen Bewegungen.
124 Gäbler, Ulrich (Hrsg.): Geschichte des Pietismus, Bd. 3, 2000, S. 500
125 Wehrli, Edwin: Vom Vereinshaus Glockenhof, seinen Bewohnern und Gästen, Typoskript, um 1944, S. 4

Die römische Priesterkirche wurde stets abgelehnt. Mit Argwohn beobachtete man ihre Aktivitäten. In der «Glocke» vom Oktober/November 1941, mitten im Krieg, finden wir folgende Vorschau: «Im neuen Jahr werden sich die Vorträge der Mitgliederversammlung dem Thema ‹Die katholische Aktion› widmen.» Darunter: «Was sagen wir zu Bruder Klaus als sogenannt schweizerischem ‹Nationalheiligen›? [...] Was sagen wir zur römisch-katholischen Mischehenpraxis?» Begründung der Themen: «Diese Vortragsserie ist heraus gewachsen aus einer gewissen Beunruhigung über die starke katholische Aktivität in Presse, Film und Radio.» Besorgte Stimmen fragten sich schon in den 1910er-Jahren, wie weit der Einfluss der «ultramontanen» Jugend in der Schweiz ging. Ultramontan hiess die Bewegung, weil sie ihr Heil jenseits der Alpen, in Rom fand. Sie lehnte den laizistischen demokratischen Staat ab und wollte sich einzig dem Papst als Oberhaupt beugen. Auch als Dirigent Johner 1929 am Glockenhof die Missa Brevis von Palestrina aufführen wollte, erwuchs Widerstand wegen des katholischen Textes.[126]

Die Diskussion über Mischehen zwischen katholischen und protestantischen Eheleuten, die 1955 im «Ruf» geführt wurde, zeigte ein skeptisches Ergebnis. Die Mehrheit der Zuschriften hielten die Mischehe «für ein Unglück». Schon der Kinder wegen müsste man auf eine Mischehe verzichten, da diese sich sonst weder für den einen noch den andern Glauben entschieden und religiös indifferent blieben.[127]

Besonders zu reden gab der interkonfessionelle Kurs des CVJM-Weltbundes. Dieser unternahm den Versuch einer verbindlichen Öffnung Richtung römische Kirche. Im Mai 1955 gab hierzu die Schweizer Bundeszentrale des CVJM an ihre Leiter als Beilage zum Leiterbrief eine Broschüre von Markus Jakob[128] heraus, in der dieser die Praktikabilität einer konfessionellen Offenheit untersuchte. Da der Katholik keine «geistliche, priesterliche Verantwortung ausüben» dürfe, so Jakob,

---

126 Protokollbuch Vorstandssitzungen, 11. Februar 1929
127 Ruf, Nr. 7, 1955, «Mischehe»
128 Jakob, Markus: Was sagen wir zum interkonfessionellen Kurs des CVJM-Weltbundes?, Broschüre, Beilage zu Ruf, Nr. 7, 1955

müsste ihm dies durch den Priester erlaubt werden. Das wäre das Ende der freien Bibelarbeit. Folglich stünde auch das allgemeine Priestertum in Gefahr, welches «das Mark des CVJM-Gedankens» darstelle. Es «ist dem Katholiken fremd, aber nicht unmöglich. [...] wer zu uns stossen will, der anerkenne dieses Fundament unseres Bundes.» Gerade weil die katholische Kirche Priesterkirche sei, könne eine geistliche Gruppe mit flacher Hierarchie überhaupt nicht existieren. Es blieben «nette Kameradschaftsbünde», welche die geistliche Arbeit des CVJM im Kern zerstörten. Auch das Gottesdienstverständnis zwischen Protestanten auf der einen, Orthodoxen und Römisch-Katholischen auf der anderen Seite sei nicht einfach zu harmonisieren. Ein offener Gottesdienst, in dem jeder ohne weitere Voraussetzungen mitmachen könne, sei protestantisch und würde die Grenzen eines katholisch empfindenden Gläubigen nicht respektieren. Aus all dem folgte, dass eine solche Ökumene nicht erwünscht sein konnte. So stehen sich der Wunsch nach Überwindung der konfessionellen Grenzen und das Ringen um die eigene, reformierte Identität unversöhnlich gegenüber. Kritisch blieben die Verantwortlichen nicht nur gegenüber der römisch-katholischen Kirche, sondern auch gegen eigene protestantische Gruppierungen, etwa den Pfingstlern und anderen «Sekten», deren Anhänger aus obigen Gründen am Glockenhof nicht gerne gesehen wurden. Das Gleiche galt für die Juden, deren Religion man zwar respektierte, deren Anwesenheit im Haus aber nicht erwünscht war. Man hielt sich an das alte Motto: sich als kirchlich getrennt, aber christlich einig zusammenzuschliessen. Mit der eigenen Identität waren Grenzen gegeben, an die man sich zu halten gedachte. Und man war jederzeit bereit, bis zu einem gewissen Grad andere christliche Arbeiten zu akzeptieren, auch wenn sie nicht in allen Punkten mit der eigenen übereinstimmten. Den Schritt zur Sekte hat der CVJM nicht getan.

ZEITSCHRIFT

260

137

138

137 Jungschar. Bundesblatt der Christlichen Vereine junger Männer, Nr. 1, Zürich 1934, Titelseite. Archiv Glockenhof

138 Der Ruf. Schweizerisches Bundesblatt der Christlichen Vereine junger Männer, Nr. 6, Zürich 1936, Titelseite. Archiv Glockenhof

139 Die Glocke. Monatliche Mitteilungen des CVJM Zürich, Nr. 9, Zürich 1939, Titelseite. Archiv Glockenhof

140 Der Ruf. Schweizerisches Bundesblatt der Christlichen Vereine junger Männer, Nr. 9, Bern 1949, Titelseite. Archiv Glockenhof
141 Die Glocke. Vierteljährlicher Anzeiger des CVJM Zürich 1, Nr. 1, Zürich 1957, Titelseite. Archiv Glockenhof
142 Die Glocke. Quartalsprogramm CVJM Zürich 1, Zürich, Jan.–April 1958, Titelseite. Archiv Glockenhof

143

144

143 Die Glocke. Quartalsprogramm CVJM/CVJF Zürich 1, Nr. 1, Zürich 1968, Titelseite.
    Archiv Glockenhof
144 Glocke. Quartalsprogramm CVJM/F Zürich 1, Nr. 3, Zürich 1983, Titelseite.
    Archiv Glockenhof

ANHANG

CHRONOLOGIE

1844	Gründung des YMCA (Young Men's Christian Association) in London durch George Williams
1850	Gründung des Christlichen Jünglings- und Männervereins in Zürich durch David Kölliker
1855	August: Erster Weltkongress der CVJM (Christlichen Vereine Junger Männer) in Paris. Die «Pariser Basis» wird unterzeichnet, fortan die Grundlage der Arbeit des CVJM
	Gründung des YWCA (Young Women's Christian Association) in England durch Emma Robarts und Lady Kinnaird
1864	Gründung des deutschschweizerischen CVJM-Bundes (Bund der Christlichen Vereine Junger Männer)
1887	Gründung des CVJM Zürich 1
1890	Der CVJM Zürich 1 kauft mit dem Gebäude an der Glärnischstrasse 22 seine erste eigene Liegenschaft
1893	Gründung der Jüngeren Abteilung (15–18-Jährige) des CVJM Zürich 1
1900	Juli: Umzug des CVJM Zürich 1 (Platzbedarf steigt) in den Hinteren Augustinerhof, hier zur Miete
	Fusion von CVJM Zürich 1 und Christlichem Jünglings- und Männerverein Zürich
	Gründung der Knabenabteilung (10–15-Jährige) des CVJM Zürich 1
1905	Das Ferienheim Restiberg im Kanton Glarus wird von nun an vom CVJM Zürich 1 gemietet (später gekauft)
	Januar: Erstmalige Erwähnung des St.-Anna-Areals als Bauareal für den CVJM
	März: Das Freie Gymnasium bittet den CVJM Zürich 1 um gemeinsame Prüfung eines Bauvorhabens
1906	August: Die Mathilde Escher Stiftung bietet dem CVJM und dem Freien Gymnasium offiziell das St.-Anna-Areal als Bauareal an
	November: Beginn des Architektur-Planungswettbewerbs mit sieben Architekturbüros
1907	Gründung der weltweiten Pfadfinderbewegung durch Robert Baden-Powell
	Februar: Ausstellung und Bekanntgabe der Ergebnisse des Architekturwettbewerbs: 1./2. Preis Bischoff & Weideli, 3. Preis Pfleghard & Haefeli
	September: Start der Geldsammlung für den Ankauf und die Überbauung des St.-Anna-Areals mithilfe einer Bau-Werbebroschüre
	Oktober: definitive Konstituierung der Genossenschaft zum Glockenhaus
	Der Kaufvertrag St.-Anna-Areal zwischen Mathilde Escher Stiftung und Genossenschaft CVJM und Freiem Gymnasium wird aufgesetzt

1908	Januar: Start des Bauprojekts – Ertrag Geldsammelaktion für Glockenhofbau bereits bei SFr. 424'000.–. Es fehlen nur mehr SFr. 8'000.–	
	Oktober: Kauf des St.-Anna-Areals durch den CVJM und das Freie Gymnasium; seitens CVJM ein Vollversammlungsbeschluss	
	Dezember: Baubewilligung der Stadt Zürich für den Glockenhofkomplex auf dem St.-Anna-Areal	
1909	Kauf des Ferienheims Restiberg im Kanton Glarus durch den CVJM Zürich 1	
1910	Mai: Einweihung Baukomplex Freies Gymnasium (später Felsenhof)	
	Oktober: Einweihung der neuen St.-Anna-Kapelle	
1911	Anfang Sommer: Betriebsaufnahme des Hotels sowie wenig später Fertigstellung der Logierzimmer im Vereinshaus	
	3. September: Einweihungsfeier für das neue Vereinshaus und den Gesamtbaukomplex	
	Oktober: Vereinsorgan «Die Glocke» erscheint erstmals: Redaktor Rudolf Pestalozzi, mit redaktioneller Mitarbeit von E. Thurneysen, K. Barth, L. Ragaz u. a.	
1912	Gründung der Pfadfinderabteilung Glockenhof durch Emil Dändliker (ab 1965 Pfadfinderkorps Glockenhof)	
	12. Juli: Erster Generalstreik in Zürich	
1913	Gründung des Schweizerischen Pfadfinderbundes	
1914–1918	Soldatenfürsorge im Glockenhof organisiert	
1914	Die Spielwiese Entlisberg in Wollishofen wird vom CVJM Zürich 1 gepachtet	
1915	Bildung eines Jugendkomitees durch den deutschschweizerischen CVJM-Bund	
1916	Abgang Rudolf Pestalozzi, Gründungsredaktor, aus der Redaktion der «Glocke» und Ende der Mitarbeit von E. Thurneysen, K. Barth, L. Ragaz	
1918	Roland Schweingruber verlässt mit einem Teil der Jugendabteilung den Glockenhof und gründet die «evangelische Freischar»	
	Erste Landsgemeinde der Jugendgruppen der CVJM in Regensberg («Regensberger Bewegung»)	
	Aufteilung der über 18-jährigen Mitglieder des CVJM Zürich 1 in eine Jungmänner- und eine Männerabteilung	
	Herbst: Grippepandemie verhindert normale CVJM-Aktivitäten	
	11. November: Schweizweiter Generalstreik	
1919	Der CVJM Zürich 1 übernimmt mit Sekretär Karl Egli den Vorsitz des deutschschweizerischen Jugendkomitees	
	Zusammenschluss des CVJM Zürich 1 und anderer Gruppen für junge Männer zur Jungchristlichen Allianz	
1921	Das Vereinsorgan «Glocke» wird zur «Jungschar», später zum «Ruf». Der ehemalige Basler Missionar Jakob Stutz ist langjähriger Redaktor	
1923	Oktober: Gründung der Auswandererberatungsstelle des CVJM Zürich 1	

1925		«Moderne» CVJM-Jugendarbeit wird faktisch durch das Bundes-Jugendkomitee der pietistischen Jünglingsvereine anerkannt
1926		Gründung des Vereins für ein reformiertes Arbeiterheim durch CVJM-Mitglied Gottfried Weidmann
1929		Einweihung des Ferienhauses Greifensee durch den CVJM Zürich 1
1931–1937		Winterhalbjahr: Wärmestube für Arbeitslose im Glockenhof
1931		Zusammenschluss von Töchtergruppen zum deutschschweizerischen Verband der CVJT (Christlicher Verein Junger Töchter)
1933		Aus der Jüngeren Abteilung des CVJM Zürich 1 entsteht der Jungtrupp. Gründung der Jungschar des CVJM Zürich 1
1934		Bildung eines ersten Seekorps in der Pfadiabteilung Glockenhof
		Jahrhundertfeier CVJM in Bremen: Walter Egli sieht und erlebt den Nationalsozialismus
1937		Erstmals Einsatz von Führerinnen auf der Stufe der Wölfe in der Pfadiabteilung Glockenhof
1939–1945		CVJM-Militärkommission: Zürcher Kreisstelle im Glockenhof
1939		Definitive Teilung des Hauptvereins des CVJM Zürich 1 in eine Männer- und eine Jungmännerabteilung
		Sommer: Schweizerische Landesausstellung (Landi) in Zürich
		September: Einquartierung Luftschutztruppe im Glockenhof
1946		Gründung «Pfadi Trotz Allem»-Gruppe (PTA) der Pfadfinderabteilung Glockenhof im Balgrist
1948		Gründung des Stadtverbandes der Zürcher CVJM-Gruppen
1953		Bildung einer Knappenabteilung (10–12-Jährige) durch den CVJM Zürich 1
1955		Der CVJM Zürich 1 revidiert seine Statuten
		Verkauf des Ferienheims Restiberg (Kanton Glarus)
1958		Gründung des Seepfadfinderzuges Odysseus in der Pfadfinderabteilung Glockenhof
1959		Gründung des Glockenhof-«Pfadi Trotz Allem»-Zuges Wulp (PTA)
1961		Einweihung des CVJM-Lehrlingsheimes Eidmatt
		Oktober: 50-Jahr-Feier Glockenhof
1963		Bildung einer CVJT-Gruppe Glockenhof durch Hanni Hui und Elsbeth Wiesendanger (T für Töchter, später CVJF: Christlicher Verein Junger Frauen)
		Totalrenovation des Restaurants Glockenstube
1965		Reorganisation der Pfadfinderabteilung Glockenhof zum Pfadikorps Glockenhof
1966		Einführung von «offenen Abenden», nicht geschlechtergetrennt, im Glockenhof
1968		Globuskrawall in der Stadt Zürich
		November: Start zu Gesamtumbau des Hotels, mit Ziel Komfortsteigerung

1970	Auflösung des Jungtrupps und der Jungmännerabteilung im Glockenhof
	November: Beginn des Umbaus 5. Stock, abgeschlossen Pfingsten 1971
1973	Die nach Geschlecht getrennten Organisationen CVJM und CVJF fusionieren zum deutschschweizerischen CVJM/CVJF-Bund
	Auflösung der Jungschar im Glockenhof
1976	Aus dem CVJM Zürich 1 entsteht der Christliche Verein Junger Männer und Frauen (CVJM/F) Zürich 1
	Umwandlung der «Genossenschaft zum Glockenhaus» in eine Stiftung
	Durchführung eines Arbeitslosenlagers durch den CVJM/F Zürich 1 im Wallis
	Juli: Festliche Eröffnung des neue Restaurants «Glocken-Ecke»
1977	April: Das Hotel Glockenhof hat nun bei allen Zimmern Bad/Dusche und WC
1979	Auflösung der CVJF-Gruppe im Glockenhof
	Fassadenrenovation des Hotels Glockenhof
	Klassierung Hotel Glockenhof laut Hotelier-Verein wechselt von der 3-Stern-Kategorie in die 4-Stern-Kategorie
1980	Jugendunruhen in der Stadt Zürich
1981	Gründung des Volleyballclubs Glockenhof
	Der CVJM/F Zürich 1 führt zusammen mit anderen Organisationen eine Jugendwoche durch
1986	Der Ten Sing startet im Glockenhof
1987	100-Jahr-Jubiläum des Cevi Zürich 1
	Das Cevi-Ferienhaus in Greifensee wird durch Neubau ersetzt
	Aufhebung des Glockenhausvereins/Damenkomitees
	Erste Korpsleiterin bei der Glockenhof-Pfadi
	Hotel wechselt von Ambassador Swiss Hotels zu Best Western Switzerland
	Umfassende Sanierung Küche sowie Neugestaltung des Gartens nach Plänen des Architekten Behle
1988/89	Der Cevi Alpin schliesst sich dem CVJM/F Zürich 1 an
1989	Auftrag Planung umfassende Neugestaltung des Hotelinterieurs an Innenarchitekt Jo Brinkmann
1990	Umbau von neun Zimmern und Renovation der Hotel-Hoffassade
1991	Aufhebung der Männerabteilung im Glockenhof
	Umgestaltung der Hotelhalle
1994	150-Jahr-Jubiläum des CVJM/YMCA
	Umbau und Renovation der ehemaligen Direktionswohnung: vier neue Zimmer der besten 4-Stern-Kategorie
1995	Einführung der Mehrwertsteuer in der Schweiz
1996	Umfassende Sanierung sowie Umbau und Erweiterung des Vereinshauses

1997	Wiedereröffnung des Vereinshauses als Cevi-Zentrum Glockenhof
	März: Abschluss einer weiteren Renovationsetappe im Hotel
1998	Der CVJM/F Zürich 1 übernimmt als Cevi Zürich die Aufgaben des Stadtverbandes (Fusion)
	Zusammenschluss der drei Dachverbände (Cevi Bund, CVJM Nationalverband, CVJF Nationalverband) zum Cevi Schweiz
	Herbst: Umbau der Konferenzräume im 1. Stock abgeschlossen
1999	Best Western Qualitätskontrolle attestiert Hotel Glockenhof sehr gutes und in der Schweiz bestes Qualitätsniveau der Best Western Hotels
2001	Einführung der Cevi-Lernhilfe im Glockenhof
2001	März: Wiedereröffnung Restaurant «Glogge-Egge» nach Umbau
	Das Hotel Glockenhof erhält von Schweiz Tourismus die Qualitätsauszeichnung QQ
2002	Restrukturierung der Stiftung zum Glockenhaus
	Das Hotel Glockenhof wird als eines der ersten Hotels in Europa und als eines von wenigen überhaupt als Best Western Premier Hotel eingestuft
2003	Totalerneuerung von 14 Zimmern im 5. Stock des Hotels
2006	Ausbau- und Dienstleistungsstandard des Hotels führen zum Aufstieg in die Kategorie Vierstern-Superior
2007	Sommer: Neueröffnung umgestaltetes Restaurant «Glockenstube» unter dem Eigenständigkeit betonenden Namen «Restaurant Conrad»
2008	Neues Leitbild und Statuten des Cevi Zürich
	Oktober: Erneut Beginn einer Umbauetappe Hotelbetrieb. Vorübergehender Rückgang der Zimmerkapazitäten / des Umsatzes
2009	«Vision 2012» des Cevi Zürich
2010	Einweihung eines Kinder- und Jugendzentrums in Spitak (Armenien) durch den Cevi Zürich
2011	100-Jahr-Jubiläum des Glockenhofs
2012	125-Jahr-Jubiläum des Cevi Zürich
	100-Jahr-Jubiläum des Pfadikorps Glockenhof

PERSONENREGISTER

Attinger, Ernst (geb. 1934)	236
Bachmann, Hans (1908–1976)	137, 185
Baden-Powell, Robert (1857–1941)	158, 166, 264
Baer, Casimir Heinrich (1870–1942)	57–59
Barth, Karl (1886–1968)	117, 226, 237f., 242–244, 249, 265
Beck, Bernhard (1862–1937), Pfarrer, Rektor Freies Gymnasium	39, 40
Bernoulli, Wilhelm G. L. (1904–1980)	100
Billing, Hermann (1867–1946), Architekt	58, 62
Bischoff, Robert (1876–1920), Architekt (Bischoff & Weideli)	6, 30f., 41, 43, 45f., 49–53, 55–65, 264
Bluntschli, (Alfred) Friedrich (1842–1930), Architekt	42
Bornemann-Zellweger, Hanny (geb. 1914)	128
Bornemann, Karl (1913–1993)	128, 135
Bosshard, Gottlieb (1885–1938)	93, 184
Brefin, Thomas (1935–2001)	133, 248
Bremi-Uhlmann, Jakob (1858–1940)	105, 173
Brinkmann, Jo (geb. 1939)	200, 267
Bruder, August (1893–1972)	103
Brunner, Emil (1989–1966)	237, 245, 255
Brunner, Hans-Heinrich (1918–1987)	245
Büchi-Müller, Anni (geb. 1929)	182
Büchi, Hermann (1923–1997), Verwalter 1958–1989	137f., 169, 171, 180–182, 185f., 200, 248
Burckhardt, Ernst (Sohn von Burckhardt-Pfisterer, Fritz), Hausarchitekt Glockenhof über ca. 20 Jahre	53, 100
Burckhardt-Pfisterer, Fritz [Friedrich R.] (1874–1950)	6, 11, 40, 53, 74, 82f., 103, 109, 114, 122
Burckhardt-Pfisterer, Hanna (1874–1954)	109
Christen, Hans-Peter (1929–2000)	147
Curjel, Robert (1859–1925), Architekt (Curjel & Moser)	33, 57
Dändliker, Emil (1894?–?)	158f., 164, 171, 265
Dolmetsch, Heinrich (1846–1908), Architekt	57, 63f.
Egli-Weidmann, Ida (1875–1950)	77, 184
Egli-Weidmann, Karl (1875–1936), Vereinssekretär CVJM	6, 19, 34, 40, 51, 74–78, 81–83, 89, 92, 105f., 111, 115, 125, 127, 159, 169, 180, 184, 242, 248, 251f., 255, 265

Egli, Walter (1891–1962), Sekretär	23, 72, 77, 91, 95f., 103, 112, 115, 117, 166, 169, 176f., 180f., 189, 225–227, 230, 248, 251, 266
Eidenbenz, Hermann (1835–1907)	19, 20, 22, 28, 77, 85, 103, 113f.
Fluck, Werner (geb. 1944)	138, 140, 225, 235
Fröhlich, Edmund (1832–1898)	147
Fröhlich, Edmund (1867–1943)	20, 24f., 77, 106
Graf, Otto (1923–1995)	185f.
Gull, Gustav (1858–1942), Architekt, Stadtbaumeister Zürich	33, 42, 58
Güttinger, Hans (1935–1985), Jugendsekretär 1960–1971	133, 139–142, 178, 220, 225, 234, 256
Haefeli, Max (1869–1941), Architekt (Pfleghard & Haefeli)	40, 42, 44f., 55f., 58f., 264
Hediger, Walter (1929–1998), Hoteldirektor 1937–1965	193f., 196f., 200
Heidfeld, Ernst Franz (1877–1943), Vorstand CVJM 1915–1922, 1941–1944 Präsident Hauskommission	91, 100, 106f.
Hui, Adolf (1900–2003)	137
Hui, Hanni (geb. 1937)	136f., 185, 266
Kölliker David (1807–1875), Kunstmaler	18, 105, 220f., 264
Kradolfer, Ernst, Sekretär Genossenschaft	75, 82, 180
Kramer, Werner (geb. 1930)	146
Kruck, Gustav, (1875–1934), Architekt, Baumeister	34, 50
Kuder, Richard (1852–1912) Architekt (Kuder & Müller)	34, 44, 46
Künsch-Wälchli, Adrian (geb. 1977)	155
Künsch-Wälchli, Andrea (geb. 1979)	155
Leuenberger, Markus, Jugendsekretär (1986–1996)	148, 152
Mathys, Adolf (geb. 1909), 56 Jahre lang Stiftungsrat (bis 2000)	180
Moser, Karl (1860–1936), Architekt (Curjel & Moser)	33, 57, 59
Mousson, Adolf (1869–1934), Pfarrer zu St. Anna Zürich	113, 244
Mousson-Eidenbenz, Georg Konrad (1872–1922), Hoteldirektor 1911–1921	23, 40, 84, 103, 113f., 117, 193
Müller, Ralph (geb. 1964)	155
Parzany, Ulrich (geb. 1941)	147
Pestalozzi, Friedrich Otto (1846–1940)	40, 42, 85f., 103, 114f.
Pestalozzi-Schlegel, (Paul) Richard (1889–1963)	159, 168
Pestalozzi, Rudolf (1882–1961), Sohn von Friedrich Otto Pestalozzi	23, 74, 81f., 113–117, 242f., 249, 265
Pfister-Hüppi, Margrit (1907–1987)	130

Pfister-Hüppi, Walter (1902–1986), CVJM-Präsident 1936–1953, Präsident Stiftungsrat Glockenhaus 1969–1985	102, 130
Pfleghard, Otto (1869–1958), Architekt (Pfleghard & Haefeli)	40, 42, 44f., 55f., 58, 264
Ragaz, Leonhard (1868–1945)	115, 117, 238, 244, 249, 253, 265
Rahm, Robert (Mutz) (geb. 1946), Jugendsekretär/-berater	141f., 144f., 169
Rahn-Bärlocher Louis (1835–1915), Bankhaus Escher & Rahn	23–25, 35, 40, 103, 111
Rahn, Victor Conrad (1874–1962), Sohn von Louis Rahn	23, 26, 40, 103, 114
Rieter-Bodmer Berta (†1938)	111
Roth, Paul (geb. 1944), Präsident Cevi Zürich 2000–2008	142
Rothe-Winzeler, Otto (1873–1941), Hoteldirektor 1921–1937	84, 193
Rüsch, Theodor (geb. 1901), Präsident deutschschweizerischer CVJM-Bund in den 1950er-Jahren	134
Schindler, Gottfried (1870–1950), Architekt (Streif & Schindler)	44, 46
Schlatter, Eduard (1898–?), Jugendsekretär CVJM ZH1 1924–1929	127
Schmidtpeter, Josef Peter (1942–), Hoteldirektor 1994–2006	193
Schweingruber, Roland (?–?), Jugendsekretär, Gründer evang. Freischar	82, 250f., 253
Sieber, Ernst (geb. 1927), Pfarrer	146f.
Spoendlin-Escher, Dr. jur. (Sigmund) Rudolf (1845–1920), u. a. Vizepräsident des eidgenössischen Vereins	40, 85
Spoendlin-Feurer, Dr. jur. (Kaspar Friedrich) Wilhelm (1885–1967)	251
Streif, Johan Rudolf (1873–1920), Architekt (Streif & Schindler)	44, 46
Stutz, Jakob (1875–1970), v/o Sango, Pfarrer, langjähriger Jugendsekretär	19, 115f., 218, 221f., 242, 244, 252, 265
Sutter, Matthias (geb. 1962), Hoteldirektor 2007–	193f.
Thurneysen, Eduard (1888–1974)	238, 243f., 246, 249, 254, 265
Usteri, (Jackob) Emil (1858–1934), Architekt	35f., 44f., 60
von Muralt, (Hans Heinrich) Conrad (1859–1928), Architekt	44f., 47
von Prosch, Carl (1891–1967), CVJM Weltbundsekretär	181, 224
Walder, Karl (geb. 1957), Geschäftsleiter	183
Walz, Oskar, Architekt, Bauleiter Glockenhof, 25 Jahre Bauberater Glockenhof	49, 53
Weber, Hugo (geb. 1932), Präsident CVJM	143f., 146f.
Wehrli, Edwin (1897–1953), erst 2. Sekretär 1932–1935, dann Sekretär 1936–1946	91, 96, 100, 164, 168f., 176, 220, 229, 234, 248, 257

Weideli, Heinrich (1877–1964), Architekt (Bischoff & Weideli)	6, 30–32, 41, 43, 45f., 49–50, 52f., 55–65, 264
Weissenberger-Banz, Hans (1890–1973), Hoteldirektor 1937–1965	193, 198
Wespi-Steiner, Jakob (1871–1945), Vereinspräsident CVJM 1920–1936	23, 77, 99, 102, 105f.
Wey, Johannes (geb. 1957), Zentrumsleiter Glockenhof 1996–2006	152–154
Wiesendanger-Beck, Elsbeth (geb. 1940)	136, 266
Zollinger, Robert (1858–1939), Architekt	33f., 42, 44, 46
Zürrer-Seiler, Lisbeth/Elisabeth (geb. 1945), 1973–1979 Beisitzerin und 1979–1980 erstes weibliches Vollmitglied Zentralvorstand	141

ABKÜRZUNGSVERZEICHNIS

AEP	Arbeitsgemeinschaft Evangelischer Pfadfinder
ASZ	Archiv Stadtarchiv Zürich
CVJF	(CVJT) Christlicher Verein Junger Frauen (Töchter)
CVJM	Christlicher Verein Junger Männer
HLS	Historisches Lexikon der Schweiz
JB	Jahresbericht
KVZP	Kantonalverband der Zürcher Pfadfinder
Ms.	Manuskript
PTA	Pfadi Trotz Allem
RB	Rechenschaftsbericht
SPB	Schweizerischer Pfadfinderbund (1913–1987), danach Zusammenschluss mit dem Bund Schweizerischer Pfadfinderinnen (BSP) zur Pfadibewegung Schweiz (PBS)
YMCA	Young Men's Christian Association
YWCA	Young Women's Christian Association
ZB	Zentralbibliothek Zürich
ZV	Zentralvorstand des CVJM Zürich 1

BIBLIOGRAFIEN

Verena E. Müller:
Ein Blick auf die Vorgeschichte / Die ersten Jahrzehnte im Glockenhof / Der CVJM – eine zweite Heimat?

Quellen

Archiv CVJM Zürich 1, Glockenhof

CVJM und Freies Gymnasium (Hrsg.): Die projektierte Überbauung des St. Anna-Areals in Zürich. Werbebroschüre, Zürich 1907.

Classeur März 1887–September 1899. Vorstand Akten zum Protokoll.

Egli, Edwin / Egli, Walter / Stutz, Jakob u. a.: 50 Jahre Christlicher Verein Junger Männer Zürich 1. Jubiläumsbericht 1887–1937, Zürich 1937.

Egli, Karl: Acten betreffend das Verhältnis vom Jugendcomité zum Bundescomité, 1. Teil Nr. 1–76.

Egli, Karl: 75 Jahre christliche Jugendarbeit in Zürich 1850–1925, Zürich 1925.

Egli, Walter: 50 Jahre Glockenhaus 1911–1961. Jubiläumsbericht, Zürich 1961.

Egli, Walter: Erinnerungen aus 40 Jahren CVJM-Arbeit, Zürich 1958 (Typoskript). [Egli, Walter: 40 Jahre CVJM-Arbeit]

Egli, Walter / Weissenberger, Hans: 50 Jahre Glockenhof Zürich 1911–1961, Zürich 1961.

Jahresberichte des CVJM Zürich 1, 1921–1934. [JB]

Jubiläumsbericht 1887–1962. 75 Jahre Christlicher Verein Junger Männer Zürich 1, Zürich 1962. [Jubiläumsbericht 75 Jahre CVJM]

Ordner Korrespondenz «Mitglieder-Beirat». [Dossier Korrespondenz]

Ordner Korrespondenz «Mitglieder, Unterstützende, Nicht-Mitglieder». [Ordner Korrespondenzen Mitglieder-Beirat]

Protokollbeilagen der Protokolle von Generalversammlungen und Ausschuss-Sitzungen der Genossenschaft zum Glockenhaus, 18. Aug. 1910 – 14. April 1947.

Protokolle der Unterrichts-Commission 1889–1899 sowie des Unterrichtswesens 28. Dez. 1907 – 9. März 1923.

Protokolle Generalversammlung der Genossenschaft zum Glockenhaus, 1914–1944.

Protokollbuch der Kaufmännischen Sektion des CVJM, Band 4, 1894–1897.

Protokollbücher der Vorstandssitzungen des CVJM Zürich, 5. Jan. 1893 – 7. Sept. 1897 / 11. Nov. 1904 – 16. Mai 1913 / 6. Juni 1913 – 4. Sept. 1931.

Rahn, Victor Conrad, Nekrolog (1874–1962).

Rechenschaftsberichte der Genossenschaft zum Glockenhaus, 1921–1934.

Schreiben des Zentralvorstandes des CVJM an den Ausschuss der Genossenschaft zum Glockenhaus vom 3. Februar 1965.

Literatur

Eidenbenz, Emil: Zur Erinnerung an Hermann Eidenbenz. Ein Leitbild, Zürich 1910.

Eidenbenz, Emil: Geschichte und Genealogie der Familie Eidenbenz, Zürich / Schwäbisch Hall 1935.

Pestalozzi, Rudolf: Venedig mit der Leica, München 1933.

Pestalozzi-Keyser, Hans: Geschichte der Familie Pestalozzi, Zürich 1958.

Pestalozzi & Co.: 150 Jahre Eisenhandel im Bild der Geschichte eines zürcherischen Familiengeschäfts, Zürich 1938.

Schütz, Margrit / Ott, Eugen / Wehrli, Daniel (Hrsg.): Cevi Linien. CVJM/CVJF in der deutschsprachigen Schweiz. Zurückblicken – Nachdenken – Vorwärtsgehen, St. Gallen 1989.

Langer, Axel / Walton, Chris: Minne, Muse und Mäzen: Otto und Mathilde Wesendonck und ihr Zürcher Künstlerzirkel, Zürich 2002.

Züblin-Spiller, Elsa: Aus meinem Leben. Erinnerungen, Zürich 1928.

Daniel A. Walser:
Der CVJM baut

Quellen

Archiv CVJM Zürich 1, Glockenhof
Schriftliche Quellen:
Briefe des Vereins Christlicher Junger Männer und des Freien Gymnasiums Zürich: an seine Mitglieder, Mitte Jan. 1908 / Mitte Jan. 1909.

Brief von Theodor Zimmermann vom 13. Feb. 1909 an die Herren Bischoff & Weideli.

CVJM und Freies Gymnasium (Hrsg.): Die projektierte Überbauung des St. Anna-Areals in Zürich. Werbebroschüre, Zürich 1907. [Werbebroschüre CVJM / Freies Gymnasium: St. Anna-Areal]

Egli, Karl: Das Glockenhaus. Sein Werden und sein Dienst 1911–1936, Zürich 1936. [Egli, Karl: Glockenhaus]

Egli, Edwin / Egli, Walter / Stutz, Jakob u. a.: 50 Jahre Christlicher Verein Junger Männer Zürich 1. Jubiläumsbericht 1887–1937, Zürich 1937.

Egli, Walter: 50 Jahre Glockenhaus, 1911–1961. Jubiläumsbericht, Zürich 1961.

Gerichtsakten: Ablehnungsentscheid, 22. Aug. 1908.

Servitutenvereinbarung zwischen CVJM (Glockenhof) und Conrad von Muralt (Muraltsches Gut), 1908.

Architekturpläne:

CVJM Stuttgart Baukomplex, alle Geschosse, Hauptfassade und Projektschnitte, Stuttgart 1902/03.

Situationsplan Glockenhof, Jacob Mugglin, Zürich 1904/1905.

Vorprojekte Glockenhof, Zürich 1905:
- Architekten Kuder & Müller Gotthardstrasse in Zürich.
- Architekt Usteri, Studie zur Neuüberbauung des St. Anna Areals.
- Architekt Zollinger, Projekt Zeltweg 29.

Architekturwettbewerb Glockenhof, 1907, Projekteingaben:
- Bischoff & Weideli, Zürich, Projekt CH. V. J. M und Projekt Centralgarten.
- Kuder & Goedeke, Zürich, Projekt Licht und Luft.
- Pfleghard & Haefeli, Zürich, Projekt St. Anna Areal.
- Streif & Schindler, Zürich, Projekt Freundschaft.
- Usteri, Zürich, Projekt Zum goldenen Winkel.
- Von Muralt, Zürich, Projekt Dreiklang.
- Zollinger, Zürich, Projekt St. Anna Heim.

Projekt Glockenhof: Bischoff & Weideli, Projektstände:
- Stand Werbebroschüre Geldsammlung, Zürich 1907.
- Baueingaben: erste Eingabe, Zürich 1908 / zweite Eingabe, Zürich 1909.
- Grundrisse, Ergänzungen und Ausführungspläne / Details, Zürich 1910/1911.

Archiv Freies Gymnasium Zürich

Briefe der Central-Bau-Kommission f. d.: 26. Juni 1908.

Egli, Karl: Juryprotokoll des Architekturwettbewerbs, 1907.

Entscheid der Kantonalen Schätzungskommission des 1. Kreises für Abtretung von Privatrechten (F. Zuppinger-Spitzer, Rob. Baumann, H. Albrecht) in Sachen Mehrwertsbeiträge für die Korrektur der St. Annagasse und die Umwandlung der Füsslistrasse in eine öffentliche Strasse, Zürich 18. Aug. 1914.

Freies Gymnasium in Zürich (Hrsg.): Achter Bericht 1909/11, 21.–23 Schuljahr, Eigenverlag, Sept. 1911.

Gull, Gustav / Bluntschli, Friedrich / Fietz, Hermann / Pestalozzi, Friedrich, Otto / Gspendlin, R.: Jurybericht. Abschliessendes Urteilsprotokoll zum Architekturwettbewerb der Überbauung des St. Anna-Areals, 1907. [Gull, Gustav, u. a.: Jurybericht Architekturwettbewerb]

Weitere Archive

Briefe des Vereins Christlicher Junger Männer Zürich: 20. Dez. 1900 / Ende März 1903 / undatiert ca. 1905 / undatiert ca. 1907, Mappe Diverse Schriften; Christlicher Verein Junger Männer und Frauen Zürich 1; Zentralbibliothek Zürich.

Unter Jugend und Männerwelt einer Grossstadt. Festschrift über 50jähriges Wirken des Christlichen Vereins Junger Männer Stuttgart, Stuttgart 1911, Archiv CVJM Stuttgart.

Periodika (u. a. auch Archiv)

Das Werk, Vol. 7, 1920.

Die Schweizerische Baukunst, Hefte 1 / 7, 1909; Heft 25, 1912; Hefte 5 / 10 / 25, 1913.

Heimatschutz, Heft 1, 1906.

Moderne Bauformen, Heft 11, 1912.

Monatsblatt Christlicher Verein Junger Männer, Nr. 6, 1907; Nr. 4, 1909.

Neue Zürcher Zeitung, Zweites Morgenblatt, 29. November 1909.

Schweizerische Bauzeitung, Vol. 49, Nr. 12; Vol. 50, Nr. 14, 1907; Vol. 70, Nr. 3–5, 1917; Vol. 76, Nr. 21, 1920; Vol. 82, Nr. 46, 1964.

Zeitschrift der Schweizerischen Vereinigung für Heimatschutz, Farbtafel. Kunstbeilage II, 1908.

Zürcher Wochen-Chronik, 1907–1908, 1910–1911.

Literatur

Burckhardt, Lucius: Der Werkbund in Deutschland, Österreich und der Schweiz. Form ohne Ornament, Stuttgart 1978.

INSA. Inventar neuerer Schweizer Architektur, Gesellschaft für Schweizerische Kunstgeschichte (Hrsg.), Band 10, Winterthur, Zug/Zürich 1992.

Kirchgraber, Jost: St. Gallen 1900–1914. Der St. Galler Jugendstil in seinem kulturhistorischen Zusammenhang, St. Gallen 1979.

Moravánszky, Ákos (Hrsg.): Architekturtheorie im 20. Jahrhundert. Eine kritische Anthologie, Wien 2003.

Billing, Hermann: Architektur zwischen Historismus, Jugendstil und Neuem Bauen, Ausstellungskatalog, Städtische Galerie Karlsruhe im Prinz Max Palais 1997.

Schrödter, Susanne: Bischoff & Weideli. Architekten in Zürich 1905–1920, 2 Bände, Universität Zürich, Kunsthistorisches Institut, 1994.

Zürcher Denkmalpflege. Stadt Zürcher Bericht 1989/90, Zürich 1990.

Andréa Kaufmann:
Jugendarbeit im Glockenhof / Die nicht grauen Eminenzen

Quellen

Mündliche Quellen

Büchi, Hansjürg, Gespräch vom 7.1.2010.
Hui, Hanni, Gespräch vom 16.10.2009.
Künsch-Wälchli, Adrian, Gespräch vom 26.1.2010.
Rahm, Robert, Gespräch vom 15.10.2009.
Walder, Karl, Gespräch vom 5.10.2009.

Archiv CVJM Zürich 1, Glockenhof

Band Protokolle ZV, Bd. 5, 1913–1931. [Bestand: Protokolle ZV Bd. 5]

Betriebskonzept Cevi-Zentrum Glockenhof CVJM/F Zürich 1 vom 31.10.1997. [CVJM/F: Betriebskonzept 1997]

Boston Consulting Group: Führungsprinzipien und Organisationsentwicklung der Stiftung zum Glockenhaus, Workshop mit dem Stiftungsrat, Zürich, 27.11.2002 (Typoskript).

Büchi, Hermann: Rückblick Cevi (Typoskript), Zürich 1989.

Büchi, Hermann: Lebenslauf (Typoskript), Zürich 1997.

Cevi Zürich. Vision 2012. Konzeptvorschlag zur Vernehmlassung vom 23.1.2009. Erarbeitet von der Strategiegruppe und dem Zentralvorstand des Cevi Zürich 2007–2009 (Typoskript), Zürich 2009.

Classeur März 1887–September 1899. [Classeur 1887–1899]

Egli, Edwin / Egli, Walter / Stutz, Jakob u. a.: 50 Jahre Christlicher Verein Junger Männer Zürich 1. Jubiläumsbericht 1887–1937, Zürich 1937.

Egli, Karl: 75 Jahre christliche Jugendarbeit in Zürich 1850–1925, Zürich 1925.

Egli, Karl: Das Glockenhaus, Sein Werden und sein Dienst 1911–1936. Eine Denkschrift (Typoskript), Zürich 1936.

Egli, Walter: Erinnerungen aus 40 Jahren CVJM-Arbeit (Typoskript), Zürich 1958. [Egli, Walter: 40 Jahre CVJM-Arbeit]

Egli, Walter: 50 Jahre Glockenhaus 1911–1961. Jubiläumsbericht, Zürich 1961.

Egli, Walter: Notizen zur Geschichte des CVJM Zürich 1 (Typoskript), Zürich um 1962 (?).

Jahresberichte des CVJM Zürich 1. [JB CVJM]

Jubiläumsbericht 1887–1962. 75 Jahre Christlicher Verein Junger Männer Zürich 1, Zürich 1962. [Jubiläumsbericht 75 Jahre CVJM]

Jugendkomitee der CVJM (Hrsg.): Das Jugendwerk der Christlichen Vereine Junger Männer in der deutschen Schweiz. Ein Überblick über seinen Stand und seine Aufgaben 1918–1930, Zürich 1931.

Leuenberger, Markus: 100 Jahre CVJM/F Zürich-Glockenhof. Blitzlichter aus der Vereinsgeschichte mit Jahresbericht, Zürich 1987.

Ordner Büro, ZV, GV 1995–1997: Protokolle, Korrespondenz. [Ordner Büro, ZV, GV 1995–1997]

Ordner Ferienheimgenossenschaft Restiberg 1905–1955.

Ordner mit Aufschrift «CVJM». [Ordner CVJM]

Ordner mit Aufschrift «Mitglieder, Beirat»: Korrespondenz, Register alphabetisch.

Ordner Protokolle 1987–1998: Protokolle ZV, Cevi-Bund, Korrespondenz an die Mitglieder, Aufnahmegesuche, Frauentreff usw. [Ordner Protokolle ZV u. a. 1987–1998]

Pfadfinderabteilung Glockenhof: Satzungen, 1929.

Pfadfinderkorps Glockenhof: Statuten, 1965.

Protokolle der Generalversammlung des CVJM Zürich 1. [Protokoll GV]

Protokollbuch der Jüngeren Abteilung, 1911–1921.

Protokollbuch der Jungschar des CVJM Zürich 1. Vorstandsprotokolle und Mitgliederversammlungen 1927–1931. [Protokollbuch Jungschar]

Protokolle der Sitzungen des Beirates der Genossenschaft zum Glockenhaus. [Protokoll Beirat]

Protokolle der Sitzungen des Zentralvorstandes des CVJM Zürich 1. [Protokoll ZV]

Schlatter, Eduard: Arbeitsplan für Evangelische Jungmänner-Führung. Stoffbuch für die Jungmännerstufe (18–25 Jahre), Zürich 1933.

Statuten des CVJM Zürich 1, 1955 / 1976.

Wehrli, Edwin: Vom Vereinshaus Glockenhof, seinen Bewohnern und Gästen, um 1944 (Typoskript).

Weitere Archive / Sammlungen

Büchi, Hermann: Rückblick Hauspersonal (Typoskript), Zürich 1989, Sammlung Hansjürg Büchi.

Dändliker, Emil, Zürcher Pfadfinderbewegung, Akten (1912–1984), Archiv Stadtarchiv Zürich (ASZ), Signatur: VII.155.:1.:
- Dändliker, Emil: Gründungsbericht Pfadfinderkorps Stadt Zürich, 1982, Signatur Stadtarchiv Zürich: VII.155.:1.1.
- Akten zum Gründungsbericht Pfadfinderkorps Stadt Zürich (1912–1918), Signatur Stadtarchiv Zürich: VII.155.:1.2.
- Dändliker, Emil: Gründungsgeschichte der Pfadfinder-Abteilung Glockenhof. (Typoskript), um 1982, Signatur Stadtarchiv Zürich: VII.155.:1.3.

Zentralbibliothek Zürich (ZB), Archiv Kantonalverband der Zürcher Pfadfinder (KVZP), Signatur: Ms. KVZP W 53:
- Glockenhof 1912–1961, Signatur ZB: Ms. KVZP W 53.23.19.
- Glockenhof 1960–1977, Signatur ZB: Ms. KVZP W 53.23.10.
- Seepfadfinder 1959–, Signatur ZB: Ms. KVZP W 53.23.23.

Periodika (Archiv u. a.)

Allgemeine Mitteilungen Gemeinde Eglisau, Nr. 12, Eglisau 1968.
Cevital. Infos des Cevi Zürich.
Das Glockenseil. Organ / Monatsblatt der Jüngeren Abteilung des CVJM Zürich 1.
Der Goldene Pfeil. Abteilungsblatt der Glockenhof-Pfadfinder.
Glocke (Die Glocke). (Quartals-)Programm des CVJM Zürich 1.
Die Jungschar, Bundesblatt der Christlichen Vereine junger Männer, Monatszeitschrift, Zürich 1920–1935.
Kirchenbote für den Kanton Zürich, Kirchgemeinde Grossmünster.
Mitteilungsblatt der Katholischen Pfarrei St. Joseph Horgen. [Mitteilungsblatt Horgen]
Monatsblatt des Christlichen Vereins Junger Männer (ab 1892), Zürich. [Monatsblatt CVJM]
Pro Juventute. Schweizerische Monatszeitschrift für Jugendhilfe. [Pro Juventute]

Literatur

Cevi Horgen (Hrsg.): Beherzt, begeistert, bewegt. 150 Jahre Cevi Horgen 1859–2009, Horgen 2009.

Dejung, Emanuel / Wuhrmann, Willy (Hrsg.): Zürcher Pfarrerbuch, 1519–1952, Zürich 1953. [Zürcher Pfarrerbuch]

Egli, Albert / Diener, Hans: Zum Andenken an Richard Pestalozzi-Schlegel, St. Gallen 1963.

Gasal, Corinne: Abklärung der Schutzwürdigkeit Sihlstrasse 31, 33, 35, St. Annagasse 8, 11: Glockenhof. Gutachten zuhanden der Denkmalpflegekommission vom 2.6.2008, Hochbaudepartement. Amt für Städtebau, Archäologie und Denkmal-pflege, Zürich 2008.

Geissberger, Gottfried: Werden, Wachsen und Wesen der Christlichen Vereine Junger Männer, Zürich 1968.

Hebeisen, Erika / Joris, Elisabeth / Zimmermann, Angela (Hrsg.): Zürich 68. Kollektive Aufbrüche ins Ungewisse, Baden 2008.

Historisches Lexikon der Schweiz, Bd.1, Basel 2002.

Kater, Marianne: Die Jugendgruppen im Kanton Zürich, Separatdruck aus Schweizerische Zeitschrift für Hygiene, Heft 5, Zürich 1930.

Kunz, Thomas: Das Zürcher Jugendhaus Drahtschmidli. Entstehung und Entwicklung, Zürich 1993.

Lamprecht, Franz / König, Mario: Eglisau. Geschichte der Brückenstadt am Rhein, Zürich 1992.

Nigg, Heinz (Hrsg.): Wir wollen alles, und zwar subito. Die Achtziger Jugendunruhen in der Schweiz und ihre Folgen, Zürich 2001.

Saxer, Mark A.: Die Zunft zur Zimmerleuten seit 1945. Traditionsbewusst in der Moderne, Zürich 1998.

Schütz, Margrit / Ott, Eugen / Wehrli, Daniel (Hrsg.), Cevi Linien. CVJM/CVJF in der deutschsprachigen Schweiz. Zurückblicken – Nachdenken – Vorwärtsgehen, St. Gallen 1989.

Trachsler, Walter / Nordmann, Dani / Meyer, Marcel: Arbeit für Arbeitslose. Überbrückungsmassnahmen. Eine Studie der Aktion 7. Pro Juventute, Zürich 1977. [Trachsler u. a.: Arbeit]

Wehrli, Edwin: Erziehungsfragen, in: Jungschar-Bibliothek 3, Zürich 1920.

Wüthrich, Peter: 60 Jahre Pfadi Gryfensee. 1930–1990. Chronik zum 60jährigen Bestehen der Pfadi Wallisellen, Dübendorf und Umgebung, Wallisellen 1992.

Wüthrich, Peter: Vom Olymp zum Gryfensee. Chronik zum 75-jährigen Bestehen der Pfadi Wallisellen, Dübendorf und Umgebung. 1930–2005, Dübendorf und Wallisellen 2005.

Internet

Cevi Zürich Statuten vom 17.4.2008: www.cevizuerich.ch/zentrum/verein.html (Stand: 27.2.2011). [Cevi Zürich: Leitbild 2008]

Cevi Zürich: Ten Sing: www.cevizuerich.ch/tensing/index.html (Stand: 18.1.2010). [Ccvi Zürich: Ten Sing]

Lehrlingshaus Eidmatt: Über uns: http://www.lehrlingshaus-eidmatt.ch/html_eidmatt/ueberuns.html (Stand: 11.8.2010). [Lehrlingshaus Eidmatt]

Pfadi Manegg: Geschichte der Abteilung: www.manegg.ch/manegggeschichte.html (Stand: 27.2.2011). [Manegg: Geschichte]

Pfadikorps Glockenhof: Allgemeines: www.gloggi.ch/der-gloggi/allgemein.html (Stand: 27.2.2011). [Pfadikorps: Allgemeines]

Pfadikorps Glockenhof: Chronik: www.gloggi.ch/der-gloggi/chronik.html (Stand: 27.2.2011). [Pfadikorps: Chronik]

PTA Gloggi: Über uns: hutten.gloggi.ch/ueberuns.html (Stand: 27.2.2011). [PTA Gloggi: Über uns]

RATS im Kulturmarkt: Über uns: www.rats.ch/uber-uns/geschichte/ (Stand: 1.6.2010). [RATS: Über uns]

Seepfadi: Geschichte: seepfadi.gloggi.ch/geschichte.html (Zurzeit Gesamtsite in Bearbeitung). [Seepfadi: Geschichte]

Verein Junge Kirche: Vereinsgeschichte: http://www.jungekirche.ch/content/verein_geschichte.htm (Stand: 3.5.2010). [Verein Junge Kirche: Vereinsgeschichte]

Aurelia Kogler:
Hotel Glockenhof im Wandel der Zeit

Quellen

Mündliche Quellen

Schmidtpeter, Josef Peter, Direktor Hotel Glockenhof a. D., Gespräch vom 29.09.2009.
Sutter, Matthias, Direktor Hotel Glockenhof, Gespräch vom 29.09.2009.
Walder, Karl, Geschäftsführer der Stiftung zum Glockenhaus, Gespräch vom 15.02.2010.

Archiv CVJM Zürich 1, Glockenhof

Egli, Walter: 50 Jahre Glockenhof 1911–1961, Jubiläumsbericht, 1961.
Rechenschaftsberichte der Genossenschaft / Stiftung zum Glockenhaus, Zürich 1921–1934, 1964–1976, 1976–2009. [RB]
Schreiben des Zentralvorstandes des CVJM an den Ausschuss der Genossenschaft zum Glockenhaus vom 3. Feb. 1965, Zürich 1965.
Schreiben Hoteldirektor Hans Weissenberger an Herrn August Bruder, Präsident des Ausschusses der Genossenschaft zum Glockenhaus, vom 5. Feb. 1965, Zürich 1965.
Stiftung zum Glockenhaus: Strategie 2011–2019, Entwurf 091019, Zürich o. J.

Periodika

Hamburger Abendblatt, Amerikanische Reisesteuer, 3./4. Februar 1968.

Literatur

Möckli, Daniel: Neutralität, Solidarität, Sonderfall. Die Konzeptionierung der schweizerischen Aussenpolitik der Nachkriegszeit, 1943–1947, in: Zürcher Beiträge zur Sicherheitspolitik und Konfliktforschung, Spillmann, Kurt R. [u. a.] (Hrsg.), Nr. 55, Zürich 2000.
Zürcher Hotelier Verein (Hrsg.): Hotel Zürich. Aus- und Rückblicke – 125 Jahre Zürcher Hoteliers, Zürich 2005.
Jaag, Tobias: Staatshaftung nach dem Entwurf für die Revision und Vereinheitlichung des Haftpflichtrechtes. Manuskript zum Einführungsreferat am Schweizerischen Juristentag am 27. September 2003.
St. Galler Beiträge zum Fremdenverkehr und zur Verkehrswirtschaft, Reihe Fremdenverkehr, Band 1, St. Gallen 1975.
Kommission für Konjunkturfragen (Hrsg.): Die schweizerische Konjunktur im Jahre 1970 und ihre Aussichten für 1971, in: Mitteilung Nr. 206 der Kommission für Konjunkturfragen, Bern 1970.

Schweizerische Verkehrszentrale (Hrsg.): Lagebericht – Tourismus Schweiz 1986 im Wechselbad, Zürich 1986.

Ziegler, Beatrice: Der gebremste Katamaran. Nationale Selbstdarstellung an den schweizerischen Landesausstellungen des 20. Jahrhunderts, in: Schweizerische Zeitschrift für Geschichte SZG 51, Bern 2001.1.

Internet

Bundesamt für Statistik: Hotellerie Stadt Zürich, Ankünfte und Logiernächte 1960–2009: www.stadt-Zuerich.ch/prd/de/index/statistik/wirtschaft/tourismus. html#hotellerie_der_stadtzuerichlogiernaechte19912009 (Stand 21. April 2010).

Eidgen. Finanzdepartment: Bundesrat für einfache Mehrwertsteuer mit Einheitssatz und wenig Ausnahmen. Medienmitteilung vom 17.8.2008: www.efd.admin.ch/dokumentation/medieninformationen/00467/index.html?lang=de&msg-id=16812 (Stand: 15. April 2010).

Historisches Lexikon der Schweiz: Konjunkturpolitik: http://hls-dhs-dss.ch/textes/d/D13918-1-2.php (Stand: 10. April 2010).

Schweizer Tourismusverband: Arbeiten Sie mit der Stufe II gezielt an der Führungsqualität: www.swisstourfed.ch/indcx.cfm?parents_id=1055 (Stand: 10. April 2010).

Schweizerische Nationalbank: Geld- und währungspolitische Chronik 1848–2008: www.snb.ch/de/iabout/snb/hist/id/hist_wpc/11 (Stand: 10. April 2010).

Sheldon, George: Der Schweizer Arbeitsmarkt seit 1920: Langfristige Tendenzen, in: Seco (Hrsg.): Die Volkswirtschaft. Das Magazin für Wirtschafspolitik: www.dievolkswirtschaft.ch/editions/201001/Sheldon.html (Stand: 10. April 2010).

Wilhelm Schlatter:
Evangelische Spiritualität und Laientheologie

Quellen

Archiv CVJM Zürich 1, Glockenhof

Dossier. Konflikt mit Hugo Weber. 1976–1984.

Egli, Karl: Acten betreffend das Verhältnis vom Jugendcomité zum Bundescomité. 1. Teil Nr. 1–76. Dossier.

Egli, Karl: 75 Jahre christliche Jugendarbeit in Zürich 1850–1925, Zürich 1925.

Egli, Karl: Das Glockenhaus. Sein Werden und sein Dienst 1911–1936, Zürich 1936.

Egli, Edwin / Egli, Walter / Stutz, Jakob u. a.: 50 Jahre Christlicher Verein Junger Männer Zürich 1. Jubiläumsbericht 1887–1937, Zürich 1937.

Egli, Walter: Erinnerungen aus 40 Jahren CVJM-Arbeit (Typoskript), Zürich 1958.

Egli, Walter: 50 Jahre Glockenhaus 1911–1961. Jubiläumsbericht, Zürich 1961.

Jahresbericht CVJM Zürich 1, 1943/44.

Jugendkomitee der CVJM (Hrsg.): Das Jugendwerk der Christlichen Vereine Junger Männer in der deutschen Schweiz. Ein Überblick über seinen Stand und seine Aufgaben 1918–1930, Zürich 1931.

Ordner Deutschschweizerischer Bund der CVJM: 1. Besinnung, 2. Bundeslager Greifensee, 3. Vereins-Reorganisation, 4. Statistiken, 5. Ruf, 6. Militärkommission.

Ordner Protokolle/Büro/Rechnungen (usw.): ZV CVJM Zürich 1: 1991–1995.

Protokollbuch der Vorstandssitzungen des CVJM Zürich 1, Bd. 4,. Nov. 1904 – Mai 1913; Bd. 5, Juni 1913 – Sept. 1931.

Protokolle Jugendkomitee der Christlichen Vereine Junger Männer der deutschen Schweiz, 22. Sept. 1918 – 22. April 1933.

Protokolle ZV CVJM Zürich 1: 1963–1975, 1961–1985, 1995–1997, 1991–1995, 1987–1998.

Protokollordner der Sitzungen des ZV CVJM Zürich 1: 1937–1958, 1976–1984.

Sekretär Egli, Bibelstunden und religiöse Ansprachen. Handschriftliche Notizen, 1914–1921.

Periodika (Archiv)

Der Junge Mann, Organ des deutschschweizerischen Bundes der evangelischen Jünglings- und Männervereine, 1915–1926.

Der Ruf, Schweizerisches Handelsblatt der christlichen Verein junger Männer Zürich, St. Gallen 1937–1957.

Die Jungschar, Bundesblatt der Christlichen Vereine junger Männer, Monatszeitschrift, Zürich 1920–1935.

Glocke (Die Glocke), Monatliches Organ der Christlichen Vereine junger Männer Zürich 1. Aussersihl, Industriequartier, Neumünster, Oberstrass, Aarau, Altstetten, Luzern, Neuhausen, Schaffhausen, Schwamendingen-Oerlikon, Seebach, Zürich 1911–1920.

Glocke (Die Glocke), Monatliche Mitteilungen christlicher Vereine Junger Männer Zürich 1, Zürich 1928–1936.

Glocke (Die Glocke), Monatliche Mitteilungen der Christlichen Vereine junger Männer Zürich, Zürich 1937–1954.

Glocke (Die Glocke), Vierteljährlicher Anzeiger für den CVJM Zürich 1, Zürich 1955–1967.

Glocke (Die Glocke), Quartalsprogramm des CVJM Zürich 1, 1968–1986.

Glocke (Die Glocke), Quartalsprogramm cvjm/f zürich 1, 1987–1997.

Schweizerischer Jünglingsbote, Organ des deutschschweizerischen Bundes der evangelischen Jünglings- und Männervereine, Bern 1868–1914.

Literatur

Barth, Karl / Thurneysen, Eduard: Ein Briefwechsel, Zürich 1966.

Schiele, Friedrich Michael / Zscharnak, Leopold (Hrsg.): Die Religion in Geschichte und Gegenwart. Handwörterbuch, 5 Bände, Tübingen 1909–1913.

Galling, Kurt / Campenhausen, Franz u. a. (Hrsg.): Die Religion in Geschichte und Gegenwart. Handwörterbuch, 12 Bd., 3. vollständ. überarb. Ausgabe, Tübingen 1957–1965.

Gäbler, Hans (Hrsg.): Geschichte des Pietismus, Bd. 3, Der Pietismus im neunzehnten und zwanzigsten Jahrhundert, Göttingen 2000.

Gubler, Jakob: Kirche und Pietismus. Ein Gang durch die neuere evangelische Kirchengeschichte, St. Gallen 1959.

Hadorn, Wilhelm: Geschichte des Pietismus in den Schweizerischen Reformierten Kirchen, Konstanz / Emmishofen 1901.

Jung, Martin H.: Pietismus, Franfurt a. Main 2005.

Lehmann, Hartmut (Hrsg.): Geschichte des Pietismus, Bd. 4, Glaubenswelt und Lebenswelt, Göttingen 2004.

Pfister, Rudolf: Kirchengeschichte der Schweiz, 3 Bände, Zürich 1964–1984.

Schweizer, Paul: Freisinnig, positiv, religiössozial: Zur Geschichte der Richtungen im Schweizerischen Protestantismus, Zürich 1972.

Zimmerling, Peter: Evangelische Spiritualität. Wurzeln und Zugänge, Göttingen 2010.

VERZEICHNIS DER BETEILIGTEN

Herausgeberin und Herausgeber

Carole N. Klopfenstein, lic. phil. I, Jahrgang 1970, ist Wissenschaftliche Mitarbeiterin am Institut für Bauen im alpinen Raum an der Hochschule für Technik und Wirtschaft Chur.

Hansjürg Büchi, Dr. sc. nat. ETH, Jahrgang 1961, ist Departementsleiter Tourismus, Bau und Regionalentwicklung an der Hochschule für Technik und Wirtschaft Chur.

Karl Walder, Jahrgang 1957, ist Geschäftsführer der Stiftung zum Glockenhaus Zürich.

Autorinnen und Autoren

Andréa Kaufmann, lic. phil I, Jahrgang 1974, ist freischaffende Historikerin und Autorin von Buch- und Ausstellungsbeiträgen zur Zürcher, Bündner und Glarner Geschichte.

Aurelia Kogler, Dipl. Ing., Jahrgang 1972, ist Professorin für Tourismus und Freizeitwirtschaft an der Hochschule für Technik und Wirtschaft Chur.

Verena E. Müller, lic. phil. I, Jahrgang 1940, ist freischaffende Historikerin und Publizistin.

Wilhelm Schlatter, lic. theol., Jahrgang 1962, ist Theologe, Pfarrer und Künstler.

Daniel A. Walser, Dipl. Arch. ETH / SIA, Jahrgang 1970, ist Dozent für Architektur- und Kulturgeschichte, Architekturtheorie und Städtebau an der Hochschule für Technik und Wirtschaft Chur. Ergänzend ist er als freischaffender Kritiker und Publizist zu Themen im Spannungsfeld von Architektur und Kunst tätig.